plurall

Esta obra está no **Plurall**.
Baixe o app no seu celular
ou acesse **http://plurall.net**
e descubra uma nova
forma de estudar!

AAAGRCHG4

Atenção! Somente serão liberados conteúdos
e serviços relacionados a esta obra.

Ajuda: @plurallnet

SOMOS
EDUCAÇÃO

47056_06 - 3256

7

TODOS OS JEITOS DE CRER

VALORES

Dora Incontri
Jornalista, doutora e pós-doutora em Educação pela Universidade de São Paulo, professora universitária, coordenadora da Universidade Livre Pampédia.

Alessandro Cesar Bigheto
Graduado em Pedagogia e em Filosofia, mestre em História e Filosofia da Educação pela Universidade Estadual de Campinas, professor universitário.

editora ática

editora ática

Direção geral: Guilherme Luz
Direção editorial: Luiz Tonolli e Renata Mascarenhas
Gestão de projeto editorial: Mirian Senra
Gestão e coordenação de área: Wagner Nicaretta (ger.) e Brunna Paulussi (coord.)
Edição: Andréia Szcypula, André Luiz Botelho Fonseca (assist.)
Gerência de produção editorial: Ricardo de Gan Braga
Planejamento e controle de produção: Paula Godo, Roseli Said e Marcos Toledo
Revisão: Hélia de Jesus Gonsaga (ger.), Kátia Scaff Marques (coord.), Rosângela Muricy (coord.), Ana Paula C. Malfa, Brenda T. M. Morais, Carlos Eduardo Sigrist, Celina I. Fugyama, Cesar G. Sacramento, Gabriela M. Andrade, Larissa Vazquez, Patrícia Travanca, Paula T. de Jesus; Amanda Teixeira Silva e Bárbara de Melo Genereze (estagiárias)
Arte: Daniela Amaral (ger.), Claudio Faustino (coord.), Daniele Fátima Oliveira (edição de arte)
Diagramação: Select Editoração
Iconografia: Sílvio Kligin (ger.), Denise Durand Kremer (coord.), Iron Mantovanello (pesquisa iconográfica)
Licenciamento de conteúdos de terceiros: Thiago Fontana (coord.), Liliane Rodrigues (licenciamento de textos), Erika Ramires, Luciana Pedrosa Bierbauer, Luciana Cardoso Sousa e Claudia Rodrigues (analistas adm.)
Tratamento de imagem: Cesar Wolf, Fernanda Crevin
Cartografia: Eric Fuzii (coord.), Robson Rosendo da Rocha (edit. arte)
Design: Gláucia Correa Koller (ger.), Adilson Casarotti (proj. gráfico e capa)

Avenida das Nações Unidas, 7221, 3º andar, Setor A
Pinheiros – São Paulo – SP – CEP 05425-902
Tel.: 4003-3061
www.atica.com.br / editora@atica.com.br

Dados Internacionais de Catalogação na Publicação (CIP)
(Câmara Brasileira do Livro, SP, Brasil)

Incontri, Dora
Todos os jeitos de crer 7º ano valores / Dora Incontri, Alessandro Cesar Bigheto. -- 3. ed. -- São Paulo : Ática, 2018.

Suplementado pelo manual do professor.
Bibliografia.
ISBN 978-85-08-19007-2 (aluno)
ISBN 978-85-08-19008-9 (professor)

1. Ensino religioso (Ensino fundamental)
I. Bigheto, Alessandro Cesar. II. Título.

18-17552 CDD-377.1

Índices para catálogo sistemático:
1. Religião : Ensino fundamental 377.1

Maria Alice Ferreira - Bibliotecária - CRB-8/7964

2018
Código da obra CL 740200
CAE 628010 (AL) / 628011 (PR)
3ª edição
1ª impressão

Impressão e acabamento: Bercrom Gráfica e Editora

Uma publicação SOMOS EDUCAÇÃO

Apresentação

Querido aluno

Esta coleção, que foi elaborada com muita pesquisa, reflexão e fé, pretende aproximar você do que há de mais belo, profundo e elevado nas religiões do planeta. Pretende, igualmente, ajudá-lo a pensar criticamente sobre os anseios e os problemas humanos.

Há verdades em toda parte – e o divino se manifesta entre todos os povos –, mas há também abusos humanos em toda parte – e muitas guerras, violências e tolices já foram praticadas em nome da religião. Por isso é tão importante respeitar todas as formas de fé, mantendo-se alerta para não cair em posturas de fanatismo e intolerância.

Este livro é especial em muitos aspectos, entre os quais destacamos:

- **o conteúdo** – pela diversidade de informações. Não pretendemos convencê-lo a seguir essa ou aquela fé. Queremos, isto sim, que você se aprofunde no conhecimento de sua própria religião e, ao mesmo tempo, conheça e respeite a crença dos outros – o mesmo vale para aqueles que não professam nenhuma fé.
- **o formato** – pela riqueza de temas, abordagens e atividades. O professor pode selecionar algumas propostas e você pode sugerir outras. É possível estudar os capítulos em uma ordem diferente da que está no livro: você tem a oportunidade de fazer acordos com o professor sobre o que estudar primeiro, desde que respeite as ponderações e os interesses da maioria.
- **a interdisciplinaridade** – pela variedade de áreas do conhecimento abordadas. O objetivo não é refletir apenas sobre as religiões, mas também sobre História, Arte, Política, Filosofia, Ciências e muitos outros temas.

Volume 7: Valores – trata das grandes virtudes que estão presentes nas religiões, nas filosofias e nas culturas humanas.

Esperamos que este material seja útil e agradável, mas especialmente que o leve a pensar sobre as questões fundamentais da existência, com amor, otimismo e fé.

Com carinho,

Dora e Alessandro

Por dentro do seu livro

Organizados em quinze capítulos, os livros desta coleção contam com grande variedade de seções. Além da riqueza informativa, ao folheá-los perceberá que também se diferenciam pelo requinte visual: diversas imagens, de todos os campos de estudo, cuidadosamente selecionadas para facilitar seu aprendizado. Neste volume, você terá:

Os mandamentos de Deus

Código moral: conjunto de regras de comportamento, consideradas válidas para um grupo humano, que visam regular e organizar o convívio entre as pessoas.

Pessoas de praticamente todas as religiões e de todos os povos sempre tiveram seu código moral, um conjunto de leis ou mandamentos ditados por Deus ou por seres espirituais. Muitos desses códigos, ensinados pelas religiões, até hoje influenciam os princípios de convívio adotados nas sociedades humanas.

Segundo a tradição judaico-cristã, Deus ensinou o ser humano por meio de seus dez mandamentos, transmitidos a Moisés. Você sabe que mandamentos são esses? Já agiu achando que cumpria ou descumpria algum mandamento?

Moisés recebendo os tábuas da lei. Afresco bizantino do século XV, no Chipre.

26 CAPÍTULO 2

Seção **Bebendo na fonte...**: oportunidade para você entrar em contato com os textos originais dos autores e dos livros citados ao longo de cada capítulo.
Sempre que o texto apresenta termos que não fazem parte do seu cotidiano, você encontra seu significado próximo ao termo, para facilitar a compreensão do conteúdo.

Texto principal com o conteúdo que julgamos indispensável você conhecer sobre cada tema.

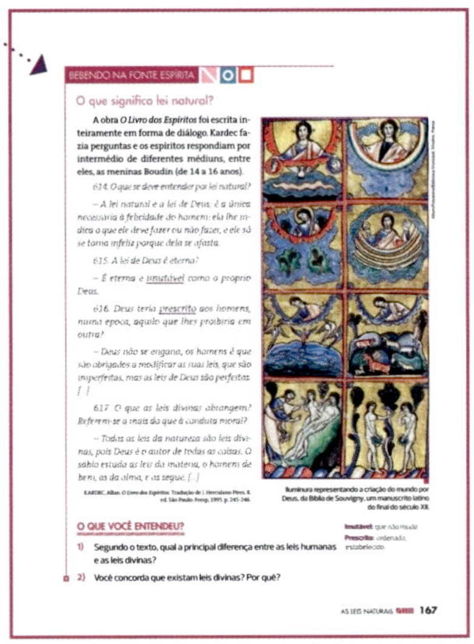
BEBENDO NA FONTE ESPÍRITA

O que significa lei natural?

A obra *O Livro dos Espíritos* foi escrita inteiramente em forma de diálogo. Kardec fazia perguntas e os espíritos respondiam por intermédio de diferentes médiuns, entre eles, as meninas Boudin (de 14 a 16 anos).

614. O que se deve entender por lei natural?

– A lei natural é a lei de Deus; é a única necessária à felicidade do homem: ela lhe indica o que ele deve fazer ou não fazer, e ele só se torna infeliz porque dela se afasta.

615. A lei de Deus é eterna?

– É eterna e imutável como o próprio Deus.

616. Deus teria prescrito aos homens, numa época, aquilo que lhes proibiria em outra?

– Deus não se engana, os homens é que são obrigados a modificar as suas leis, que são imperfeitas, mas as leis de Deus são perfeitas. [...]

617. O que as leis divinas abrangem? Referem-se a mais do que à conduta moral?

– Todas as leis da natureza são leis divinas, pois Deus é o autor de todas as coisas. O sábio estuda as leis da matéria, o homem de bem, as da alma, e as segue. [...]

KARDEC, Allan. *O Livro dos Espíritos*. Tradução de J. Herculano Pires. 8. ed. São Paulo: Feesp, 1995. p. 245-246.

Iluminura representando a criação do mundo por Deus, da Bíblia de Souvigny, um manuscrito latino do final do século XII.

O QUE VOCÊ ENTENDEU?

1) Segundo o texto, qual a principal diferença entre as leis humanas e as leis divinas?
2) Você concorda que existam leis divinas? Por quê?

Imutável: que não muda.
Prescrito: ordenado, estabelecido.

AS LEIS NATURAIS 167

FALANDO DE HISTÓRIA

Há quem não ore pelos mortos. Mas por quê?

Evangélicos: adeptos de correntes religiosas derivadas do protestantismo (fundado por Lutero) que pregam a obrigatoriedade de seguir a Bíblia com o máximo rigor e fidelidade.

Existe um grupo religioso muito numeroso e influente que não aceita nenhum tipo de oração pelos mortos: os evangélicos. A justificativa para isso tem razões históricas muito profundas.

Quando Martinho Lutero iniciou o movimento da Reforma Protestante, no século XVI, uma das causas centrais da sua indignação era a chamada "venda de indulgências". Como a Igreja católica sempre pregou a ideia do purgatório – um período em que a alma está se purificando no além e pode ser ajudada pelas orações, missas e penitências dos vivos –, houve uma época em que aconteceram abusos muito grandes referentes a essa questão.

Esses abusos foram duramente condenados por Lutero. É que muitos padres, bispos e até papas vendiam indulgências para as almas "ganharem" o céu. Se, por exemplo, alguém tivesse um familiar morto que houvesse cometido grandes pecados, um bispo ou um papa podia vender uma indulgência e, mediante grandes somas de dinheiro, terras ou privilégios, "garantir" a entrada daquela alma no céu.

Martinho Lutero coloca suas noventa e cinco teses na porta da Igreja de Todos os Santos, na Alemanha. Essas teses continham uma série de críticas às práticas de alguns membros da Igreja católica, sobretudo às vendas de indulgências. *Lutero*, de Hugo Vogel (1855-1934).

68 CAPÍTULO 4

Seção **Falando de...**: uma ampliação do tema tratado no capítulo. Por meio dela, fazemos pontes com os mais variados assuntos. Por isso seu título varia: **Falando de História**, **Falando de Filosofia**, **Falando de Sociedade**, etc.

Seções **De olho no Brasil** e **De olho no mundo**: informações sobre atualidades relacionadas ao tema do capítulo, proporcionando uma visão mais abrangente de cada tema.

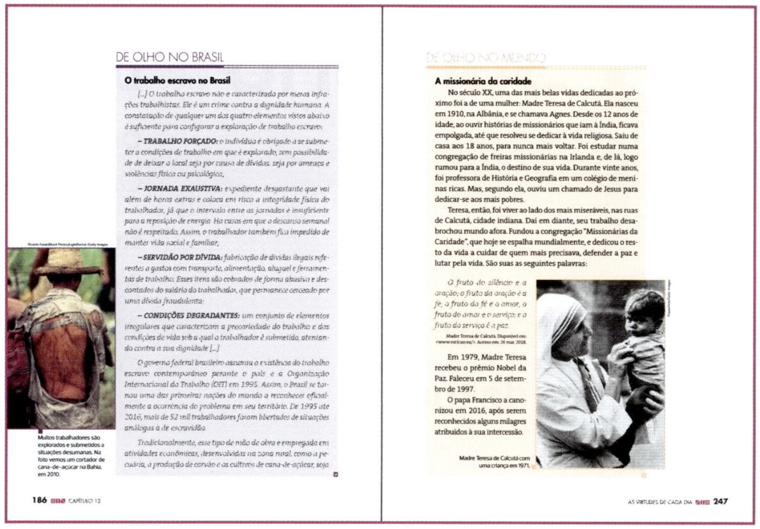

Seções de atividades bastante variadas, com propostas como expressão escrita, argumentação oral, dramatizações, pesquisas, debates, entrevistas, etc. Constante estímulo ao autoconhecimento, à reflexão e ao respeito mútuo.

Seções com dicas que misturam estudo e lazer: **Sessão de cinema**; **Sessão de leitura**; **Sessão de música**. Em cada uma você encontra perguntas que guiam a sua experiência, tornando possível absorver ainda mais o conhecimento.

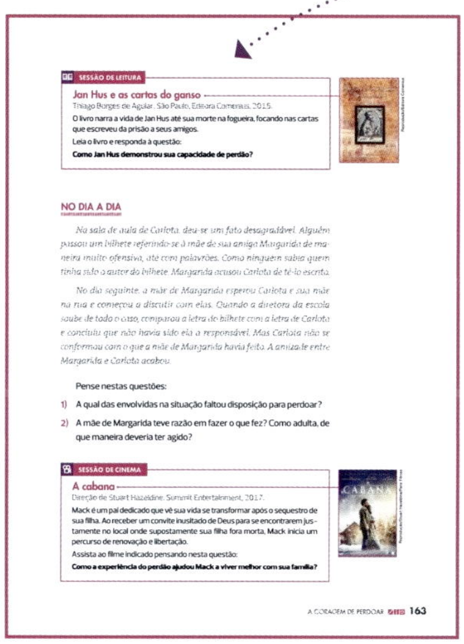

Seção **E para terminar**: exercícios para fixar melhor o conteúdo exposto no capítulo. Além disso, você entra em contato com textos ou orações de diversas tradições religiosas e filosóficas, ampliando ainda mais o contato com aquilo que outras pessoas pensam e acreditam.

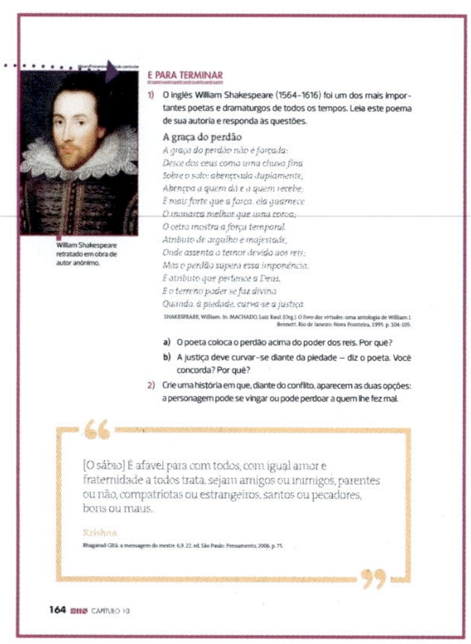

Sumário

CAPÍTULO 1

Deus acima de tudo

Waddell Images/Shutterstock

CAPÍTULO 2

Dez caminhos do bem

CAPÍTULO 3

A medida do amor ou o amor sem medida

CAPÍTULO 4

Os mortos devem ser lembrados

CAPÍTULO 5

Sofrer com o outro

CAPÍTULO 6

Desprendimento, que virtude é essa?

CAPÍTULO 7

O avesso da violência

CAPÍTULO 8

As virtudes dos antigos

CAPÍTULO 9

As virtudes cristãs

CAPÍTULO 10

A coragem de perdoar

CAPÍTULO 11

As leis naturais

CAPÍTULO 12

Trabalhar é preciso

CAPÍTULO 13

A vida... é sagrada!

CAPÍTULO 14

Amizade é para sempre?

CAPÍTULO 15

As virtudes de cada dia

Waddell Images/Shutterstock

A presença de Deus pode ser percebida de diversas maneiras, inclusive ao contemplar a natureza.

1 Deus acima de tudo

Sem começo nem fim

Você já pensou em Deus? Você consegue pensar Nele? De que maneira? Já fez alguma coisa pensando que estava agindo por amor a Deus? Em diferentes religiões, as pessoas adoram a Deus, não importa que nome lhe dão. Muitas delas procuram praticar ações que expressem de alguma forma esse amor à divindade.

Essas pessoas de vários credos – entre elas as cristãs, as judias e as muçulmanas – acreditam que tudo nasce e morre, tem um começo e um fim: planetas, estrelas, plantas e animais algum dia começaram a existir e um dia não mais existirão. O ser humano também nasce e morre, apesar de o espírito continuar vivo para sempre. Só existe um ser que não teve começo e nunca terá fim: Deus.

Para essas religiões, Deus também é a máxima medida do bem. Por isso, Dele derivam todos os valores: as virtudes que o ser humano precisa cultivar para ser feliz. Neste livro, vamos falar sobre esses valores e refletir sobre a melhor maneira de praticá-los.

Visão da Via Láctea na Indonésia. Foto de 2014.

Hermondo Kasiadi/Pacific Press/LightRocket/Getty Images

Quem é Deus?

Segundo várias religiões, Deus criou todas as coisas, mas ninguém o criou. Deus é eterno, sempre existiu e sempre existirá. Ainda que todas as estrelas se apaguem e todos os planetas sejam extintos, Ele poderia criar outros.

Mas, como sabemos que Deus existe, se não podemos vê-lo nem ouvi-lo?

Embora nem todas as pessoas acreditem na existência de Deus, as que acreditam pensam que Ele existe porque o Universo é tão belo, tão perfeito, tão harmonioso, que só pode ter sido criado por um ser muito inteligente, bom, poderoso e perfeito.

E de onde vem essa certeza de que Deus existe? Vem dessa observação do Universo e também da experiência contada por pessoas que já o sentiram e ouviram – não com os ouvidos, mas com a alma.

Para aqueles que creem, é possível saber que Ele existe porque podemos senti-lo dentro de nosso coração. E, quando o sentimos, uma profunda alegria e indescritível emoção tomam conta de nós.

Como entender Deus?

Falar em Deus pode até parecer impossível: se Ele de fato existe... não sabemos como é. Se está em todos os lugares... não sabemos onde. Se Ele é infinitamente bom... não imaginamos quanto é o infinito. Porém, surge a questão: se Ele é tão bom e poderoso, por que existe o mal?

Não parece, mas trata-se de uma pergunta fácil de responder. Deus criou o ser humano, mas Ele não o fez escravo de sua vontade. Em vez disso, deu-lhe um grande presente: a liberdade. Podemos escolher o caminho do bem ou o caminho do mal. Depende de nós. Se escolhermos o caminho do bem, seremos felizes; se optarmos pelo caminho do mal, sentiremos arrependimento, tristeza e sofrimento.

Há muita gente com bastante inteligência que acaba por desacreditar na existência de Deus, por causa dos males que existem no mundo: guerras, fome, assassinatos, doenças, etc. Como pode haver tanto sofrimento e tantos males? Por que Deus permite isso? – perguntam.

Luisa Ricciarini/Leemage/Getty Images

Maomé, profeta que fundou o islamismo, pede a construção de uma mesquita em Medina, cidade sagrada para os muçulmanos. Maomé pregava a devoção a Deus. Ilustração turca do século XVIII.

Tim Graham/Getty Images

Madre Teresa de Calcutá (1910-1997) foi missionária na Índia e ajudou pobres e doentes durante sua vida; foi canonizada pelo papa Francisco em 2016, após ter dois milagres atribuídos a sua intercessão. Foto de 2005.

A resposta dos que aceitam a ideia de Deus para essa questão é a seguinte: Deus não fez o mundo pronto, nós é que devemos trabalhar para melhorá-lo e fazer dele um lugar onde as pessoas possam viver melhor. Se tudo já estivesse pronto e acabado, seríamos como marionetes, sem vontade própria, nas mãos de Deus. Ele nos deu o direito e o dever de ir organizando esse mundo de forma cada vez melhor para todos. Se não fazemos isso, a humanidade sofre. Mas sofrendo, também saberemos que devemos mudar de rumo. O sofrimento é um alerta.

Você poderia perguntar: Se o bem traz felicidade e o mal traz sofrimento, por que Deus não nos avisa de que devemos seguir o bem? A resposta das religiões é: Ele tem avisado!

De que maneira? Ele sempre mandou ao mundo pessoas que vieram ensinar a fazer o bem: profetas, santos, homens e mulheres que, com sua vida, foram exemplos de bondade e amor.

Ele fez mais: colocou um aviso bem forte dentro de nós, a voz da nossa consciência. Quando vamos fazer alguma coisa destrutiva, uma voz lá dentro nos diz: "não faça isso!". O problema é que nem sempre escutamos esse aviso...

Poderíamos ainda falar muito mais sobre Deus. Difícil mesmo é *entender* Deus. Afinal, se somos imperfeitos, como podemos entender um ser perfeito? Se somos pequenos, como podemos entender o poder absoluto? Se seguimos o "tempo do relógio", como podemos entender alguém que existe fora do tempo, que é eterno?

Se pensamos que Deus existe, o que de melhor podemos fazer em relação a Ele é amá-lo, porque Ele nos ama. Se Ele nos criou, nos deu de presente a vida, a inteligência e o sentimento, se criou também a natureza e o Universo, então seu amor por nós é infinito – e o nosso amor por Ele precisa ser imenso.

Quanto mais amarmos a Deus, melhor poderemos entendê-lo.

EU COMIGO

Feche os olhos, fique em silêncio e medite profundamente. Depois responda para si mesmo:

"Como é possível sentir Deus? Eu o sinto? Como?"

Como se ama a Deus?

A maioria das religiões ensina que, para amar a Deus, é preciso praticar seus mandamentos, sua lei. Ele criou as pessoas para serem felizes, mas só seremos felizes se cumprirmos a lei de amor que Ele quer que cumpramos.

Muitos místicos do Oriente e do Ocidente buscaram unir-se a Deus por meio da oração, da prática do bem e do desprendimento em relação aos bens terrenos. Isso significa dar mais importância às coisas do espírito, mas não significa necessariamente sair do mundo e viver sem contato com a vida do dia a dia. Estar no mundo, mas com o pensamento em Deus; fazer as coisas do mundo, mas por amor a Deus: eis o segredo da união com Ele.

Ihsaan Haffejee/Anadolu Agency/Getty Images

Em todas as religiões a oração é importante. Missa de véspera de Natal em igreja na África do Sul, em 2016.

Místicos: aqueles que, pela contemplação espiritual, procuram atingir o estado de união direta com uma divindade.

O X DA QUESTÃO

1) Você considera fácil e natural acreditar em Deus e amá-lo? Justifique sua resposta.

2) Se você acredita em Deus, qual é o seu melhor argumento para a existência Dele? Se você não acredita, qual é o seu melhor argumento para a inexistência Dele?

NO DIA A DIA

Priscila é muito ligada a Deus. Gosta de fazer orações e de praticar a caridade, além de participar de um grupo de jovens que estuda a sua religião. Ela dedica parte de seu tempo livre às ações solidárias e, com os amigos religiosos, costuma visitar lugares que necessitam de assistência para ajudar. Mas Priscila costuma discriminar pessoas que são homossexuais e colegas afrodescendentes. Isso provocou uma discussão na sala de aula.

Pense nestas questões:

1) Na sua opinião, é coerente participar de projetos sociais de ajuda ao próximo e ao mesmo tempo discriminar pessoas? Justifique a sua posição.

2) Alguma vez você discriminou algum de seus amigos? O que pensou quando fez isso?

3) Alguma vez você foi discriminado(a)? Como se sentiu?

Dmytro Zinkevich/Shutterstock

O trabalho voluntário e a ajuda a quem precisa aproxima as pessoas dos valores religiosos.

BEBENDO NA FONTE JUDAICO-CRISTÃ

O amor a Deus

Tradição judaico-cristã: conjunto de crenças e preceitos morais que judeus e cristãos têm em comum.

Na tradição judaico-cristã, o primeiro mandamento é o amor a Deus. No Antigo Testamento, ele aparece como a principal obrigação do ser humano; depois, nos Evangelhos, Jesus retoma essa ideia dizendo que, juntamente com o amor ao próximo, esse princípio resume toda a lei. Assim está na Bíblia:

> *ESCUTA, Israel! O Senhor, nosso Deus, é o Senhor que é UM. Amarás o Senhor, teu Deus, com todo o teu coração, com todo o teu ser, com todas as tuas forças. As palavras dos mandamentos que hoje te dou estarão presentes no teu coração; [...]*
>
> *Guardareis atentamente os mandamentos, as exigências e as leis do Senhor, vosso Deus, o que ele te prescreveu. Farás o que é reto e bom aos olhos do Senhor, para seres feliz [...].*

Deuteronômio 6,4-6.17-18. *Bíblia:* tradução ecumênica. São Paulo: Edições Loyola, 1994. p. 278-279.

Como você pode ver nos trechos acima, a Bíblia afirma que Deus é único e que devemos amá-lo o máximo possível. Além disso, ela associa três ideias muito importantes: o amor a Deus, a prática do bem e a felicidade. Está claro que uma coisa depende da outra, tanto para judeus quanto para cristãos.

O QUE VOCÊ ENTENDEU?

De que maneira o amor a Deus, a prática do bem e a felicidade do ser humano estão relacionados entre si?

Proxima13/Shutterstock

Mulheres orando em frente ao Muro das Lamentações, em Jerusalém, em 2017.

BEBENDO NA FONTE ISLÂMICA

Amor a Deus e caridade

Na tradição islâmica, o amor a Deus também é fortemente recomendado. No Alcorão, o livro sagrado, há vários trechos que falam disso e estabelecem, como na Bíblia, a relação entre agir bem e adorar ao Senhor.

Tradição islâmica: conjunto de crenças e preceitos morais que constituem o islamismo, fundado pelo profeta Maomé no século VII. Tem como base o Alcorão (ou Corão).

A virtude não consiste só em que orientais vossos rostos até ao levante ou ao poente. A verdadeira virtude é a de quem crê em Deus, no Dia do Juízo Final, nos anjos, no Livro e nos profetas; de quem distribuiu seus bens em caridade por amor a Deus, entre parentes, órfãos, necessitados, viajantes, mendigos e em resgate de cativos (escravos). [...]

Alcorão. 2:177. Disponível em: <www.islambrasil.com/kuran_txt/2.htm>. Acesso em: 13 mar. 2018.

Os muçulmanos, assim como os cristãos, acreditam no julgamento final, aquele dia em que todas as pessoas serão julgadas pelo bem e pelo mal que fizeram. Também creem nos anjos e nos profetas. Esses profetas são Maomé (fundador do islamismo), os profetas de Israel (das narrações bíblicas) e Jesus (por eles considerado um grande enviado de Deus).

O bem a se praticar, na visão do islamismo, é a caridade para com os que precisam. O "resgate dos cativos", que aparece no texto do Alcorão, é uma referência às guerras antigas, quando os perdedores eram aprisionados e era preciso pagar um resgate por sua libertação. De acordo com os muçulmanos, isso também era uma forma de fazer o bem.

Muçulmanos orando em Bangcoc, Tailândia. Foto de 2015.

Jorge Silva/Reuters/Fotoarena

O QUE VOCÊ ENTENDEU?

Segundo o que você leu, há algo em comum entre os ensinamentos do islamismo e os ensinamentos de Jesus? Explique.

BEBENDO NA FONTE HINDU

Deus está em tudo

Tradição hindu: conjunto de crenças e preceitos morais que constituem o hinduísmo, principal religião da Índia. Tem como base o livro dos Vedas, escrito há cerca de 5 mil anos.

Na tradição hindu, Deus é entendido como uma presença que está em toda parte. Ele está em todos os seres da criação, e, quando amamos esses seres – sejam homens, mulheres, animais, plantas –, estamos amando também a Deus, que é a causa de tudo e está presente em tudo. No livro *Bhagavad Gita*, assim está escrito, quando o deus Krishna fala com o discípulo Arjuna:

> *Em verdade te digo que aquele que Me vê em tudo e todo o Universo em Mim, nunca Me abandonará e nunca será por Mim abandonado. Para sempre estará ligado a Mim, pelos laços preciosos do Amor.*
>
> *Quem Me reconhece em todos os seres, ama-Me e comigo se une, participa da vida eterna do Meu Ser, qualquer que seja o seu modo de vida exterior neste mundo.*

Bhagavad-Gîtâ: a mensagem do mestre. 6,30-31. 22. ed. São Paulo: Pensamento, 2006. p. 79.

O texto acima se identifica com os de outras tradições religiosas. Muitas pessoas – independentemente da religião que praticam – buscam unir-se a Deus e participar da vida divina, sentindo-se sempre amparadas por Ele e nunca sozinhas. A sua presença, dizem, preenche o vazio e satisfaz o coração.

O QUE VOCÊ ENTENDEU?

Por que podemos ver Deus em todo o Universo?

Estátua de Krishna com o discípulo Arjuna, em praia de Bali, na Indonésia, em 2015.

shaifulzamri/Shutterstock

Deus é brasileiro? A identidade verde-amarela

Deus, é claro, não tem nacionalidade. Mas vivem dizendo que "Deus é brasileiro". Por que isso? O historiador João Luís de Almeida Machado faz alguns comentários a respeito:

Quantas e quantas vezes você já escutou alguém dizendo que "Deus é brasileiro"? Você provavelmente já perdeu as contas. Tornou-se frase comumente dita pelas ruas das grandes e pequenas cidades de nosso país; repete-se corriqueiramente pelas fazendas e sítios, entre os trabalhadores rurais e os proprietários de terras; Está nas igrejas assim como nas escolas, nos hospitais, nos escritórios ou nos estádios de futebol; movimenta fiéis em grandes manifestações de religiosidade e em momentos particulares de devoção e oração; não há, praticamente, distinção de classe entre as pessoas que se atrevem a atribuir a Deus a nacionalidade brasileira.

E como caracterizar esse Deus brasileiro, de tantas menções populares, resgatado por Carlos Diegues para a produção de um filme, justamente intitulado como "Deus é Brasileiro"? [...] Deus, com certeza, se parece muito com cada um de nós, brasileiros, porque assim desejamos. Queremos que o criador carregue consigo a chama da esperança; que tenha a seu alcance a beleza que naturalmente nos foi imputada; que tenha fé mesmo nas circunstâncias e situações de maior desesperança; que tenha as mãos marcadas por um trabalho contínuo e intenso; que possa amar e ser amado; que conheça o sertão e a floresta; a dor e a alegria; a opulência e a miséria.

Que outro povo tem a seu alcance todos esses caminhos, todas essas possibilidades?

MACHADO, João Luís de Almeida. *Deus é brasileiro – A identidade verde-amarela*. Disponível em: <www.planetaeducacao.com.br/portal/artigo.asp?artigo=43>. Acesso em: 19 dez. 2017.

Deus é tão presente em nosso cotidiano que, além da frase mencionada, é muito comum escutarmos outras, tão ou mais frequentes que a anterior, como: "Graças a Deus", "Deus me livre", "Valha-me Deus", "Deus me perdoe", "Só Deus salva"...

Flavio Contente/Futura Press

Procissão luminosa em homenagem a Nossa Senhora de Fátima em Belém (PA), em 2017.

Bridgeman Images/Glow Images/
Biblioteca Sainte-Genevieve, Paris, França

Deus foi tema da filosofia desde a época de Pitágoras. Aqui temos uma representação da concepção geométrica aristotélica do mundo. Iluminura francesa de autor anônimo do século XIII.

De Agostini/Getty Images

Busto de Platão, em mármore.

FALANDO DE FILOSOFIA

Como a filosofia vê Deus

De modo geral, o ser humano sempre acreditou em algum tipo de inteligência superior à dele. Para muitas religiões, essa inteligência tem o nome de "Deus". Mas ao longo da história, existem aqueles que negam a existência de Deus ou de qualquer inteligência superior. Para estes, isso tudo é apenas uma criação da mente humana e na realidade nada disso existe.

Mas, ao contrário do que se pensa, Deus não é apenas um tema da religião, tem sido uma questão fundamental para a filosofia também, desde a época de Pitágoras (século VI a.C.), na Grécia Antiga.

Porém, para a filosofia, não se trata apenas de *acreditar* em Deus, mas de mostrar argumentos a favor ou contra a sua existência. Os filósofos ponderam as evidências e examinam atentamente os argumentos construídos e se o que se pensa faz sentido. Para a religião, é uma questão de fé; para a filosofia, uma questão da razão. A filosofia procura explicar a origem de tudo e, para alguns filósofos, essa origem está em Deus.

Veremos, a seguir, como diversos filósofos têm tentado responder a algumas perguntas a respeito de Deus:

Que é Deus?

Segundo Platão (429-347 a.C.), filósofo grego, discípulo de Sócrates, Deus é o ser supremo. Aristóteles (384-322 a.C.), também filósofo grego e discípulo de Platão, dizia que Deus é "o primeiro motor do Universo": aquele que pôs todo o Universo a funcionar.

Para os filósofos judeus, cristãos e muçulmanos, Ele é um ser criador, pai de todas as coisas.

Entre as ideias filosóficas relacionadas a Deus, estão a de que Ele não tem corpo, é eterno, não teve começo e nunca terá fim. Ele está em todas as coisas, mas não é todas as coisas, pois está além de tudo.

Pode-se provar a existência de Deus?

Vários filósofos tentaram prová-la; alguns, dizendo que a natureza é tão perfeita, o Universo, tão belo e tão bem organizado, que tem de haver por trás de tudo isso uma inteligência muito poderosa.

O filósofo francês René Descartes (1596-1650) usou um argumento interessante: o ser humano é imperfeito e finito, mas a humanidade sempre teve a ideia de perfeição e infinitude na cabeça. De onde vem isso? Segundo ele, vem da ideia que Deus incutiu em nós.

Outro filósofo francês, Henri Bergson (1859-1941), usou ainda mais um argumento: a demonstração de que Deus existe é o fato de que, na humanidade, sempre houve pessoas especiais, santas, heroicas, que sentiram e revelaram Sua presença, como é o caso dos líderes religiosos e dos profetas.

Já o filósofo alemão Immanuel Kant (1724-1804) considerava que a existência de Deus não poderia ser provada, que era apenas uma questão de fé.

Os argumentos que vimos a favor da existência de Deus foram contestados por pensadores como David Hume (1711-1776), Ludwig Feuerbach (1804-1872), Karl Marx (1818-1883) e Sigmund Freud (1856-1931), entre outros. Esses pensadores não aceitam que tais argumentos possam ser de fato considerados demonstrações a respeito da realidade de Deus. Uma de suas críticas é a de que podemos facilmente imaginar um ser perfeito, sem que de fato ele exista, da mesma forma que podemos imaginar uma ilha perfeita, um cavalo perfeito. Mas o fato de imaginar uma ilha perfeita não significa que ela de fato exista.

Alguns sugerem que o ser humano se sente solitário e desprotegido nesse mundo e começa a imaginar um pai poderoso, que o ama e ampara.

Outro argumento é o de que se Deus sabe de tudo e é perfeitamente bom, por que ele permite o mal? Um Deus poderoso poderia evitar que pessoas morressem injustamente ou sofressem desnecessariamente. Um Deus bom não ia querer que o mal existisse.

Os filósofos que aceitam a existência de Deus têm sugerido várias soluções para o problema do mal. Vejamos como enfrentaram essa questão no próximo item.

Deus é bom? Então por que existe o mal?

A maioria dos que afirmam a existência de Deus também pensa que Ele é bom. Platão, por exemplo, dizia que Ele é o Bem, a Beleza e a Verdade.

Christophel Fine Art/UIG/Getty Images

René Descartes.

ullstein bild/Getty Images

Henri Bergson, em 1928.

Bridgeman Images/Glow Images/Coleção particular

Immanuel Kant.

Santo Agostinho (354-430 d.C.), filósofo cristão, dizia que Deus é o Bem supremo. Tudo o que Ele criou é bom. O mal vem do homem, quando deixa de fazer o bem que Deus quer. Mas, segundo Santo Agostinho, o mal não tem vida própria; é só a ausência do bem. Já o bem é eterno, porque é Deus.

Até mesmo filósofos que não acreditaram na existência de Deus refletiram sobre Ele. O francês Jean-Paul Sartre (1905-1980), um dos maiores filósofos do século XX, embora não acreditasse em Deus, afirmava que permaneceu nele a ideia de Deus. Ele não se sentia como um grão de poeira surgido no mundo, mas um ser criado.

Outro filósofo francês, Maurice Merleau-Ponty (1908-1961), disse que a ideia de Deus está dentro do ser humano. O filósofo alemão Edmund Husserl (1859-1938) expressou de forma bela esse sentimento de Deus, dizendo que através do pulsar da vida, corre a vida divina.

FALANDO DE CIÊNCIA

Como a ciência vê Deus

O físico Albert Einstein. Foto da década de 1930.

Bettmann Archive/Getty Images

Alguns pensadores e cientistas acreditam que ciência e religião nada têm a ver uma com a outra, pois a ciência lida com dados observáveis da natureza e da vida humana e Deus não é um dado da natureza e sua presença na vida humana não pode ser demonstrada. Portanto, ciência e religião não podem ser conciliadas. Mas as coisas não são tão simples assim. Isso porque muitos cientistas foram religiosos e a própria ciência nasceu de uma visão religiosa de mundo. E mais: muitos cientistas ficam tão maravilhados diante do Universo que aceitam a existência de Deus e até acabam por reverenciá-lo.

Segundo Albert Einstein (1879-1955), físico alemão e um dos maiores cientistas de todos os tempos, o verdadeiro espírito científico não existe sem religiosidade. Para ele, uma espécie de "religiosidade cósmica", que vê Deus no cosmos, isto é, no Universo, faz com que os cientistas se sintam maravilhados diante das harmoniosas leis da natureza. Tais leis revelam uma inteligência tão superior a todo pensamento humano que os cientistas não podem compreender senão uma parte insignificante delas.

Para Einstein, esse sentimento religioso nos cientistas é o mesmo que existe nos religiosos. Ele mesmo dizia que o inglês Isaac Newton (1642-1727) e o alemão Johannes Kepler (1571-1638), que fizeram descobertas fundamentais sobre as leis da natureza, viveram uma profunda religiosidade. Foi essa religiosidade que fez com que quisessem descobrir nem que fosse uma pequena parcela da poderosa inteligência de Deus no Universo.

Esses e outros cientistas não acreditam que seja impossível harmonizar religião e ciência; pelo contrário, elas podem ajudar uma à outra. Eles entendem que a religião fica mais enobrecida, mais valiosa e mais profunda graças ao conhecimento científico. E a ciência pode se tornar mais ética com a ajuda dos valores religiosos.

Ética: as definições variam de acordo com a corrente filosófica. Neste livro, a ética aparece como estudo e busca de princípios e valores universais para a conduta humana. Está relacionada à ideia de distinguir os atos bons dos atos maus, o que é certo do que é errado.

NASA/ESA/Hubble Heritage Team (STScI/AURA)

O nascimento de novas estrelas. Imagem captada pelo telescópio Hubble, da Nasa.

AGORA É COM VOCÊ

Faça uma breve pesquisa sobre o cientista Albert Einstein e relate a seus colegas o que você descobriu de importante.

AGORA É COM VOCÊ

Sob a orientação do professor, reúna-se com seus colegas, se possível sentados em círculo nas cadeiras ou no chão, e façam alguns minutos de silêncio para pensar em Deus e sentir Sua presença. Depois, espontaneamente, quem quiser poderá fazer uma prece em voz alta, falando o que sente numa conversa com Deus. Para aqueles que não acreditam em Deus, reflita como a prática do bem pode trazer bem-estar e de que maneira podemos ajudar a nós mesmos e aos outros.

CONTANDO UM CONTO

Parábolas: pequenas histórias que Jesus contava para transmitir seus ensinamentos. São geralmente inspiradas em situações da vida e do dia a dia da época.

Esta é uma das parábolas que Jesus contou:.

Os dois filhos

[...] Um homem tinha dois filhos e, aproximando-se do primeiro, disse: "Filho, vai trabalhar hoje na vinha". Ele, porém, respondeu: "Não quero"; mas depois, sentindo remorso, foi. Aproximando-se do outro filho, disse o mesmo. Este respondeu: "Eu irei, senhor"; mas não foi. Qual dos dois fez a vontade do pai? [...].

Mateus 21,28-31. *A Bíblia:* novo testamento. São Paulo: Paulinas, 2015. p. 72.

Harris Brisbane Dick Fund, 1917/The Metropolitan Museum of Art

A parábola do pai e seus dois filhos na vinha, gravura de Georg Pencz (1500-1550).

E FAZENDO A PONTE

1) Quando Jesus contou essa parábola, estava justamente falando do amor a Deus. Quem representa Deus nessa história?

2) Qual dos filhos demonstrou mais amor ao pai e fez a sua vontade?

3) Qual é a mensagem da história?

E PARA TERMINAR

Leia a letra da canção de Gilberto Gil e responda às questões.

Se eu quiser falar com Deus

Se eu quiser falar com Deus
Tenho que ficar a sós
Tenho que apagar a luz
Tenho que calar a voz
Tenho que encontrar a paz,
Tenho que folgar os nós
Dos sapatos, da gravata
Dos desejos, dos receios
Tenho que esquecer a data
Tenho que perder a conta
Tenho que ter mãos vazias
Ter a alma e o corpo nus.

Se eu quiser falar com Deus
Tenho que aceitar a dor
Tenho que comer o pão
Que o diabo amassou
Tenho que virar um cão
Tenho que lamber o chão
Dos palácios, dos castelos
Suntuosos do meu sonho
Tenho que me ver tristonho
Tenho que me achar medonho
E apesar de um mal tamanho
Alegrar meu coração

Se eu quiser falar com Deus
Tenho que me aventurar
Tenho que subir aos céus
Sem cordas pra segurar
Tenho que dizer adeus
Dar as costas, caminhar
Decidido, pela estrada
Que ao findar vai dar em nada
Nada, nada, nada, nada
Nada, nada, nada, nada
Nada, nada, nada, nada
Do que eu pensava encontrar

GIL, Gilberto. Se eu quiser falar com Deus. In: ______ *Luar*. [S.l.]: WEA, 1981. 1 CD. Faixa 10.

marvent/Shutterstock

1) Um trecho da letra diz: "Se eu quiser falar com Deus / [...] Tenho que ter mãos vazias / Ter a alma e o corpo nus". Como você entendeu isso?

2) Qual imagem dessa letra mais tocou você? Justifique sua escolha.

3) Por que Gilberto Gil diz que, no final, não vai encontrar nada do que esperava?

SESSÃO DE CINEMA

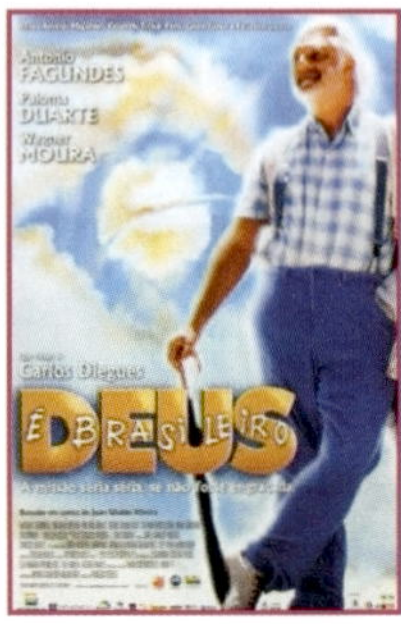

Reprodução/Cacá Diegues/ Columbia Pictures do Brasil

Deus é brasileiro

Direção de Carlos Diegues. Columbia TriStar Pictures, 2002.

Cansado dos erros cometidos pela humanidade e decepcionado com sua criação tão cheia de defeitos, Deus resolve tirar férias. Para isso, precisa encontrar um santo que se ocupe de suas obrigações. Resolve procurá-lo no Brasil, país religioso, mas que nunca teve um santo seu, reconhecido oficialmente.

Procure assistir ao filme indicado pensando nestas questões:

Sua impressão a respeito de Deus, da forma como o ator o representa, é positiva ou negativa? Está próxima ou distante do seu modo de pensar em Deus? Por quê?

Reprodução/Erik Gustavson/Versátil Home Video

O mundo de Sofia

Direção de Erik Gustavson. Svensk Filmindustri, 1999.

Sofia é uma garota norueguesa que, em uma aula sobre a Grécia antiga, começa a se interessar pelas grandes questões que rondam a História. Ela descobre uma cabana abandonada perto da sua casa que protege um segredo. É o começo de uma viagem pela história da Filosofia desde a Grécia antiga até a contemporaneidade.

Após assistir à minissérie, responda:

1) **Para você, o pensamento filosófico e racional pode conviver com o religioso? Por quê?**
2) **Na sua opinião, como a filosofia pode ajudar as pessoas a se aproximarem de Deus?**

> SENHOR, nosso Senhor, como é magnífico teu nome em toda a Terra! [...]
>
> **Salmo 8,2.**
>
> *A Bíblia:* salmos. São Paulo: Paulinas, 2017. p. 23.

Album/Fotoarena/Biblioteca Britânica, Londres, Inglaterra

Moisés recebe as tábuas da lei, ilustração do século IX. Autor anônimo.

2

Dez caminhos do bem

Os mandamentos de Deus

Código moral: conjunto de regras de comportamento, consideradas válidas para um grupo humano, que visam regular e organizar o convívio entre as pessoas.

Pessoas de praticamente todas as religiões e de todos os povos sempre tiveram seu código moral, um conjunto de leis ou mandamentos ditados por Deus ou por seres espirituais. Muitos desses códigos, ensinados pelas religiões, até hoje influenciam os princípios de convívio adotados nas sociedades humanas.

Segundo a tradição judaico-cristã, Deus ensinou o ser humano por meio de seus dez mandamentos, transmitidos a Moisés. Você sabe que mandamentos são esses? Já agiu achando que cumpria ou descumpria algum mandamento?

Sonia Halliday Photo Library/Monastério Agios Ioannis Lambadistis, Kalopanayiotis, Chipre

Moisés recebendo as tábuas da lei. Afresco bizantino do século XV, no Chipre.

Os dez mandamentos

Foi no alto do monte Sinai que Moisés, depois de libertar o povo hebreu da escravidão no Egito, recebeu as leis de Deus em forma de mandamentos.

Então falou Deus todas estas palavras:

"[1] Eu sou o Senhor teu Deus, que te tirei da terra do Egito, da casa da servidão.

Não terás outros deuses diante de mim.

[2] Não farás para ti imagem de escultura, nem semelhança alguma do que há em cima nos céus, nem em baixo na terra, nem nas águas debaixo da terra.

Não as adorarás, nem lhes darás culto; porque eu sou o Senhor teu Deus, Deus zeloso, que visito a iniquidade dos pais nos filhos até à terceira e quarta geração daqueles que me aborrecem,

E faço misericórdia até mil gerações daqueles que me amam e guardam os meus mandamentos.

[3] Não tomarás o nome do Senhor teu Deus em vão, porque o Senhor não terá por inocente o que tomar o seu nome em vão.

[4] Lembra-te do dia de sábado, para o santificar.

Seis dias trabalharás, e farás toda a tua obra.

Mas o sétimo dia é o sábado do Senhor teu Deus; não farás nenhum trabalho, nem tu, nem teu filho, nem tua filha, nem o teu servo, nem a tua serva, nem o teu animal, nem o forasteiro das tuas portas para dentro;

porque em seis dias fez o Senhor os céus e a terra, o mar e tudo o que neles há, e ao sétimo dia descansou: por isso o Senhor abençoou o dia de sábado, e o santificou.

[5] Honra a teu pai e a tua mãe, para que se prolonguem os teus dias na terra que o Senhor teu Deus te dá.

[6] Não matarás.

[7] Não adulterarás.

[8] Não furtarás.

[9] Não dirás falso testemunho contra o teu próximo.

[10] Não cobiçarás a casa do teu próximo. Não cobiçarás a mulher do teu próximo, nem o seu servo, nem a sua serva, nem o seu boi, nem o seu jumento, nem coisa alguma que pertença ao teu próximo."

Êxodo 20,1-17. *A Bíblia Sagrada*: Antigo e Novo Testamento. Tradução de João Ferreira de Almeida. Brasília: Sociedade Bíblica do Brasil, 1969. p. 83-84.

O QUE VOCÊ ENTENDEU?

Releia os dez mandamentos para agrupá-los de acordo com os critérios a seguir.

1) Mandamentos que falam sobre as obrigações para com Deus.

2) Mandamentos que determinam as relações entre os seres humanos.

Entendendo os mandamentos

Album/akg-images/Fotoarena/Biblioteca Nacional, Viena, Áustria

Iluminura francesa do século XIII representando o Deus Pai criando o Universo. Autor anônimo.

1. Eu sou o Senhor teu Deus. Não terás outros deuses além de mim.

Deus é único: o criador de todas as coisas visíveis e invisíveis. Ele é o autor da vida, é eterno, é todo-poderoso, é todo sabedoria, é o legislador, é o amoroso benfeitor da humanidade. O primeiro mandamento revela a superioridade de Deus: devemos nos empenhar em conhecê-lo e servi-lo em tudo o que fazemos e pensamos.

Hoje, esse mandamento não é seguido por todos, pois muitas pessoas estão mais preocupadas com dinheiro, fama, prazeres e poder do que com o amor a Deus. Temos conhecimento e informação sobre praticamente tudo, mas nem sempre lembramos da missão que Deus nos deu nesta vida: a de nos tornarmos bons e felizes.

2. Não farás para ti esculturas, nem figura alguma do que está em cima nos céus, ou embaixo sobre a terra, ou nas águas, debaixo da terra; não te prostrarás diante delas e não lhes prestarás culto.

Nos tempos bíblicos, muitos povos eram idólatras, isto é, cultuavam elementos da natureza, imagens de divindades e animais. Para eles, a imagem não era uma simples representação: a divindade estava presente na própria imagem. Daí esse segundo mandamento, que proíbe a criação de ídolos, tanto físicos como imaginários. Não é permitido servi-los, reverenciá-los nem lhes fazer homenagem alguma.

Em nossos dias ainda há idolatria, só que de outra forma. Quando alguém passa a dedicar todos os seus pensamentos e ações, com fanatismo e desequilíbrio, seja a um objeto, ao dinheiro, aos prazeres, seja a outra pessoa, tudo isso assume o lugar de um ídolo.

3. Não pronunciarás em vão o nome do Senhor teu Deus.

Esse mandamento ensina que não devemos usar inutilmente o nome de Deus. Sobretudo ensina a não usar seu nome para justificar a violência, a discórdia e a perseguição.

Muitas pessoas cometeram atos terríveis em nome de Deus, submetendo seus semelhantes a grandes sofrimentos e torturas. Várias outras pessoas incentivaram a discórdia por entender Deus à sua maneira e não respeitar a maneira do outro. As pessoas que assim agem não entendem a verdadeira vontade de Deus.

Jhonatan Vieira/Esp. CB/D.A Press

Parte de terreiro de candomblé destruído por incêndio. Brasília (DF), 2015.

Aleksandra Belinskaya/Shutterstock

O quarto mandamento pede para honrar o dia de descanso.

4. Lembra-te de santificar o dia do descanso; trabalharás durante seis dias e farás toda a tua obra. Mas no sétimo dia – que é um repouso em honra do Senhor teu Deus – não farás trabalho algum.

Deus recomenda que, durante seis dias, trabalhemos e nos ocupemos das tarefas necessárias à vida, mas que descansemos e dediquemos a Ele o sétimo dia, que, na Bíblia, é apontado como o sábado. Trata-se de um mandamento muito importante, pois abriu espaço para a criação do descanso semanal, necessário para que o corpo e a alma se refaçam e para promover a convivência com a família e os amigos e as atividades religiosas.

Lazer saudável, liberdade para não trabalhar, convivência social e prática de atos de devoção a Deus – como orar, ir a um culto religioso, fazer um exame de consciência – fazem parte desse descanso, fundamental para todo ser humano.

5. Honra teu pai e tua mãe, para que teus dias se prolonguem sobre a terra.

Deus ensina que devemos respeitar e amar nossos pais. Devemos ajudá-los nas dificuldades, preocupar-nos com eles quando estão necessitados – principalmente nas doenças e na velhice – e orar sempre por eles.

sszefei/Shutterstock

Cuidar de quem sempre esteve com você em todos os momentos.

Mas como um filho honrará seus pais se muitas vezes estes, com suas ações, o fazem passar por horas amargas e dolorosas? Pode um filho honrar pai e mãe que se entregam a vícios terríveis ou cometem agressões violentas?

Podemos responder: esses pais também merecem amor, no perdão e no cuidado. Pais e mães que não conseguem ser pais saudáveis e amorosos muitas vezes também não receberam amor e compreensão e podem precisar de ajuda para compreenderem suas dificuldades e superá-las.

Esse mandamento não se dirige somente aos filhos, mas aos pais, pedindo que honrem a maternidade e a paternidade para, assim, serem honrados por seus filhos!

6. Não matarás.

Esse mandamento nos ordena o respeito à nossa vida e à de nossos semelhantes como o maior e mais precioso bem recebido de Deus, pois Ele é o doador da vida. Assim, o suicídio é considerado uma falta grave diante da lei de Deus. Hoje sabemos que muitos dos que se suicidam sofrem de depressão e outros problemas psíquicos, por isso é importante a ajuda profissional para evitar que o pior aconteça.

Por sua vez, existem formas de assassinato que às vezes não são evidentes aos nossos olhos: incentivar alguém a cometer um crime; sujeitar as pessoas a esforços pesados e castigos cruéis, abreviando-lhe a vida. Qualquer pessoa que prejudica a própria saúde ou a do próximo – viciando-se ou ajudando alguém a contrair um vício – deixa de respeitar esse mandamento.

Vitalinka/Shutterstock

Todas as vidas estão ligadas em uma mesma corrente.

7. Não cometerás adultério.

Esse mandamento ordena que todos aqueles que são casados mantenham fidelidade mútua no casamento. Mas também ensina que todos devem respeitar a paz de um matrimônio. O adultério é qualquer tentativa de separar duas pessoas que se amam com toda a sinceridade da alma e assumiram o compromisso de formar um lar.

8. Não furtarás.

Aqui Deus condena a apropriação daquilo que pertence ao outro. O roubo pode ter muitas formas: o roubo propriamente dito, a apropriação de um bem por meio de fraude, o recebimento de pagamento por aquilo que não fizemos, a cobrança de preços altíssimos aos necessitados, etc.

São também propriedades de um ser humano seu caráter, sua moral, seus pensamentos, o valor que tem na sociedade e ainda a confiança que as pessoas depositam nele. Devemos agir com muito cuidado para não desvalorizar nem humilhar as pessoas, pois quando fazemos isso estamos roubando seu valor perante os outros.

9. Não levantarás falso testemunho contra teu próximo.

Deus nos ensina que não devemos mentir contra ninguém. São exemplos dessas situações: falso testemunho num julgamento, denúncia que não seja verdadeira, calúnia, etc.

Fazer fofocas, falar mal do outro, contando coisas que nem sabemos ao certo se aconteceram, são outras formas de desrespeitar esse mandamento.

10. Não cobiçarás a mulher do teu próximo e não cobiçarás a casa do teu próximo, nem seu escravo, nem sua escrava, nem seu boi, nem nada do que lhe pertence.

Esse mandamento mostra que existem exemplos ainda atuais na Bíblia, mas também existem contextos históricos diferentes. Moisés estava falando para uma sociedade que tinha escravos e achava isso normal. Hoje, sabemos que a escravidão é um crime contra a humanidade.

O que esse mandamento nos fala de forma atemporal é sobre a inveja, que está presente no mundo de diferentes formas; domina os pensamentos e os atos de muitas pessoas. Ela está tanto no ser humano considerado individualmente quanto nas diferentes culturas, levando a guerras e lutas de todos os tipos.

Deus nos ensina que não devemos ser invejosos nem "ficar de olho grande" naquilo que não nos pertence. A inveja faz mal porque envenena quem a sente. A pessoa nunca está satisfeita porque sempre quer o que o outro tem.

Devemos conduzir nossa alma de modo a buscar incessantemente a bondade de coração, pois, como disse Jesus:

Felizes os puros no coração,

porque verão a Deus.

Mateus 5,8. *Bíblia de Jerusalém*. São Paulo: Paulus, 2012. p. 1711.

Rawpixel.com/Shutterstock

A união entre as pessoas independentemente das circunstâncias.

O "X" DA QUESTÃO

1) Você considera que todos os mandamentos são válidos para os dias de hoje? Em caso negativo, explique qual(is) não seria(m) e justifique sua resposta.

2) Na sua avaliação, os mandamentos servem para todos os seres humanos, de qualquer parte do mundo? Por quê?

EU COMIGO

"Quais mandamentos eu cumpro e quais eu não cumpro? Por quê?"

FALANDO DE SOCIEDADE

A propriedade é um roubo?

Vários pensadores discutiram e questionaram o mandamento que diz "não furtarás", recebido por Moisés. Na visão de alguns deles, para que esse mandamento seja realmente cumprido, não deve haver no mundo um só necessitado e injustiçado.

De acordo com o filósofo suíço Jean-Jacques Rousseau (1712-1778), a propriedade privada, isto é, particular, foi criada pelo primeiro ser humano que teve a ideia de cercar uma parte da terra e dizer "isto é meu"... e encontrou pessoas ingênuas o bastante para acreditar nisso. Se alguém tivesse arrancado as cercas e gritado: "Não! Impostor!", teria livrado a humanidade de inúmeras injustiças, crimes, guerras, assassinatos, desgraças e horrores.

Alguns pensadores afirmam que a propriedade é um roubo. Segundo eles, o fim da propriedade privada traria o fim das desigualdades sociais e o nascimento de uma nova forma de sociedade, na qual a igualdade (social e econômica), a liberdade e a solidariedade seriam uma realidade humana. Já houve sociedades assim. As comunidades indígenas do Brasil, por exemplo, desconheciam a ideia de propriedade particular. Os primeiros cristãos também pensavam dessa maneira e formaram a primeira comunidade cristã com base na propriedade coletiva.

Condomínio de luxo ao lado de favela em Paraisópolis, São Paulo (SP). Foto de 2016. A desigualdade social acontece quando poucos detêm muito e muitos têm pouco para viver.

Tales Azzi/Pulsar Imagens

Fabio Colombini/Acervo do fotógrafo

Famílias indígenas Barasano na Aldeia Rouxinol em frente a Maloca Igarapé Tarumã-Açu, Manaus (AM). Foto de 2014.

Este poema nos traz algumas reflexões sobre o tema:

Quem é que rouba quem

Deus nos mandou não roubar,
Roubar o quê? E de quem?
Roubar é subtrair
Alguma coisa de alguém

Em geral, todos condenam
O ladrão de mão armada...
Mas quem roubou o ladrão,
Que não tem direito a nada?

Querem a pena de morte
(E Deus mandou não matar!)
para quem caiu no crime
e vive só de furtar...

Mas e quem tem ouro imenso
Feito de trabalho escravo
E não ajuda o empregado
Nem com sorriso ou centavo?

Pecado é roubar um tênis?
E quem tem terras a arar,
Não produz e priva o pobre
Do direito de plantar?

A criança que vagueia
Na rua, pedindo esmola,
É bandida! E o ladrão
Que não a fez ir à escola?

As prisões estão lotadas
De criminosos, ladrões,
De tantos, foi a injustiça
Que esfriou os corações!

Disse Deus: não furtarás!
E ainda ouvimos sua voz!
Mas não disse só a uns poucos,
Dirigiu-se a todos nós!

Só quando todos no mundo
Tiverem justiça em vida,
Veremos a lei de Deus
Inteiramente cumprida!

INCONTRI, Dora.

AGORA É COM VOCÊ

1) Na sua opinião, onde falta justiça no mundo? Justifique sua resposta.

2) Como você pode colaborar para que haja justiça e amor no mundo?

DE OLHO NO BRASIL

A realidade brasileira e a reforma agrária

Roubar é subtrair, tirar algo de alguém. Mas é também privar alguém de algo de que necessita, impedindo o acesso a ele.

No Brasil ainda estamos muito longe de cumprir o mandamento segundo o qual não devemos roubar. Aqui privamos nosso povo de suas necessidades básicas! Roubamos riquezas! Roubamos informações! Roubamos cultura! Roubamos solidariedade! Roubamos educação! Roubamos terras! Assim, acabamos roubando a vida de milhares de pessoas...

O Brasil é um país com muitos analfabetos porque inúmeras crianças brasileiras são impedidas de ir à escola. O bem mais importante para um povo é sua cultura, mas quantas pessoas no Brasil não têm acesso à cultura que forma um cidadão? E quantas pessoas não têm terra para poder viver e de onde tirar seu sustento? E quantas pessoas estão morrendo de fome?

Entre tantas situações injustas em nosso país, uma é especialmente grave: embora o território brasileiro seja tão vasto e os recursos naturais sejam tão abundantes, milhões de pessoas passam fome. Enquanto poucos proprietários possuem a maior parte das terras produtivas, outra parcela imensa de proprietários tem acesso apenas a uma pequena parte dessas terras. Não é contraditório?

A terra na mão de poucos resulta em baixo aproveitamento da nossa capacidade de produzir e alimentar o povo. Temos terras suficientes para produzir alimentos para todos, mas infelizmente hoje elas estão alimentando alguns poucos...

Antônio Cicero/Estadão Conteúdo/AE

Acampamento de integrantes do MST entre Marabá e Eldorado dos Carajás (PA), em 2014.

imageBROKER/Fotoarena

Trabalhadores rurais em sala de aula de projeto educacional do MST em Mato Grosso. Foto de 2009.

Um relatório da ONU (Organização das Nações Unidas) de 2010, sobre as causas da fome em nosso país, indica que uma das soluções é a redistribuição de terras, por meio de uma reforma agrária. Segundo o MST (Movimento dos Sem Terra), há cerca de 4 milhões de famílias sem terra no Brasil.

A Constituição Federal brasileira, assinada em 5 de outubro de 1988, determina que as propriedades rurais que estão improdutivas sejam redistribuídas a pessoas necessitadas para se tornarem produtivas.

Felizmente, tantas pessoas se mobilizam para oferecer melhores condições para o povo e tantas, também, lutam por terras, que temos a esperança de que um dia essa situação de injustiça acabe. O MST, com sua força social bem organizada, é um dos grupos que mais lutam para que todos tenham terras no Brasil.

Muita gente, porém, considera as reivindicações do MST exageradas e injustas. Em parte, isso se deve à forma como a mídia, isto é, os meios de comunicação, apresenta o problema para o público. Não se trata, como muitos pensam, de tirar o sítio, a chácara ou a fazenda de quem está plantando. Trata-se apenas de dividir os latifúndios, as propriedades gigantescas que ninguém cultiva. Cumprindo a lei, estaríamos mais próximos de cumprir o mandamento "não roubarás".

CONTANDO UM CONTO

O velho avô e seu neto

Era uma vez um homem que, de tão velho, mal podia andar. Seus joelhos tremiam, ele não via ou ouvia muita coisa e já não tinha nenhum dente na boca. Quando se sentava à mesa para comer, tremia tanto que entornava a sopa sobre a toalha, e um pouco de líquido lhe ficava saindo dos cantos da boca. O filho do velho e a nora sentiam tanto nojo que o forçavam a se sentar num cantinho atrás do fogão para comer, e punham sua comida em uma tigela de barro que mal dava para saciar a fome do pobre. Ele ficava ali sentado, triste, olhando para a mesa com os olhos úmidos. Certa vez, suas mãos trêmulas não conseguiram segurar a tigela, que caiu no chão e se espatifou. A nora o repreendeu rudemente, mas ele só suspirou, sem esboçar qualquer reação. Então lhe compraram uma tigela de madeira bem barata, e esse passou a ser seu prato. Certo dia, quando estavam sentados fazendo a refeição, o pequeno neto de quatro anos, que estava sentado no chão, começou a juntar tabuinhas de madeira. "Mas o que você está fazendo?", perguntou o pai do menino. "Ah", respondeu a criança, "estou montando uma tigelinha, para papai e mamãe comerem nela quando eu for grande." O filho e a nora do velho se entreolharam, começaram a chorar, imediatamente foram buscar o velho para que se sentasse à mesa com eles, e, daquele momento em diante, ele passou a comer sempre com eles, e eles não diziam uma palavra quando ele entornava um pouco de comida.

GRIMM, Jacob; GRIMM, Wilhelm. *Contos maravilhosos infantis e domésticos*. São Paulo: Cosac Naify, 2015. v. 1. p. 351-352.

Blend Images/Getty Images

As gerações têm muito a aprender umas com as outras.

E FAZENDO A PONTE

1) Essa história se relaciona a qual mandamento de Deus?

2) De acordo com o mandamento, qual deve ser o comportamento dos filhos para com os pais?

3) Na sua opinião, podemos aprender alguma coisa com as crianças? Por quê?

NO DIA A DIA

Um casal alimentava a vaidade de que o filho estudaria engenharia a qualquer custo. Mas ele queria ser músico e tinha muita vocação para isso. Além do mais, não gostava nem um pouco de engenharia.

Como os pais insistiram muito, o filho obedeceu, mas foi ficando tão desgostoso com a faculdade que caiu em depressão e ficou doente. A vontade dos pais contrariara tanto suas aptidões e sua vocação, que isso lhe causou um desânimo geral.

Pense nestas questões:

1) Os pais estão contrariando algum dos mandamentos? Qual? Por quê?

2) Se você estivesse no lugar do filho, como tentaria resolver essa situação?

3) E se você fosse o pai ou a mãe, qual seria o seu comportamento?

4) Na sua opinião, os seres humanos devem desenvolver as suas capacidades ou devem seguir em tudo os desejos dos pais? Por quê?

AGORA É COM VOCÊ

Sob a orientação do professor, reúna-se em grupos com seus colegas. Cada grupo deverá escolher um dos mandamentos e criar uma história em torno dele. Pode ser uma história em que uma personagem se veja diante do dilema de seguir ou não um mandamento, ou uma história em que um mandamento seja desrespeitado, ou, ainda, em que o mandamento seja cumprido.

Uma vez criadas as histórias, apresentem as dramatizações em sala de aula e, se possível, para as outras classes.

DE OLHO NO MUNDO

Adventistas: seguidores de doutrina protestante criada nos EUA, no século XIX, denominada "Igreja Adventista do Sétimo Dia". Diferentemente dos judeus, os adventistas são cristãos. Esperam uma segunda vinda de Jesus à Terra para o cumprimento exato de profecias não cumpridas quando de sua primeira vinda.

Dias de descanso

Os adventistas e os judeus ainda hoje guardam o sábado, cumprindo o 4º mandamento à risca, como está na Bíblia. Já outros cristãos adotaram o domingo como dia de descanso e culto a Deus. Os muçulmanos, por sua vez, fazem o mesmo na sexta-feira.

Na época de Jesus, houve uma grande polêmica (discussão) em relação ao sábado: para os judeus de então (como até hoje para os judeus mais fiéis às antigas tradições), esse dia era tão sagrado que nele não se podia fazer nada além do que era relacionado ao culto a Deus. Porém, mesmo aos sábados, Jesus curava doentes e ajudava quem precisasse, o que era objeto de crítica por parte dos sacerdotes.

Para todas essas religiões, seja sexta, sábado ou domingo, o dia santificado deve ser de descanso físico e mental, mas também de reflexão, alegria santa e adoração – deve ser, enfim, o melhor dia da semana, o mais feliz.

É interessante saber que essa lei religiosa influenciou a lei humana: hoje, ter um dia de folga é reconhecido como um direito de todos os que trabalham. Além disso, ter um dia de folga comum a todas as pessoas pode permitir que elas se encontrem e convivam socialmente, embora nem todos no mundo tenham esse direito garantido.

George Pickow/Three Lions/Hulton Archive/Getty Images

Crianças judias celebram o *shabat* em 1955 em Israel, o dia do descanso do Senhor.

E PARA TERMINAR

O poema a seguir é de Vinícius de Morais (1913-1980). Leia-o e reflita sobre ele.

A rosa de Hiroxima

Pensem nas crianças
Mudas telepáticas
Pensem nas meninas
Cegas inexatas
Pensem nas mulheres
Rotas alteradas
Pensem nas feridas
Como rosas cálidas
Mas oh não se esqueçam
Da rosa da rosa
Da rosa de Hiroxima
A rosa hereditária
A rosa radioativa
Estúpida e inválida
A rosa com cirrose
A antirrosa atômica
Sem cor sem perfume
Sem rosa sem nada

MORAIS, Vinícius de. *A rosa de Hiroxima*. Disponível em: <www.viniciusdemoraes.com.br/pt-br/musica/cancoes/rosa-de-hiroxima>. Acesso em: 13 mar. 2018.

Bettmann Archive/Getty Images

Mulher em meio às ruínas de Hiroxima, no Japão, após sofrer ataque com a bomba atômica, em 1945.

1) O que você entendeu do texto?

2) Com qual mandamento você acha que esse poema está relacionado?

3) Faça uma pintura ou colagem inspirada nesse poema. Depois, a turma poderá organizar uma exposição dos trabalhos.

Reprodução/Tom Hooper/Paramount Pictures

SESSÃO DE CINEMA

Os miseráveis

Direção de Tom Hooper. Working Title Films/Cameron Mackintosh Ltd./ Paramount Pictures, 2012.

Adaptação musical do romance clássico do escritor francês Victor Hugo (1802-1885) que conta a história de Jean Valjean, preso por roubar um pão. Depois de sair da cadeia, Valjean torna-se ladrão, mas é redimido por um bispo que lhe dá uma lição de vida.

Procure assistir ao filme indicado pensando nestas questões:

1) **Quais os mandamentos discutidos no filme?**
2) **Na sua opinião, como seguir os mandamentos pode ajudar alguém a viver melhor em sociedade?**

Reprodução/Rupert Sanders/Universal Pictures

Branca de Neve e o Caçador

Direção de Rupert Sanders. Universal Pictures, 2012.

Branca de Neve é a garota mais linda de todo o reino, o que atrai a inveja da poderosa Rainha Má, que, para ter o que deseja, fará tudo que estiver a seu alcance, nessa história inspirada na obra dos Irmãos Grimm.

Após assistir ao filme, responda:

1) **Como a inveja pode influenciar a maneira como as pessoas agem umas com as outras?**
2) **Como você imagina que seria a história se a Rainha Má seguisse os dez mandamentos?**

> Seja, pois, o motivo das tuas ações e dos teus pensamentos sempre o cumprimento do dever [...].
>
> **Krishna.**
>
> *Bhagavad-Gîtâ:* a mensagem do mestre. 2,47. 22. ed. São Paulo: Pensamento, 2006. p. 36.

Album/Fotoarena/Museu Diocesano Tridentino de Arte Sacra, Trento, Itália

O bom samaritano, de Francesco Fontebasso (1707-1769).

3 A medida do amor ou o amor sem medida

Quem sabe amar a quem?

Certamente você já ouviu falar em "amar o próximo como a si mesmo". Dizem que esse mandamento é o mais belo, mas também o mais difícil de se praticar. É o mandamento judaico-cristão mais conhecido e foi considerado por Jesus, ao lado do amor a Deus, como o mais importante.

Não é só no cristianismo que se recomenda o amor ao próximo: em várias religiões esse princípio aparece, embora às vezes com palavras diferentes.

Você já experimentou agir com amor ao próximo? Sabe quem é o seu próximo? Sabe o que significa esse amor?

BEBENDO NA FONTE JUDAICA

Interpretações do mandamento

A primeira vez que aparece o mandamento de amor ao próximo na tradição judaico-cristã é no Antigo Testamento. Entretanto, houve judeus que entenderam que esse "próximo" seria somente quem também pertencesse às tribos de Israel, ou seja, pessoas do mesmo povo e da mesma religião. Está escrito no Levítico:

Não explores o teu próximo e não o roubes [...]. Não cometais injustiça nos vossos julgamentos: não dês vantagem ao fraco e não favoreças o grande, mas julga com justiça o teu compatriota; não te mostres caluniador da tua parentela e não levantes uma acusação que faça derramar o sangue do teu próximo. Eu sou o Senhor.

Não tenhas nenhum pensamento de ódio contra o teu irmão, [...] não te vingues e não sejas rancoroso em relação aos filhos do teu povo: é assim que amarás o teu próximo como a ti mesmo. Eu sou o Senhor.

Levítico 19,13-18. *Bíblia:* tradução ecumênica. São Paulo: Edições Loyola, 1994. p. 186.

Estátua do filósofo judeu Maimônides, em Córdoba, Espanha.

Education Images/UIG/Getty Images

O texto bíblico pode dar a entender que o mandamento exige apenas o amor entre os membros de um mesmo povo. De fato, segundo o filósofo judeu Maimônides, que viveu entre 1135 e 1204, certos rabinos (rabis; mestres) de Israel assim o interpretaram, dizendo que se trata de "amar cada indivíduo judeu como a si mesmo". Outro famoso rabi, Hillel, que viveu pouco antes de Jesus, tinha uma interpretação mais universal e pacificadora, entendendo que devemos amar a todos. Conta-se que um não judeu chegou a ele e pediu que lhe ensinasse rapidamente toda a lei divina. Hillel respondeu:

Não faça com seu próximo aquilo que detestaria fosse feito a você, nisto se resume toda a lei. O resto é apenas interpretação.

Rabbi Hillel. In: *Amarás teu próximo como a ti mesmo.* Disponível em: <www.centrochiaralubich.org/pt/>. Acesso em: 20 mar. 2018.

BEBENDO NA FONTE CRISTÃ

Um resumo da lei divina

Jesus foi, entre todos, um dos que mais deu importância ao mandamento de amor ao próximo, exemplificando-o com a própria vida, pois amava intensamente a humanidade, doando-se a todas as pessoas. Está escrito no Evangelho:

Jesus declarou-lhe: "Amarás o Senhor teu Deus de todo o teu coração, com toda a tua alma e com todo o teu pensamento. Eis o grande, o primeiro mandamento. Um segundo é igualmente importante: Amarás o teu próximo como a ti mesmo. Desses dois mandamentos dependem toda a Lei e os Profetas".

Mateus 22,37-40. *Bíblia*: tradução ecumênica. São Paulo: Edições Loyola, 1994. p. 1902-1903.

E, ainda:

Tudo aquilo, portanto, que quereis que os homens vos façam, fazei-o vós a eles, pois esta é a Lei e os Profetas.

Mateus 7,12. *Bíblia de Jerusalém*. São Paulo: Paulus, 2012. p. 1715.

Na verdade, todos os outros ensinamentos de Jesus são explicações e desdobramentos desses dois mandamentos, com os quais ele resumiu a lei divina. Perdoar a quem nos fere, ter compaixão por quem sofre, não prejudicar o próximo, amar os inimigos – todas essas ações e muitas outras são formas de amar o próximo.

Jesus conversando e oferecendo ensinamentos para uma samaritana. No tempo de Jesus, samaritanos e judeus tinham uma profunda rivalidade. Obra da pintora suíça Angelika Kauffmann (1741-1807), intitulada *Jesus e a samaritana no poço*.

Album/Fotoarena/Nova Pinacoteca, Munique, Alemanha

Jasmin Merdan/Getty Images

Respeitar as diferenças é um modo de amar ao próximo. Amigas em restaurante na Europa.

Budismo: corrente filosófica e religiosa fundada por Siddartha Gautama, o Buda, no século V a.C. e, mais tarde, difundida por todo o leste da Ásia. Ensina que, pela conquista da mais alta sabedoria, ou iluminação, nos libertamos do ciclo de sofrimentos da vida terrena – o "samsara" – e atingimos a paz e a plenitude – o "nirvana".

Quem é o nosso próximo?

A primeira pergunta que nos vem à cabeça quando ouvimos dizer que devemos amar ao próximo é esta: quem é o meu próximo?

O que as religiões em geral respondem é que qualquer pessoa do mundo é o nosso próximo! O hinduísmo e o budismo vão ainda mais longe e dizem que devemos amar mesmo os outros seres vivos e toda a natureza, além do ser humano. No cristianismo, Francisco de Assis também pensava assim – tanto que chamava o Sol, a Lua, as estrelas, as flores e os animais de "irmãos". Essa interpretação faz parte de uma ideia maior: se todos foram criados por Deus, então há uma irmandade entre os seres.

O amor ao próximo é diferente do amor romântico, entre casais, que se costuma ver nos filmes. É um amor de irmão, um amor de ajudar sem querer ser recompensado, de perdoar, de ter paciência, de fazer sempre o bem.

Se todos nós somos filhos de Deus, então todos nós somos irmãos. Essa é a lógica do amor ao próximo: a fraternidade universal que vem da paternidade divina.

Amar ao próximo é pensar na humanidade inteira como nossa família, querendo o bem, a felicidade e a paz de todas as criaturas.

Mas como posso saber se estou agindo com amor ou não? É possível "medir" o amor ao próximo? Existe, sim, uma medida natural, que Deus já colocou dentro de nós. É que todo mundo deseja felicidade e bem-estar para si mesmo. Ninguém gosta de sofrer, de ser magoado, de ser rejeitado... Todo mundo quer afeto, compreensão, carinho...

Então, é muito simples! Sempre que ficarmos em dúvida se estamos agindo bem ou não, basta nos perguntarmos honestamente: se eu estivesse no lugar do outro, eu gostaria que agissem assim comigo?

Hoje se fala muito em empatia – que é justamente a capacidade de se colocar na perspectiva da outra pessoa e tentar sentir o que ela está sentindo. Essa é sem dúvida uma atitude de amor ao próximo.

O X DA QUESTÃO

1) Você considera fácil ou difícil amar o próximo? Por quê?

2) Segundo o que você viu no texto, é errado querer o bem para si mesmo? Por quê?

3) De acordo com o texto, o amor ao próximo vale só para as pessoas com quem convivemos ou para todo mundo? Por quê?

A visão confucionista e a hinduísta

Confucionista: relativo ao confucionismo, corrente filosófica, religiosa e política cujo fundador foi o sábio chinês Confúcio (século VI a.C.). Valoriza a cooperação, a fraternidade e a igualdade entre todos os povos.

Confúcio, o sábio chinês, também pregava o amor ao próximo:

[...] "Tzu-kung perguntou: existe uma palavra que possa ser um guia de conduta durante toda a vida de alguém?". O Mestre disse: "Talvez, a palavra shu *[reciprocidade]. Não imponha aos outros aquilo que você não deseja para si próprio".*

Confúcio. *Os analectos*. 15,24. Porto Alegre: L&PM, 2017. p. 138.

No hinduísmo há ensinamentos semelhantes. Leia:

[...] Vou dar-te os sinais característicos dos homens que andam pelo caminho que conduz à Vida Divina. Ei-los: intrepidez, pureza de coração, perseverança em busca da sabedoria, caridade, abnegação, domínio de si mesmo, devoção, religiosidade, austeridade, retidão.

Abstenção de más ações, veracidade, mansidão, renúncia, equanimidade, boa vontade, amor e compaixão para com todos os seres, ausência do desejo de matar, ânimo tranquilo, modéstia, discrição, firmeza. [...]

Bhagavad-Gîtâ: a mensagem do mestre. 16,1-3. 22. ed. São Paulo: Pensamento, 2006. p. 149-150.

O QUE VOCÊ ENTENDEU?

1) Você viu que o amor ao próximo aparece nas religiões citadas aqui (judaísmo, cristianismo, budismo, hinduísmo) e em outras não citadas aqui. O que você entende por amor ao próximo?

2) De que maneira o amor a Deus e o amor ao próximo estão ligados?

David Trood/Getty Images

Budista acariciando um elefante que vive livre, na Tailândia.

CONTANDO UM CONTO

O exemplo do bom samaritano

Um doutor da lei judaica perguntou a Jesus quais eram os principais mandamentos e Jesus respondeu que eram o amor a Deus e ao próximo, e o homem perguntou:

[...] "E quem é o meu próximo?" Jesus continuou: "Um homem descia de Jerusalém a Jericó, caiu nas mãos de bandidos que, tendo-o despojado e coberto de pancadas, foram-se embora e o abandonaram quase morto. Aconteceu que um sacerdote descia por esse caminho; ele viu o homem e passou a boa distância. Do mesmo modo um levita chegou a esse lugar; viu o homem e passou a boa distância. Mas um samaritano que estava de viagem chegou perto do homem: ele o viu e tomou-se de compaixão. Aproximou-se, atou-lhe as feridas, derramando nelas azeite e vinho, montou-o sobre a sua própria montaria, conduziu-o a uma hospedaria e cuidou dele. No dia seguinte, tirando duas moedas de prata, deu-as ao hospedeiro e lhe disse: 'Toma conta dele, e se gastares alguma coisa a mais, sou eu que te pagarei na minha volta'. Qual dos três, a teu ver, mostrou-se próximo do homem que caíra nas mãos dos bandidos?" O legista respondeu: "Foi aquele que deu prova de bondade para com ele". Jesus lhe disse: "Vai e tu também faze o mesmo".

Lucas 10,29-37. *Bíblia*: tradução ecumênica. São Paulo: Edições Loyola, 1994. p. 1998.

O bom samaritano, de Vincent van Gogh (1853-1890).

The Granger Collection, New York/Glow Images

E FAZENDO A PONTE

Quando Jesus contou essa parábola, quis explicar quem era o próximo e o que era amar o próximo.

O samaritano não conhecia o homem que estava ferido na estrada e mesmo assim o ajudou como se ajudasse um amigo, com carinho e preocupação. Qual é a sua opinião sobre a atitude do samaritano? E sobre a atitude dos outros dois, que passaram sem ajudar?

AGORA É COM VOCÊ

Para aprofundar o conhecimento dessa parábola, reúna-se em grupos, sob a orientação do professor, e pesquisem a respeito dos samaritanos, dos levitas, dos sacerdotes e dos legistas (doutores da lei), na antiga Israel. Utilizem dicionários e livros de História. Depois, recriem essa parábola para os dias de hoje.

NO DIA A DIA

Carlinhos era muito bagunceiro; um menino que todo mundo queria longe. Mexia com as meninas, xingava os meninos, desrespeitava os professores. Ninguém gostava dele. A própria professora falava frases assim: "Deixem o Carlinhos sozinho até ele aprender a respeitar os outros!", ou "Menino chato! Não aguento mais você!", ou, ainda, "Hoje, você vai só para a diretoria, mas vai acabar sendo expulso da escola!". Carlinhos nem tinha mais amigos e parecia piorar a cada dia.

Certa vez, Taís, uma colega de classe muito comportada, boa aluna e que nunca havia falado com ele, encontrou-o na rua e os dois começaram a conversar. Ela interessou-se por sua vida e soube que ele era órfão de pai, que a mãe tinha um namorado que batia nele e que ele passava muito tempo fora de casa. A partir desse dia, Taís mostrou-se amiga dele e foi lhe dando cada vez mais atenção. Convidou-o para ir à sua festa de aniversário, com outros colegas de classe, e ajudou-o a se recuperar nas matérias em que ele ia mal. Desde então, Carlinhos começou a melhorar.

Pense nestas questões:

1) Numa comparação dessa história com a do bom samaritano, quem foi o próximo de Carlinhos?

2) Esse é o caso de um estudante e seu comportamento na escola. E quanto às pessoas consideradas indesejáveis na família, no trabalho, na sociedade? O que se pode fazer por elas?

FALANDO DE EDUCAÇÃO

Uma vida de amor ao próximo

Ao longo da história, muitas pessoas têm vivido uma existência inteiramente dedicada ao amor pelo próximo. Na Igreja católica, pessoas especiais, com o dom de se doar inteiramente a Deus e aos irmãos em humanidade, são consideradas santas. Um desses santos foi dom João Bosco (1815-1888), um padre italiano que consagrou a vida aos jovens de todo o mundo.

João era um menino pobre, que trabalhava no campo para ganhar a vida. Conta-se que, com apenas 9 anos de idade, teve um sonho que o marcaria: nele estavam Jesus e Maria de Nazaré. No sonho, ele via uma multidão de meninos brigando, xingando, e queria fazê-los ficar quietos por meio de socos e pancadas. Porém, Jesus e Maria dele se aproximaram e lhe disseram que deveria agir sempre com amor.

Mais tarde, depois de estudar com muito sacrifício (seu irmão mais velho nem queria que ele estudasse), decidiu ser padre. Um dia, foi visitar uma prisão onde ficavam os jovens que haviam caído na criminalidade. Comovido com aquela situação, João Bosco decidiu fazer alguma coisa por eles.

Desde então, dedicou-se inteiramente à educação da juventude, criando casas de oração e aprendizado e fundando uma ordem de padres – os salesianos – que iriam também cuidar da educação dos pobres, dos desamparados e dos meninos de rua.

Indígenas da etnia Guató em aula ao ar livre na aldeia localizada às margens do rio Paraguai, em ilha fluvial no Pantanal em Corumbá (MS), 2017.

Cassandra Cury/Pulsar Imagens

O interessante é que, seguindo a inspiração do sonho da infância, dom Bosco achava que a educação deveria ser dada por meio do amor, da alegria e da bondade – e não de punições, severidade e dureza.

Eis uma carta de sua autoria, em que ele comenta essa sua linha de ação:

[...] É mais fácil encolerizar-se do que ter paciência, ameaçar uma criança do que persuadi-la. Direi mesmo que é mais cômodo, para nossa impaciência e nossa soberba, castigar os que resistem do que corrigi-los, suportando-os com firmeza e suavidade.

Tomai cuidado para que ninguém vos julgue dominados por um ímpeto de violenta indignação. É muito difícil, quando se castiga, conservar aquela calma tão necessária para afastar qualquer dúvida de que agimos para demonstrar a nossa autoridade ou descarregar o próprio mau humor.

Consideremos como nossos filhos aqueles sobre os quais exercemos certo poder. Ponhamo-nos a seu serviço, assim como Jesus, que veio para obedecer e não para dar ordens; envergonhemo-nos de tudo o que nos possa dar aparência de dominadores; e se algum domínio exercemos sobre eles, é para melhor servirmos.

Assim procedia Jesus com seus apóstolos; tolerava-os na sua ignorância e rudeza, e até mesmo na sua pouca fidelidade. A afeição e a familiaridade com que tratava os pecadores eram tais que em alguns causava espanto, em outros escândalos, mas em muitos infundia a esperança de receber o perdão de Deus. Por isso nos ordenou que aprendêssemos dele a ser mansos e humildes de coração. [...]

BOSCO, Dom João. Das Cartas de São João Bosco, presbítero. In: *Liturgia das Horas*: Tempo Comum. Petrópolis: Vozes; São Paulo: Paulinas; Paulus; Editora Ave-Maria, 2000. v. 3. p. 1225-1226.

EU COMIGO

"Como eu pretendo seguir o mandamento de amor ao próximo em meu projeto de vida?"

Fototeca Gilardi/Getty Images

Ilustração de dom João Bosco com seus estudantes, de Giambattista Conti, feita em 1929 em Turim, Itália.

A importância das ONGs

Quando lemos jornal e vemos televisão, parece que tudo é horrível e só há guerras, injustiças e crimes por toda parte. É que a mídia em geral prefere noticiar acontecimentos trágicos. Mas, se olharmos bem e conhecermos melhor o mundo à nossa volta, descobriremos que há muita gente trabalhando pelo próximo. Prova disso é que a área que mais cresce é o chamado "terceiro setor": as ONGs (Organizações Não Governamentais).

As ONGs não pertencem ao governo e também não têm dono que delas possa tirar lucros. São formadas por pessoas que se reúnem livremente não para ganhar dinheiro, mas para trabalhar por uma causa social, na saúde, na educação, na cultura, no meio ambiente, etc.

Ninguém sabe os números exatos, mas milhões de pessoas no mundo trabalham voluntariamente em organizações desse tipo, com o objetivo de ajudar o próximo. Só no Brasil, alguns cálculos apontam que existiriam mais de 15 milhões de voluntários.

Em 2010, havia 290,7 mil Fundações Privadas e Associações sem Fins Lucrativos (Fasfil) no Brasil, voltadas, predominantemente, à religião (28,5%), associações patronais e profissionais (15,5%) e ao desenvolvimento e defesa de direitos (14,6%). As áreas de saúde, educação, pesquisa e assistência social (políticas governamentais) totalizavam 54,1 mil entidades (18,6%). As Fasfil concentravam-se na região Sudeste (44,2%), Nordeste (22,9%) e Sul (21,5%), estando menos presentes no Norte (4,9%) e Centro-Oeste (6,5%). Dessas instituições, 72,2% (210,0 mil) não possuíam sequer um empregado formalizado, apoiando-se em trabalho voluntário e prestação de serviços autônomos. Nas demais, estavam empregadas, em 2010, 2,1 milhões de pessoas, sendo intensa a presença feminina (62,9%). Porém, a remuneração média das mulheres (R$ 1.489,25) equivalia a 75,2% da remuneração média dos homens (R$ 1.980,08), sendo para o total dos assalariados, R$ 1.667,05 mensais naquele ano. [...]

ABONG. Números e dados das Fundações e Associações Privadas sem Fins Lucrativos no Brasil – pesquisa Fasfil 2010 (lançada em dezembro de 2012). Disponível em: <www.abong.org.br/>. Acesso em: 2 abr. 2018.

As ONGs não podem ter finalidades lucrativas nem políticas, ou seja, ninguém pode enriquecer ou candidatar-se a um cargo político por meio de uma ONG. É claro que sempre surgem os espertalhões que querem se aproveitar das situações e há ONGs que não cumprem à risca esses propósitos. Mas o crescimento dessas organizações indica que há muita gente seriamente preocupada em melhorar o mundo.

Lucas Melo/Ag. A Tarde/Futura Press

Voluntários recolhem lixo na praia na primeira edição do projeto "Jogando limpo com a praia", em Salvador (BA), 2016.

A fraternidade brasileira

Temos ou não uma boa convivência entre diferentes etnias, povos e religiões no Brasil? Esse é um assunto polêmico entre pesquisadores e intelectuais brasileiros. Alguns afirmam que o racismo e a discriminação fazem parte da nossa cultura. Outros dizem que, de fato, houve matança de indígenas, escravidão de africanos e ainda hoje há racismo entre nós, mas, apesar disso, em comparação a outros países, há uma boa relação entre nacionalidades e credos. Entretanto, hoje temos dados suficientes e tristes para afirmar que não há uma democracia racial entre nós e a intolerância religiosa (sobretudo contra os cultos afro-brasileiros) tem crescido nas últimas décadas. Veja as notícias a seguir:

O negro no mercado de trabalho

O racismo está engendrado de forma estrutural na nossa sociedade, e traz consequências práticas, uma vez que os negros possuem menos oportunidades em áreas essenciais. Um levantamento feito pelo Departamento Intersindical de Estatística e Estudos Socioeconômicos (Dieese) com dados de 2016 mostra, por exemplo, que quanto mais escolarizados os negros, maior a diferença de salário em comparação com uma pessoa não negra que tenha o mesmo nível de instrução. Os profissionais negros que não completaram o ensino médio ganhavam 92% do que recebiam os não negros com esse mesmo nível de estudo. Essa diferença cai para 85% entre os que têm ensino médio completo. Quando se tratam de trabalhadores com ensino superior, os negros ganham somente 65% do que um trabalhador não negro com a mesma formação.

Os índices de desemprego também são mais altos entre pessoas negras do que no restante da população. Durante a recessão econômica, é este grupo o mais impactado. De 2015 para 2016, a taxa de desemprego total dos negros aumentou de 14,9% para 19,4%, enquanto a dos não negros passou de 12% para 15,2%. [...]

Menos acesso à educação

Há um fosso, ainda, na comparação de acesso aos estudos. Há um evidente atraso escolar dos negros, que se perpetuou desde a abolição da escravidão, no século 19. Desde então, a falta de suporte que admitisse a diferença deixou um déficit na formação deste grupo. Na década passada, houve algum ajuste pelas políticas de cotas afirmativas. Em 2005, somente 5,5% dos jovens pretos e pardos em idade universitária frequentavam

Edson Lopes Jr/A2AD

Cris Faga/NurPhoto/Getty Images

a faculdade. Esse número saltou para 12,8% em 2015, segundo o Instituto Brasileiro de Geografia e Estatística (IBGE). Em relação à população branca, contudo, a distância ainda é enorme: 26,5% dos estudantes brancos entre 18 e 24 anos estavam na universidade em 2015.

O analfabetismo também revela a desigualdade de condições de negros e brancos. Um levantamento feito pelo movimento Todos Pela Educação em 2016, com base na Pesquisa Nacional por Amostra de Domicílio (Pnad/IBGE), mostra que a taxa de analfabetismo é 11,2% entre os pretos; 11,1% entre os pardos; e, 5% entre os brancos.

A relação entre escravidão e desigualdade

Por ter sido o último país do ocidente a extinguir a escravidão, a relação entre o Brasil e a "instituição", eufemismo utilizado para nomear a escravatura, ainda é intensa. Segundo o sociólogo e especialista em políticas públicas Humberto Laudares cerca de 20% da desigualdade que acontece ainda hoje em municípios brasileiros tem como fonte a escravidão.

Laudares credita esse cenário a uma falha da sociedade e do Estado brasileiro em promover igualdade de oportunidades para os cidadãos. Para efeito de comparação, os municípios que abrigaram quilombos sofrem ainda mais. "Nós testamos o efeito dos quilombos na desigualdade e encontramos que locais que sediaram quilombos são hoje 3% mais desiguais, são mais pobres e ainda têm um nível educacional inferior a municípios com características semelhantes", relata. Para ele, há um caminho para reduzir o problema: "igualar as oportunidades – saúde, educação, segurança – a partir da infância".

SANZ, Beatriz. Racismo não dá descanso e impacta a saúde e o trabalho dos negros no Brasil. *El País*, São Paulo, 20 nov. 2017. Disponível em: <https://brasil.elpais.com/brasil/>. Acesso em: 21 dez. 2017.

... violência contra religiões afro-brasileiras

"Vai, quebra tudo, porque a senhora é quem é o demônio chefe". A ordem, proferida por um homem armado, é trecho de um dos vídeos que circulou pelas redes sociais na última semana, nos quais grupos de fiéis evangélicos, aparentemente traficantes, atacam terreiros de Candomblé na Baixada Fluminense, no Rio de Janeiro, e obrigam uma Ialorixá (mãe de santo) e um Babalorixá (pai de santo) a destruírem seus símbolos sagrados. A região, que abri-

Roger Cipó/Arquivo do fotógrafo

Altar de terreiro de Candomblé, em Diadema (SP). Foto de 2016.

ga mais de 800 terreiros, registrou oito casos de violência semelhantes nos últimos três meses, segundo a Secretaria Estadual de Direitos Humanos do Rio de Janeiro. No domingo (17), cerca de 50 mil pessoas se reuniram em Copacabana, no Rio de Janeiro, para protestar contra a intolerância religiosa.

"O Candomblé está sempre em alerta, desde a origem. Estamos sempre esperando que alguém bata na nossa porta e mande fechar o terreiro", afirma o fotógrafo e candomblecista Roger Cipó. Ainda que na Constituição conste que "é inviolável a liberdade de consciência e de crença, sendo assegurado o livre exercício dos cultos religiosos", casos de ataques contra religiões não cristãs seguem crescendo no Brasil: entre 2015 e 2016 as denúncias duplicaram, de acordo com a Secretaria dos Direitos Humanos (SDH).

Nos últimos três meses, só no Rio de Janeiro, 32 denúncias foram recebidas, segundo a Secretaria Estadual de Direitos Humanos do Estado. Em 2016, mais de 70% dos 1.014 casos documentados pela Comissão de Combate à Intolerância Religiosa eram contra fiéis de religiões de matriz africana como a Umbanda e o Candomblé. "É importante destacar que essa violência não é de hoje. Ela é parte do sistema racista que estrutura a nossa sociedade. Não se trata apenas de intolerância, trata-se de racismo. É um extermínio de toda a prática negra das religiões de resistência do Brasil", acredita Cipó. [...]

D'ANGELO, Helô. As origens da violência contra religiões afro-brasileiras. *Revista Cult*, São Paulo, 21 set. 2017. Disponível em: <https://revistacult.uol.com.br/>. Acesso em: 22 maio 2018.

O QUE VOCÊ ENTENDEU?

1) Pense nessas notícias sobre a situação do negro no Brasil e a ideia de que aqui exercemos uma democracia racial. Você observa essa desigualdade no seu dia a dia?

2) Proponha ideias para mudar o quadro brasileiro descrito pelas notícias citadas.

E PARA TERMINAR

Leia alguns trechos do poema *Canto de Libertação*, de José Herculano Pires (1914-1979), e reflita sobre sua mensagem:

[...]
não te esqueças de que há povos sangrando
em hemoptises fratricidas
não te esqueças da fome que devora
teus irmãos agonizando entre riquezas
não te esqueças
dos abutres guerreiros
que dividem o tempo em guerra e paz
para o banquete metálico dos lucros.
[...]
Ouve, ouve ao longe, sacudindo continentes e oceanos
o soluço do mundo
ouve o coro
não dos anjos celestes nimbados de luz
mas dos anjos terrenos famintos e sujos
fenecendo como flores na lama
ouve o clamor dos povos esgotados
ouve o urro dos irmãos convertidos em chacais

Hemoptises: hemorragias no aparelho respiratório.

Fratricidas: aqueles que matam o próprio irmão ou irmã; por extensão, se refere a guerras civis.

Nimbados: designativo de figuras divinas com auréola ou nimbo.

Fenecendo: extinguindo-se.

Chacais: animais selvagens e carnívoros, da mesma família dos cães.

Reprodução/Fundação Virgínia e J. Herculano Pires

José Herculano Pires em seu escritório. Foto da década de 1960.

e atira-te

atira-te

atira-te

a construir sobre o sangue e as lágrimas

certo

sereno

firme

seguro

confiante

como o ferreiro que conhece o poder do martelo

o ritmo da forja.

[...]

PIRES, José Herculano. *Poesias*. São Paulo: Paideia, 2004. p. 97-102.

Alexandre Tokitaka/Pulsar Imagens

Menor em situação de vulnerabilidade social em rua de São Paulo (SP). Foto de 2014.

1) Qual é a mensagem principal do poema de Herculano Pires?

2) Pesquise, em revistas e jornais, imagens que possam ilustrar esse poema e monte-as num painel.

SESSÃO DE CINEMA

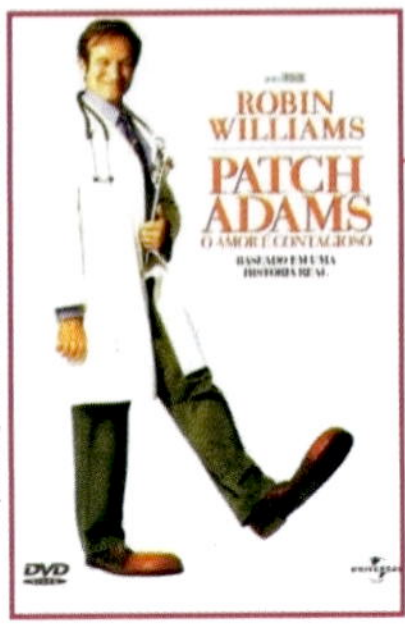

Reprodução/Tom Shadyac/Universal Pictures

Patch Adams: o amor é contagioso

Direção de Tom Shadyac. Universal Pictures, 1998.

História real e comovente de um médico estadunidense que inova os métodos de tratamento dos pacientes usando humor, alegria e amor.

Procure assistir ao filme indicado pensando nesta questão:

1) **Se lhe acontecesse algo semelhante ao que aconteceu a Patch Adams (o caso da namorada), você manteria sua proposta de vida?**
2) **Para você, o amor ao próximo pode ajudar a superar os momentos difíceis da vida? Por quê?**

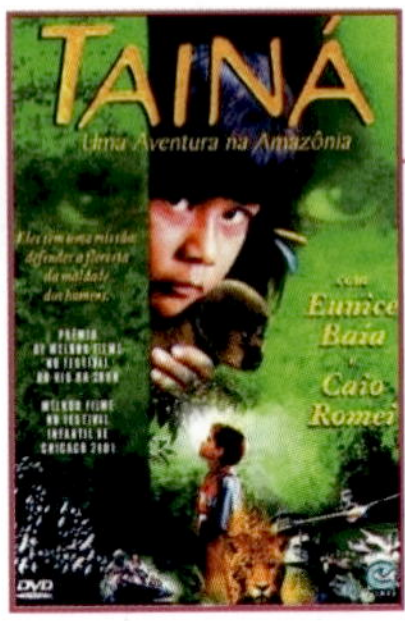

Reprodução/Tânia Lamarca/ Sérgio Bloch/Europa Filmes

Tainá: uma aventura na Amazônia

Direção de Sérgio Bloch e Tânia Lamarca. Europa Filmes, 2000.

Filme de temática ecológica, totalmente filmado na Floresta Amazônica, conta a história de uma indiazinha órfã que vive com seu avô, com quem aprende o respeito pela história e pelas lendas de seu povo e o amor à natureza. A grande aventura começa quando Tainá salva um filhote de macaco, a quem dá o nome de Catu (Bonito), de uma armadilha montada por traficantes de animais.

Após assistir ao filme, responda:

1) **Na sua opinião, é possível alguém demonstrar seu amor ao próximo cuidando da natureza? Explique.**
2) **Quão importante é, para você, o cuidado com o meio ambiente?**

> [...] Nenhum de vós será um verdadeiro crente, até que deseje para o seu irmão o que deseja para si mesmo.

An-Nawawi.

Abu Zakaria. 13. *Os quarenta Hadith (ditos)*. Tradução de Rodrigo Abu Abdurrahman. Disponível em: <https://islamhouse.com/pt/books/53689/>. Acesso em: 20 mar. 2018.

Homenagem, em 2016, às vítimas do ataque com a bomba atômica em Hiroxima, Japão.

4

Os mortos devem ser lembrados

Um costume universal

Como devemos agir quando alguém que nos é querido morre? Será menos doloroso tentar esquecê-lo? Ou deveríamos honrar a memória de quem partiu? Veja como diversos povos ao longo do tempo lidam com o luto.

Desde os povos mais primitivos, passando pelos egípcios, os antigos gregos e romanos, os japoneses e os chineses, os africanos e os indígenas americanos, pessoas de todos os continentes e das mais variadas tradições religiosas praticaram e ainda praticam o culto aos antepassados. Segundo os antropólogos, essa é uma das características mais antigas e universais da religiosidade humana.

Antropólogos: estudiosos da Antropologia, ciência que estuda o ser humano, tanto em sua estrutura física quanto em sua cultura (costumes, tradições, organização social, etc.).

Trata-se de prestar homenagens, pronunciar orações e, em alguns casos, até fazer oferendas à alma dos familiares que já morreram. É manter sua lembrança entre os vivos, procurando honrá-los e, às vezes, pedindo-lhes proteção.

Johannes P. Christo/Pacífico Press/Alamy/Fotoarena

Balineses se preparam para carregar diversos caixões em forma de dragão até o local da cerimônia de cremação chamada de Ngaben. A cremação é realizada para libertar a alma da pessoa morta, para que ela possa entrar no reino superior, onde pode esperar para renascer. Foto de 2016.

Muitas religiões consideram o culto aos antepassados um dever moral. Embora esse culto possa ser feito de diferentes maneiras, revela uma ideia principal, presente sem distinção em praticamente todas as religiões: a imortalidade da alma. É, portanto, natural que os vivos se preocupem com os mortos e proponham formas de cuidar deles e homenageá-los, pedir sua proteção ou ainda se assegurar de que eles estejam bem e felizes do outro lado.

Quarup: ritual indígena em homenagem aos mortos. Os troncos representam duas pessoas que morreram. É uma das cerimônias mais importantes entre os povos do Alto Xingu (MT). Foto de 2016.

Em civilizações mais antigas, como a grega e a romana, fazer parte de uma família significava cultuar os mesmos antepassados e ter os mesmos "deuses do lar". Os gregos acreditavam que os mortos continuavam a viver com as mesmas necessidades de quando estavam vivos. Era um dever, portanto, oferecer-lhes alimento em épocas determinadas e fazer libações perante seus túmulos, derramando leite, mel ou vinho.

Libações: antigos rituais religiosos nos quais eram derramados líquidos como vinho, óleo, leite, etc. em oferenda a uma divindade.

Se os descendentes cumprissem essas práticas, o morto passava a ser uma divindade protetora da família. Cada casa tinha um altar doméstico, onde o chefe da família celebrava esse culto. Em cada lar permanecia aceso, dia e noite, o fogo familiar, simbolizando o espírito dos antepassados. Entre os romanos, esses espíritos familiares eram chamados de *lares* e *manes* e protegiam o lar.

Altar doméstico, onde gregos e romanos homenageavam seus mortos, localizado em Roma, Itália.

EU COMIGO

Você já perdeu alguma pessoa de quem gostava? Em caso positivo, relate o que sentiu com essa perda e se lhe prestou alguma homenagem, se ora por ela, se pensa nela com frequência.

Raízes brasileiras

Como você já sabe, as três principais raízes religiosas no Brasil são a indígena, a cristã (principalmente em sua expressão católica) e a africana. Nas três, cada uma a seu modo, há rituais relacionados aos parentes mortos.

Nossas raízes mais antigas estão entre os indígenas, os primeiros habitantes da terra hoje chamada Brasil. Entre todos os grupos indígenas, a morte é cercada de rituais que visam garantir que o morto faça uma boa viagem para o além.

Tomemos como exemplo os Tupinambá. Segundo sua crença, o ser humano tem duas partes: o corpo e a alma. Quando a alma se separa do corpo, inicia sua jornada em busca do "guajupiá", o paraíso.

Sobre outra etnia indígena, nos conta Betty Mindlin:

Os Suruí-Paiter de Rondônia, os índios com quem mais tempo convivi, sonham com frequência com o mundo das almas, onde habitam os que já morreram.

São os pajés, na sua maioria homens, quem têm o poder de viajar ao país das almas, visitar as aldeias dos mortos, e avistar ou mesmo encontrar-se e conversar com os deuses ou espíritos. [...]

MINDLIN, Betty. Tradições indígenas brasileiras: ritos de passagem e visão pós-morte. In: INCONTRI, Dora; SANTOS, Franklin S. (Org.). *A arte de morrer*: visões plurais. Bragança Paulista: Editora Comenius, 2007. 1. v. p. 64-65.

Enterro, de Johann Moritz Rugendas (1802-1858), representando um enterro indígena.

Reprodução/Coleção particular

Os católicos rezam pelas almas e celebram missas por elas, esperando livrá-las quanto antes do purgatório. É que, segundo a doutrina católica, quando alguém morre, passa por um período de purificação. Não se trata de um lugar, mas de um estado. Nesse período, a alma ainda está sofrendo por suas impurezas – quanto mais orações e missas lhe forem dedicadas, mais depressa poderá se livrar desse sofrimento e ser feliz em Deus.

Quase metade da população brasileira tem ascendência africana – os africanos trouxeram para cá suas religiões e seus costumes. Aqui, muitas vezes não tiveram liberdade para praticar suas crenças, mas resistiram de modo que a cultura africana se tornou uma das raízes da cultura brasileira.

Afresco, de Domenico Ghirlandaio (1449-1494), do funeral de Santa Serafina, na Itália.

Na tradição africana dos iorubás, uma das mais fortes no Brasil, os eguns – também chamados egunguns, babá-eguns ou simplesmente babás – são os espíritos dos antepassados, invocados nos rituais dos terreiros. São espíritos especiais que se materializam para dar conselhos e bênçãos. O culto aos eguns é feito em terreiros específicos para esse fim; outros terreiros são dedicados ao culto dos orixás, divindades ligadas às forças da natureza.

Babá-egum em aquarela de Carybé.

O X DA QUESTÃO

1) Na sua opinião, é importante prestar algum tipo de homenagem ou fazer orações aos mortos? Por quê?

2) Cada tradição tem uma prática diferente em relação aos mortos. Por exemplo:

- os católicos oferecem orações e o sacrifício da missa pelas almas daqueles que se foram;
- algumas tradições orientais, como budistas ou xintoístas, fazem oferendas de frutas, às vezes outros alimentos e flores;
- os adeptos das tradições afro-brasileiras evocam os antepassados para pedir conselhos;
- os indígenas oferecem objetos que pertenceram ao morto, água e comida, para que ele faça uma boa travessia desta para a outra vida;
- os espíritas oram pelos espíritos e os invocam para falar com eles: se estiverem sofrendo, para ajudá-los; se estiverem bem e felizes, para pedir ajuda.

Com qual prática você se identifica? Por quê? Se não se identificar com nenhuma delas, justifique sua posição.

BEBENDO NA FONTE CATÓLICA

A prece católica pelos mortos

O catecismo católico resume a doutrina oficial da Igreja Católica Apostólica Romana. O papa João Paulo II (papa de 1978 a 2005) constituiu o novo catecismo, tendo participado da sua redação bispos de todo o mundo, para afirmar nos tempos atuais as antigas tradições da fé cristã, representada pelos católicos. Nesse documento, há indicações sobre a prece pelos mortos:

Esta doutrina apoia-se também na prática da oração pelos defuntos, de que já fala a Sagrada Escritura: «Por isso, [Judas Macabeu] pediu um sacrifício expiatório para que os mortos fossem livres das suas faltas» (2 Mac 12, 46). Desde os primeiros tempos, a Igreja honrou a memória dos defuntos, oferecendo sufrágios em seu favor, particularmente o Sacrifício eucarístico para que, purificados, possam chegar à visão beatífica de Deus. A Igreja recomenda também a esmola, as indulgências e as obras de penitência a favor dos defuntos:

"Socorramo-los e façamos comemoração deles. Se os filhos de Jó foram purificados pelo sacrifício do seu pai [cf. Jó 1,5] por que duvidar de que as nossas oferendas pelos defuntos lhes levam alguma consolação? [...] Não hesitemos em socorrer os que partiram e em oferecer por eles as nossas orações". [CRISÓSTOMO, São João]

Catecismo da Igreja católica. 1032. Disponível em: <www.vatican.va/archive/cathechism_po/index_new/prima-pagina-cic_po.html>. Acesso em: 5 fev. 2018.

Sufrágios: súplicas, por meio de obras ou orações, em favor dos mortos.

Sacrifício eucarístico: sacrifício da missa, do pão e do vinho que se transformam no corpo e no sangue de Jesus Cristo.

Indulgências: perdão dos pecados cometidos.

Olivier Morin/Agência France-Presse

Papa Francisco rezando em cemitério dos militares mortos durante a I Guerra Mundial, na Itália, em 2014.

A prece espírita pelos mortos

Na doutrina espírita, de Allan Kardec, a ideia de que os espíritos podem ouvir nosso pensamento e beneficiar-se de nossas preces, ou, também, de que eles podem tentar nos prejudicar se forem maus espíritos e nos ajudar se forem bons, constitui um dos seus ensinamentos principais. Kardec também enfatizou a prece pelos que se foram, recomendando até alguns modelos de orações, como esta:

L. Adolfo/Estadão Conteúdo/AE

Pessoas de vários lugares prestam suas últimas homenagens ao médium Chico Xavier durante seu velório em Uberaba (MG), 2002.

Onipotente Deus, que a tua misericórdia se derrame sobre a alma de N... [nome da pessoa que morreu], a quem acabaste de chamar da Terra. Possam ser-lhe contadas as provas que aqui sofreu, bem como ter suavizadas e encurtadas as penas que ainda haja de suportar na Espiritualidade!

Bons Espíritos que o viestes receber e tu, particularmente, seu anjo guardião, ajudai-o a despojar-se da matéria; dai-lhe luz e a consciência de si mesmo, a fim de que saia presto da perturbação inerente à passagem da vida corpórea para a vida espiritual. Inspirai-lhe o arrependimento das faltas que haja cometido e o desejo de obter permissão para as reparar, a fim de acelerar o seu avanço rumo à vida eterna bem-aventurada. [...]

KARDEC, Allan. *O Evangelho segundo o Espiritismo*. 131. ed. Brasília: FEB, 2013. p. 356.

O QUE VOCÊ ENTENDEU?

1) Tanto católicos como espíritas recomendam a oração pelos mortos com a mesma finalidade. Que finalidade é essa?

2) Para os católicos, tanto as almas que se purificam no purgatório quanto aquelas que já são puras vão direto para o céu e lá ficarão eternamente; para os espíritas, mesmo as almas que melhoram ainda têm muito a evoluir e, por isso, voltarão à Terra em outras vidas, até atingirem a felicidade eterna. Você concorda com alguma dessas duas ideias ou com nenhuma? Por quê?

AGORA É COM VOCÊ

Sob a orientação do professor, reúnam toda a classe para um breve debate sobre o culto aos antepassados e a oração pelos mortos. Cada um dirá o que pensa sobre o assunto e os outros ouvirão com respeito. Depois, quem quiser poderá organizar um culto ecumênico em honra das pessoas que já morreram. Cada um fará uma prece ou oferecerá algo à sua maneira. Aqueles que não acreditam não precisam participar, mas devem ter respeito pelos outros.

Culto ecumênico: cerimônia religiosa da qual participam várias religiões e onde todos podem orar à sua maneira, respeitando os demais.

NO DIA A DIA

Hoje em dia, mais do que em outras épocas, há muitas pessoas que em nada creem. Acham que a vida acaba com a morte, que Deus não existe, que tudo o que há nas religiões é mera fantasia criada por pessoas que têm medo de enfrentar o nada e o vazio da existência. Ao mesmo tempo, há muita angústia, solidão e depressão no mundo. Muita gente se sente sozinha, carente, abandonada, e, às vezes, busca as drogas e até o suicídio para fugir dessa sensação de vazio. Entre as pessoas que se sentem esvaziadas e depressivas, há religiosos e ateus. Mas há pesquisas que indicam que a espiritualidade, qualquer que seja, pode ajudar as pessoas a terem um sentido em suas vidas.

Pense nestas questões:

1) Algumas pessoas consideram que existe uma relação direta entre não acreditar em nada e se sentir vazio, deprimido e sozinho. Você concorda com isso? O que pode preencher a vida de sentido, para não nos sentirmos esvaziados? Basta ter religião? Justifique sua posição.

2) Na sua opinião, é possível que tudo o que a religião ensina seja fantasia? Ou parte pode ser fantasia, parte verdade? Ou, ainda, tudo é verdade? Justifique.

CONTANDO UM CONTO

Iyá Mi, a mãe ancestral

Existia, antigamente, uma mulher de uma idade já avançada que teve um menino e, no ato de parir, morreu, indo para junto das mães ancestrais. Lá chegando, a mulher ficou muito triste por ter deixado o filho recém-nascido, precisando mamar. Contam muitos casos de Iyá Mi como má, mas em tudo existe o mal e o bem. Um tem cumplicidade com o outro e, às vezes, o bem vence o mal. Foi o que aconteceu com Iyá Mi naquele dia. Ela chamou a mulher e disse:

– Olha, nós aqui, quando saímos do mundo, chegamos aqui e temos de esquecer tudo. Mas como você está assim, triste com o seu filho, eu vou lhe fazer virar uma coruja e você vai se assentar na cumeeira da casa que foi sua e ficar esperando. Quando não tiver ninguém no quarto, você se vira em uma mulher e amamenta seu filho. Isto acontecerá todos os dias até que ele fique forte e mais criado.

Cumeeira: parte mais alta do telhado.

Assim a mulher fez, até que o menino não quis mais pegar no peito. Todos diziam:

– Engraçado, esta coruja todo dia ela senta em cima desta casa. Parece até agouro.

Mas nunca desconfiaram de que ela era uma mãe ancestral. Assim, ela se foi para o orun, para o céu, para nunca mais voltar. Só em casos de grandes necessidades é que elas vêm aqui.

YEMONJÁ, Mãe Beata de. *Caroço de dendê*: a sabedoria dos terreiros. 2. ed. Rio de Janeiro: Pallas, 2002. p. 41.

Marcos Amend/Pulsar Imagens

Coruja em parque da cidade de Porto Seguro (BA), em 2016.

E FAZENDO A PONTE

1) Nesse conto da tradição afro-brasileira, não vemos os vivos cultuando os mortos, mas uma alma que se preocupa com o filho que ficou no mundo. Neste capítulo, já vimos que muitas religiões ensinam a não esquecer os mortos. E o inverso? Será que os mortos esquecem os vivos? Justifique sua opinião.

2) Qual o sentimento mais forte demonstrado no conto e que está presente no culto e na oração pelos antepassados?

FALANDO DE HISTÓRIA

Há quem não ore pelos mortos. Mas por quê?

Existe um grupo religioso muito numeroso e influente que não aceita nenhum tipo de oração pelos mortos: os evangélicos. A justificativa para isso tem razões históricas muito profundas.

Evangélicos: adeptos de correntes religiosas derivadas do protestantismo (fundado por Lutero) que pregam a obrigatoriedade de seguir a Bíblia com o máximo rigor e fidelidade.

Quando Martinho Lutero iniciou o movimento da Reforma Protestante, no século XVI, uma das causas centrais da sua indignação era a chamada "venda de indulgências". Como a Igreja católica sempre pregou a ideia do purgatório – um período em que a alma está se purificando no além e pode ser ajudada pelas orações, missas e penitências dos vivos –, houve uma época em que aconteceram abusos muito grandes referentes a essa questão.

Esses abusos foram duramente condenados por Lutero. É que muitos padres, bispos e até papas vendiam indulgências para as almas "ganharem" o céu. Se, por exemplo, alguém tivesse um familiar morto que houvesse cometido grandes pecados, um bispo ou um papa podia vender uma indulgência e, mediante grandes somas de dinheiro, terras ou privilégios, "garantir" a entrada daquela alma no céu.

Album/Fotoarena/Coleção particular

Martinho Lutero coloca suas noventa e cinco teses na porta da Igreja de Todos os Santos, na Alemanha. Essas teses continham uma série de críticas às práticas de alguns membros da Igreja católica, sobretudo às vendas de indulgências. *Lutero*, de Hugo Vogel (1855-1934).

Havia também as indulgências vendidas à pessoa ainda em vida. Isso levava a muitos desvios: a pessoa podia praticar todo tipo de crime e depois se "reconciliava" com Deus, pagando à Igreja para "entrar" no céu.

Além disso, havia um grande comércio em torno dos santos e de suas relíquias. Qualquer pedaço de pano que se supunha ter pertencido à roupa de um santo valia seu peso em ouro e era até motivo de guerras entre cidades. Em toda parte, apareciam ossos, roupas, objetos que teriam sido deste ou daquele santo, gerando fanatismo nos fiéis.

Lutero, então, opôs-se a tudo isso. Para resolver a situação, aboliu a ideia do purgatório, permanecendo apenas céu e inferno; portanto de nada adiantaria rezar pelos mortos ou comprar indulgências. Disse também que só devemos orar diretamente a Deus e não por meio dos santos. Ele quis acabar com os abusos, mas acabou igualmente combatendo uma das mais fortes tradições da religião humana: o culto aos mortos. Isso não significa que os protestantes não tenham preces e rituais na hora da morte. Mas, segundo eles, as orações são pelos que ficam e não pelos que se foram.

Os evangélicos ou protestantes históricos de um modo geral não aceitam a ideia da reencarnação ou da passagem da alma pelo purgatório para o aperfeiçoamento espiritual. Resulta disso uma mudança básica nas crenças e nos rituais referentes à morte. Pois, enquanto nos meios católicos objetiva-se ajudar o indivíduo a realizar a sua transferência do mundo dos vivos para o seu destino eterno, no protestantismo a morte sela o destino da alma. Portanto, no protestantismo, aqueles ritos católicos relativos ao preparo e ao percurso para a longa viagem da alma são abandonados. Diante do moribundo, os protestantes procuram reafirmar ou despertar a fé e a esperança na ressurreição dos mortos. Pelo mesmo motivo, nas exéquias feitas ao redor do corpo vivo, não mais objetivam o morto em si, mas os vivos. São, portanto, rituais para os vivos e não para os mortos.

CAMPOS, Leonildo Silveira. Chamados à Mansão Eterna: morte, ritos e visão pós-morte no protestantismo tradicional brasileiro. In: SANTOS, Franklin S. (Org.). *A arte de morrer*: visões plurais. São Paulo: Editora Comenius, 2009. 2. v. p. 121.

AGORA É COM VOCÊ

Se você discordasse das práticas da sua Igreja, faria como Lutero? Por quê?

DE OLHO NO BRASIL

Reprodução/Projeto Memória e Imagem

Chegada dos primeiros imigrantes japoneses. Década de 1930. Na foto, um grupo desembarca em Tomé-Açu (PA).

O culto aos antepassados nas tradições japonesas

Calcula-se que, desde o final do século XIX, chegaram ao Brasil mais de 250 mil japoneses. Hoje, as estatísticas apontam que existe em nosso país uma comunidade japonesa, incluindo os descendentes, de 1,5 milhão de pessoas: a maior concentração de japoneses fora do Japão. É claro que os japoneses trouxeram consigo sua cultura, seus costumes e suas religiões, sendo as mais tradicionais o xintoísmo e o budismo.

A ideia de homenagear os antepassados é um ponto comum a todas as tradições japonesas. Os budistas, por exemplo, mantêm em casa um altar, chamado Butsudan, como um lugar de conservação da memória dos mortos dentro de casa. No xintoísmo, também, o culto dos antepassados é uma prática fortíssima.

Há ainda doutrinas mais novas, trazidas do Japão, que vêm tendo grande aceitação também entre os brasileiros. Dentre elas, com maior número de adeptos, temos a Igreja Messiânica Mundial do Brasil e a Seicho-no-ie.

Entre os japoneses pode haver messiânicos e adeptos de outras religiões japonesas. Isso porque eles veem com naturalidade o hábito de frequentar templos de diferentes religiões e praticar mais de uma religião. Então, eles podem, por exemplo, ser budistas e xintoístas ao mesmo tempo.

Xintoísmo: religião nacional do Japão anterior ao budismo, sem fundador nem livros sagrados. O termo "xinto", de origem chinesa, significa "caminho dos deuses". Reconhece um poder sagrado que se encontra difundido pela natureza sob a forma do Sol, da Lua, da tempestade, etc. Dá grande importância aos rituais fúnebres, pois os espíritos dos antepassados são também considerados deuses familiares e nacionais.

Diego Medeiros/Gentilmente cedido pela Igreja Messiânica Mundial do Brasil

Solo Sagrado, como é conhecida entre os adeptos a Igreja Messiânica Mundial do Brasil, em São Paulo. Foto de 2018.

A tanatologia

A tanatologia é uma ciência criada na segunda metade do século XX, que pretende estudar a morte. É uma ciência interdisciplinar, pois ela recorre a várias ciências (medicina, psicologia, filosofia, antropologia, história, etc.) para abordar a questão da morte.

No Brasil, esses estudos surgiram nas últimas décadas do século XX, mas uma novidade importante se deu nos últimos anos. Leia a notícia abaixo:

A arte de morrer – colocando a morte na pauta do dia

[...] É impossível conhecer o homem sem lhe estudar a morte, porque, talvez mais do que na vida, "é na morte que o homem se revela. É nas suas atitudes e crenças perante a morte que o homem exprime o que a vida tem de mais fundamental". Estas palavras de Edgar Morin, um dos intelectuais mais brilhantes de nosso tempo, explicitam o quanto a morte ocupa espaço central em nossas vidas. Apesar de tão reveladora, a morte, contudo, tem sido negada, escondida, permanecendo como sombra e incógnita mesmo ainda hoje, nestes tempos em que tudo é informação. Porém, na escuridão em que jaz este tema, uma luz se acende. O livro A arte de morrer, visões plurais, *organizado por Dora Incontri e Franklin Santana dos Santos, que acaba de ser lançado pela Editora Comenius, tem a força da brasa que ilumina o breu. Trata-se de um trabalho pioneiro, sério e de fôlego.*

O livro é uma novidade no cenário brasileiro e internacional porque, pela primeira vez, vários estudiosos, de diversas especialidades e de diferentes correntes ideológicas, discursaram sobre a morte em sua amplitude. De fato, a morte é analisada, questionada, interpretada, perscrutada, vasculhada pelos mais diversos ângulos, colocada do avesso. [...] Distante de qualquer morbidez que o tema possa suscitar para alguns, Dora Incontri e Franklin Santana dos Santos estão, como dizem, "colocando a morte na pauta do dia". Até o ano passado, a morte era estudada nas faculdades de medicina apenas através da tanatologia forense, disciplina que consiste em determinar a causa da morte, a data, a hora e como se processou a destruição celular do corpo sem vida.

Em 2007, os dois pesquisadores organizaram, na Faculdade de Medicina da Universidade de São Paulo, o 1º Curso de Tanatologia, Educação para a Morte – Uma Abordagem Plural e Interdisciplinar.

Igreja Messiânica Mundial do Brasil: religião instituída no Japão, em 1935, por Mokiti Okada. Baseia-se no espiritualismo, no amor ao próximo e no respeito ao meio ambiente para a concretização do mundo ideal, sem doenças, pobreza e conflitos. Utiliza o método de purificação chamado "johrei", para libertar as pessoas de todos os males físicos e morais. O "johrei" é feito pela imposição das mãos, das quais são emitidos raios invisíveis considerados divinos, que penetram no corpo e o purificam. No Brasil, iniciou suas atividades em 1955 e reúne, atualmente, cerca de 3 milhões de adeptos e simpatizantes.

Seicho-no-ie: sistema filosófico criado a partir da publicação, em 1930, no Japão, da revista *Seicho-no-ie*, pelo professor Masaharu Taniguchi, e trazido ao Brasil em 1952. Segundo ele, todas as pessoas são filhas de Deus e todas as religiões são emanadas desse Deus universal. Assim, todas as verdadeiras religiões se identificam em sua essência. Os pecados e as doenças na verdade não existem – são apenas sombras da mente, das quais o ser humano se livra purificando-a. Calcula-se que no Brasil existam mais de um milhão de adeptos e simpatizantes, sendo que destes uma grande proporção é de brasileiros não descendentes de japoneses.

O curso foi um sucesso e, ao mesmo tempo, um ato de coragem. Dora e Franklin são soldados de um pequeno exército de intelectuais que luta contra a hegemonia das ideologias que excluem temas ligados à transcendência da alma e à espiritualidade dentro dos meios universitários. Assim, sem dogmatismos científicos e sem preconceitos, a morte começa a ser estudada no Brasil de forma mais ampla e humana. Quem tiver acesso ao livro perceberá o quanto "a arte de morrer" é reveladora de nossa "arte de viver". [...]

PARANÁ, Denise. A arte de morrer: colocando a morte na pauta do dia. *Revista Planeta*, São Paulo: Ed. Três, n. 425, 1 fev. 2008. Disponível em: <www.revistaplaneta.com.br/a-arte-de-morrer/>. Acesso em: 6 fev. 2018.

NO DIA A DIA

Leonardo tinha grande carinho pelo avô. Todos os fins de semana, eles almoçavam juntos e passeavam. Um dia, porém, o avô de Leonardo morreu e ele ficou muito deprimido. Todos na classe de Leonardo sabiam que ele andava triste por causa disso. Até que, certo dia, o menino chegou alegre e entusiasmado e contou aos colegas o seguinte:

– Ontem, minha mãe me levou a um templo de umbanda e, lá, um médium recebeu o meu avô. Ele me chamou de Lelinho, como costumava me chamar, e me disse para eu não ficar triste, que ele está bem. Só pediu que eu fizesse preces por ele e me lembrasse dos seus conselhos.

Médium: segundo o espiritismo, intermediário entre o mundo físico e o mundo espiritual. Pode captar o pensamento, as palavras ou a imagem dos espíritos.

Quando Leonardo falou em "templo de umbanda", alguns colegas deram-lhe as costas, outros riram. Outros, porém, continuaram a ouvi-lo com toda a atenção e ficaram contentes por ele estar mais animado do que nos dias anteriores.

Pense nestas questões:

1) Se você fosse um dos colegas de Leonardo, como agiria, desde o início, diante de seu relato? Justifique sua resposta.

2) Quais os colegas que tiveram a melhor atitude ao ouvi-lo contar sobre o templo de umbanda?

3) Você já se viu numa situação em que ao falar de algo em que acredita, as outras pessoas riram? Como você se sentiu?

4) Você já sofreu a perda de alguém, ficou muito triste e foi procurar ajuda em alguma religião? Como foi essa experiência?

E PARA TERMINAR

1) Leia o poema de Vinícius de Morais (1913-1980) e responda às questões:

A Morte

A morte vem de longe
Do fundo dos céus
Vem para os meus olhos
Virá para os teus
Desce das estrelas
Das brancas estrelas
As loucas estrelas
Trânsfugas de Deus
Chega impressentida
Nunca inesperada
Ela que é na vida
A grande esperada!
A desesperada
Do amor fratricida
Dos homens, ai! dos homens
Que matam a morte
Por medo da vida.

MORAIS, Vinícius de. Disponível em: <www.viniciusdemoraes.com.br/pt-br/poesia/poesias-avulsas/morte-0>. Acesso em: 29 mar. 2018.

a) Segundo o poema, a morte é democrática? Por quê?

b) Segundo o texto, a morte é esperada, mas impressentida. Como você entende isso?

c) Como você interpreta que os homens matam a morte por medo da vida?

2) Crie um poema sobre uma pessoa da sua família que já morreu ou sobre uma pessoa famosa de quem você conhece a história para fazer-lhe uma homenagem póstuma, isto é, feita após a morte da pessoa.

Celebração do dia dos mortos em um cemitério no México, em 2016.

Miguel Tovar/LatinContent/Getty Images

Reprodução/Yojiro Takita/Paris Filmes

SESSÃO DE CINEMA

A partida

Direção de Yojiro Takita. Paris Filmes, 2008.

O filme conta a história de Daigo, um jovem músico casado com Mika. Ao perder o emprego, Daigo decide aceitar um trabalho peculiar, em vista de uma boa remuneração: preparar o corpo de pessoas mortas e suas cerimônias fúnebres.

Assista ao filme e reflita sobre as questões abaixo:

1) **Como o contato com a morte pode transformar a vida de alguém?**
2) **A seu ver, por que muitas pessoas não se sentem à vontade para falar sobre a morte?**

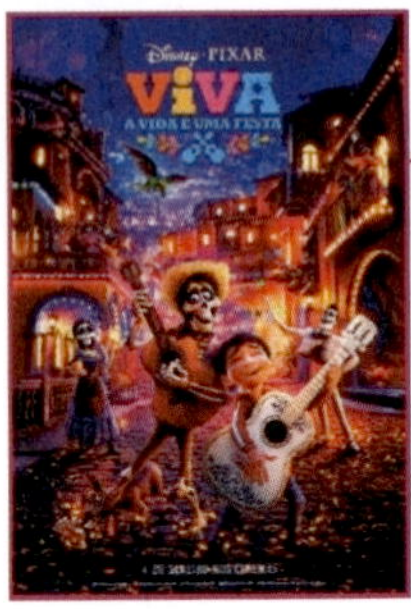

Reprodução/Lee Unkrich/Adrian Molina/Disney/Buena Vista

Viva: a vida é uma festa

Direção de Lee Unkrich. Pixar Animation Studios, 2017.

Miguel é um garoto que sonha em ser cantor, mas sua família odeia música desde que o tataravô do garoto os abandonou para tentar essa carreira. Por acidente, Miguel acaba indo para o mundo dos mortos, onde reencontrará antigos parentes a quem pede ajuda para poder voltar ao mundo dos vivos. A aventura, com inspiração no feriado mexicano do Dia dos Mortos, mergulha nas referências da cultura mexicana e resgata os valores da vida em família.

Após assistir ao filme, responda:

1) **Na sua opinião, como é possível manter viva a memória daqueles que já se foram?**
2) **Se você pudesse se encontrar com algum parente que já morreu, com quem você gostaria? Por quê?**

> Quando se honram os mortos e a memória dos ancestrais remotos se mantém viva, a virtude de um povo encontra-se em seu apogeu.
>
> **Confúcio.**
>
> In: BUENO, André. *Mirações do Celeste*: estudos em história e cultura chinesa. p. 108. Disponível em: <https://tinyurl.com/yb9b7ln5>. Acesso em: 22 fev. 2018.

Madre Teresa atuando em uma de suas casas de acolhida de pessoas carentes em Calcutá, Índia, em 1979.

5

Sofrer com o outro

O que é compaixão?

Nem todos sabem ao certo o que significa compaixão. Podemos dizer, porém, que ela é uma das formas de amor ao próximo. As religiões a elegem como uma das principais virtudes morais. Tanto no cristianismo como no budismo, por exemplo, ela é ponto central. O Dalai Lama, como líder budista, afirma que o cultivo do amor e da compaixão é a verdadeira essência da religião.

Bridgeman Images/Glow Images/World Religions Photo Library

Representação de Buda cuidando de um homem doente, no mural de um templo no Sri Lanka.

André Comte-Sponville, filósofo ateu, que investiga questões de ética no mundo contemporâneo, diz que a compaixão não tem boa reputação, pois ter compaixão significa "sofrer com" e ninguém gosta de sofrer. Mas, segundo ele, a compaixão tem qualidades muito importantes; basta ver que ideias se opõem a ela: dureza, crueldade, frieza, indiferença, secura de coração, insensibilidade... Ela nos faz participar da dor, da tristeza, do sentimento do outro. Todos os sofrimentos merecem a nossa compaixão.

Mas será que a compaixão serve para todos os casos? Por exemplo, o sofrimento de um invejoso diante da felicidade do outro merece compaixão? Ou, ainda, devemos ter compaixão por um torturador, que gosta de ver o outro sofrer, matando e ferindo as pessoas? Pois é importante saber que esses também precisam de compaixão, embora condenemos seus atos. Comte-Sponville diz que devemos nos compadecer sim, pois o sofrimento, a dor, a tristeza, o ódio... estão presentes nessas situações.

A compaixão é o contrário da crueldade, que se satisfaz com o sofrimento do outro, e do egoísmo, que impede a busca da cura dos sofrimentos alheios. Ter compaixão é não ser indiferente a nenhum sofrimento, independentemente do motivo! É recusar-se a pagar o ódio com o ódio! É procurar socorrer a todos os que sofrem! É como a compaixão de Cristo por seus carrascos e de Buda pelos maus.

Ter um bom coração é muito importante na vida cotidiana, pois disso depende nossa felicidade e a dos outros.

Max Rossi/Reuters/Fotoarena

Papa Francisco abraçando uma criança no Vaticano em 2017.

Somente quando a compaixão fizer parte da vida cotidiana, teremos o reino da felicidade na Terra, pois ela gera a não violência, nos impede de agredir o próximo e nos ensina a não usar a raiva e o ódio como armas, e sim o amor.

Rodolfo Buhrer/La Imagem/Fotoarena

Dra. Zilda Arns (1934-2010), com sua compaixão, fundou a Pastoral da Criança, que promove o desenvolvimento de crianças pobres. Foto de 2004.

Por isso, neste mundo de tantos sofrimentos, o papel da compaixão é fundamental. Basta olharmos ao nosso lado para percebermos que o sofrimento está espalhado por todos os cantos. Inúmeras pessoas sofrem por causa da fome, da pobreza, da injustiça, do abandono e por falta de amor.

Se prestarmos bastante atenção, veremos que o sofrimento está presente na política, na economia, nas diversas sociedades, nos conflitos religiosos, nas relações entre as pessoas e em nós mesmos, em nossa alma e em nosso corpo. Não podemos ser indiferentes a todo esse sofrimento à nossa volta, e nossa resposta à dor deve ser a compaixão, pois onde ela existir os sofredores serão consolados.

Dois grandes exemplos de compaixão

Os budistas dizem que muitas vezes a compaixão pode ser usada de forma simples: podemos, por exemplo, apenas ouvir o desabafo de alguém sobre seus problemas e compartilhar situações difíceis.

Atos de compaixão simples como esses foram usados por Jesus. Ele se compadeceu dos sofrimentos humanos, ouviu o apelo dos sofredores, cuidou dos enfermos e agiu em favor das pessoas que necessitavam de ajuda. Sua vida foi intensamente dedicada a acabar com o sofrimento alheio. A compaixão de Buda também era muito grande: ele mendigava pelas ruas para alimentar os que tinham fome.

Fine Art Images/Heritage Images/Getty Images

Cristo curando o paralítico na piscina de Betesda, de Bartolomé Esteban Murillo (1617-1682).

Danish Ismail/Reuters/Fotoarena

A compaixão ajuda aqueles que precisam de apoio a superar os momentos difíceis. Na foto, mulher é consolada enquanto chora em frente a sua casa em chamas, na Índia, em 2016.

Por meio dos exemplos de Buda e Jesus, entendemos que a compaixão não é apenas para com nossos amigos ou pessoas próximas: também nossos inimigos e as pessoas que não conhecemos merecem compaixão. A verdadeira compaixão baseia-se no direito de todo ser humano a ser feliz: um inimigo nosso também é um ser humano e, como todos nós, busca a felicidade e tem direito a ser feliz.

O Dalai Lama diz que a compaixão nos dá uma grande força interior e nos permite falar com nossos semelhantes de coração para coração. Por sua vez, se tivermos maus sentimentos em relação aos outros, eles poderão sentir o mesmo por nós. E isso acaba gerando isolamento entre as pessoas.

Ora, você poderia perguntar: será que é tão fácil ter compaixão? Como desenvolvê-la? Podemos cultivar a compaixão em todos os seres humanos?

As religiões ensinam que sim! O filósofo Jean-Jacques Rousseau (1712-1778), que mudou os conceitos de educação no Ocidente, diz que todas as pessoas são boas e precisam de educação adequada para cultivar essa bondade. Devemos cuidar das crianças, dos jovens e de todos os seres humanos com amor e dedicação para que sintam e aprendam a compaixão.

Temos duas opções: ou viver num mundo frio, de sofrimento e indiferença, ou viver num mundo feliz, de amor e compaixão. No século que se passou tivemos muito sofrimento, guerras e violência. Precisamos, hoje, sonhar e trabalhar por mais compaixão e amor entre os seres humanos.

O X DA QUESTÃO

1) Explique com suas palavras o que é ter compaixão e responda: quais são os males que esse sentimento cura?

2) Pense nisto: se há tantos exemplos de compaixão no mundo, por que há ainda tanto sofrimento?

3) Como você imagina um mundo em que todas as pessoas tenham compaixão umas pelas outras?

CONTANDO UM CONTO

Onde há amor, Deus ali está

Numa pequena cidade da Rússia, vivia um sapateiro chamado Martin. Ele tinha uma minúscula oficina no porão de uma casa. Através de uma janelinha, podia ver os pés de quem passava.

Uma noite, quando acabou seu trabalho, Martin pegou a lamparina, colocou-a sobre a mesa e sentou-se para ler a Bíblia. Leu a respeito do homem que convidou o Senhor [Jesus] para jantar em sua casa, mas não O tratou bem. Martin tirou os óculos, colocou-os sobre a Bíblia e pôs-se a refletir.

– Se o Senhor viesse à minha casa, como eu iria me comportar? – ponderou. Então, apoiou a cabeça sobre os braços cruzados e, sem se dar conta, caiu no sono.

– Martin! – ouviu, de repente, uma voz chamando-o de perto.

O sapateiro despertou do sono e indagou:

– Quem está aí?

Virou-se e olhou na direção da porta, mas não havia ninguém. Então, ouviu novamente a voz:

– Martin! Olhe para a rua amanhã, pois eu virei.

Martin esfregou os olhos, porém não soube dizer se ouvira as palavras em sonho ou acordado. Apagou a lamparina e foi se deitar.

Na manhã seguinte, levantou-se cedo e rezou, e depois do café foi se sentar à janela. Ficou olhando para a rua enquanto trabalhava. Muitos sapatos diferentes passearam por ali.

Logo veio um homem chamado Stephen. Martin o reconheceu pelas botas surradas. Seu trabalho era tirar a neve das ruas com a pá. Estava velho e enfraquecido. Precisava parar para descansar a toda hora, pois não tinha mais forças.

Martin foi até a porta e o chamou.

– Entre e se aqueça um pouco – disse. – Tenho certeza de que está com frio.

RIA Novosti/Agência France-Presse

Aquarela do russo Ilya Efimovich Repin (1844-1930), representando Leon Tolstói trabalhando.

– Deus o abençoe – respondeu Stephen. – Meus ossos estão doendo, para ser mais exato. – Cambaleante, ele entrou e foi se sentar junto ao fogo. Enquanto tomava chá quente, percebeu que Martin não parava de olhar pela janela.

– Está esperando alguém? – perguntou.

– Na verdade, não – Martin respondeu. – Bem, sabe de uma coisa? Ontem à noite, quando estava lendo minha Bíblia, comecei a cochilar e, de repente, ouvi alguém me chamar pelo nome. Depois, acho que ouvi alguém sussurrar: "Espere por mim. Virei amanhã." Tenho vergonha de admitir, mas agora não paro de achar que o bom Senhor está chegando.

Glair Arruda/Arquivo da editora

Stephen terminou de tomar o chá em silêncio e se levantou para ir embora.

– Obrigado, Martin – disse. – Você me deu alimento e conforto para o corpo e a alma. – Ele se foi, e Martin voltou a se sentar à janela para trabalhar.

Logo passou uma mulher com calçados de camponesa. Martin olhou pela janela e viu que era uma desconhecida, malvestida, com um bebê no colo. Suas roupas estavam em farrapos, e ela mal tinha com que cobrir o bebê.

Martin foi até a porta e a chamou.

– Querida! Venha cá. Saia do frio. Coloque seu filho num lugar quente. – A mulher ficou surpresa ao ouvir o sapateiro chamar, porém atendeu e entrou com ele no minúsculo cômodo.

Martin a levou para perto do fogo e deu-lhe um pouco de sopa e pão. Ela parecia estar sentindo muito frio, e sua roupa era muito leve.

Enquanto a moça se alimentava, Martin foi ver se encontrava alguma coisa. Voltou trazendo um cobertor.

– Pegue – disse. – Está velho e surrado, mas vai servir para enrolar o bebê.

– Abençoado seja, amigo – disse a mulher com lágrimas nos olhos. Depois de ter se aquecido o bastante, despediu-se e foi embora.

Passado algum tempo, surgiu uma senhora, com um saco de maçãs às costas. Ela parou para descansar em frente à janelinha, e colocou o saco de maçãs no chão. Naquele exato momento, um garoto de boné esfarrapado correu para perto dela, pegou uma maçã e tentou escapar. Mas a mulher o viu e conseguiu agarrá-lo pela manga da camisa. Ela começou a puxar-lhe o cabelo, e o menino, a gritar. Martin correu até a porta e saiu à rua.

– Ai, me solta – gritava o menino. – Eu não fiz nada.

Martin apartou os dois.

– Deixe o menino, senhora. Ele não vai fazer isso de novo.

A senhora o soltou. O menino tentou escapar, mas Martin o impediu.

– Peça desculpas a ela – disse com firmeza. – E não faça isso de novo. Eu vi quando você pegou a maçã.

O menino começou a chorar e a pedir desculpas.

– Tudo bem – disse Martin. – Agora, tome uma maçã. Eu vou pagar por ela, minha senhora.

– Eu deveria entregar esse moleque à polícia – disse a mulher das maçãs.

– É um menino ainda – disse Martin. – Deus nos manda perdoar.

– É verdade – disse a mulher, soltando um suspiro. – Afinal, isso é coisa de criança.

Quando ela ia erguer o saco para colocá-lo às costas, o menino pulou à sua frente e disse:

– Deixe que eu carrego para a senhora. Estou indo para lá também. A mulher assentiu com a cabeça e colocou o saco nas costas do menino, e os dois partiram juntos.

Só depois que eles sumiram de vista, Martin entrou e se sentou para trabalhar. Logo começou a escurecer, então ele acendeu a lamparina e trabalhou até um pouco mais tarde. Depois de consertar uma bota, guardou as ferramentas e varreu o assoalho. Em seguida, colocou a lamparina sobre a mesa e pegou a Bíblia na prateleira.

Ao abri-la, o sonho de ontem lhe veio à mente, e, de repente, ele pensou ter ouvido passos atrás de si. Virou-se e teve a impressão de que havia alguém na penumbra no canto do quarto. Uma voz sussurrante lhe disse:

– Martin, você não me conhece?

Glair Arruda/Arquivo da editora

Glair Arruda/Arquivo da editora

– Quem é? – murmurou Martin.

– Sou eu – disse a voz. E do canto escuro surgiu Stephen, que sorriu e desapareceu como uma nuvem.

– Sou eu – disse a voz novamente. E do canto escuro surgiu a moça com o bebê no colo. A moça sorriu e o bebê soltou risadinhas, e os dois também desapareceram.

– Sou eu – disse a voz mais uma vez. Surgiram a mulher idosa e o menino com a maçã. Ambos sorriram e também desapareceram.

A alma de Martin se refez. Ele colocou os óculos e voltou a ler a Bíblia. No topo da página, ele leu:

Eu tinha fome, e tu me deste de comer. Eu tinha sede, e tu me deste de beber. Eu era um desconhecido, e tu me convidaste a entrar.

Alguns versos adiante, ele leu:

Ao fazer o que fizeste por um dos meus mais distantes irmãos, o fizeste por mim.

Então Martin compreendeu que seu sonho se realizara. O Salvador de fato viera até ele naquele dia, e Martin o acolhera.

TOLSTOI, Leon. In: BENNETT, William J. *O livro da fé para crianças.* Rio de Janeiro: Nova Fronteira, 2002. p. 16-21.

E FAZENDO A PONTE

1) O sapateiro do conto ofereceu comida, abrigo, ajuda, etc. a cada um daqueles que precisaram, sem se preocupar se poderia faltar algo no futuro para ele ou se poderia se prejudicar, demonstrando verdadeira compaixão. O que você pensa sobre isso: compaixão é só pelos outros ou por si mesmo também?

2) Qual a relação entre as palavras finais que o sapateiro lera no Evangelho e as situações que ele viveu durante o dia?

AGORA É COM VOCÊ

Continue o poema:

Compaixão, palavra bela,
Um sentimento e uma ação
De preocupar-se com o outro
Sendo mais que amigo, irmão...

DE OLHO NO MUNDO

FPG/Getty Images

Albert Schweitzer almoçando com crianças no Gabão, na África, em 1950.

Um missionário na África

São muitos os exemplos de pessoas que deixaram uma vida tranquila para diminuir as dores alheias. Um deles foi Albert Schweitzer, que teve uma belíssima vida de amor e cuidado para com o próximo.

Schweitzer nasceu em 1875, na Alta Alsácia, que na época pertencia à Alemanha, mas hoje está em território francês. Faleceu em 1965, no Gabão, colônia francesa na África equatorial. Foi pastor luterano, filósofo, teólogo e organista, intérprete de Bach. Estudou Filosofia e Teologia na Universidade de Estrasburgo, onde obteve grau de doutor em Filosofia em 1899. Foi simultaneamente professor de Filosofia e pregador na Igreja de São Nicolau, e no ano seguinte concluiu o doutorado em Teologia. Seus estudos sobre o cristianismo fizeram dele uma figura mundialmente conhecida. Era também excelente músico e foi considerado um dos melhores intérpretes do compositor alemão Johann Sebastian Bach. Gostava tanto de Bach que chegou a escrever estudos sobre sua vida e sua obra.

Em 1905, Schweitzer anunciou sua intenção de tornar-se médico missionário e dedicar-se à ajuda aos necessitados da África. Assim, em 1913, tornou-se doutor em Medicina. Com a mulher, Hélène Bresslau, que tinha conhecimentos em enfermagem, foi então para o Gabão.

Na África, Schweitzer e Hélène, com a ajuda dos nativos, construíram um hospital, equipado e mantido com seus próprios recursos. Mais tarde, ele passou a receber doações individuais e de fundações de muitos países. Durante a Primeira Guerra Mundial (1914-1918), foi feito prisioneiro de guerra. Em 1924, retornou à África para reconstruir o hospital. Anos depois, construiu também uma colônia de portadores de hanseníase, então chamados de leprosos. Recebeu o Prêmio Nobel da Paz de 1952 e fez um discurso com o tema "O problema da paz no mundo atual". Em 1963, havia no hospital por volta de 350 pacientes com seus familiares e na colônia de leprosos 150 pacientes, todos atendidos por cerca de 36 médicos, enfermeiras e trabalhadores nativos. O exemplo de amor ao próximo e compaixão de Albert Schweitzer continua servindo como fonte de inspiração para muitas pessoas no mundo.

Organista: pessoa que toca órgão.

Assistente do dr. Schweitzer lidera sessão de terapia ocupacional no Hospital de Lambaréné, no Gabão, em 1955.

Bettmann/Corbis/Latinstock

FALANDO DE LITERATURA

O progresso das leis

A humanidade não realizou conquistas somente nas ciências e na tecnologia, mas também obteve progressos no campo da compaixão e da felicidade. Porém, hoje, parece que muitas pessoas perderam a noção da compaixão. Uma das questões mais discutidas atualmente é a pena de morte, ou seja, se o criminoso deve pagar com a própria vida pelo crime que cometeu. Essa não é uma discussão nova. Séculos atrás, os criminosos eram condenados à morte por qualquer crime. Depois, em muitos países, as leis se modificaram e a pena de morte foi abolida.

Foi justamente a compaixão que fez com que as leis fossem modificadas. No Brasil, como em outros países, a pena de morte nunca existiu legalmente. Porém, em outros países, a ideia da pena de morte tem muitos defensores, mesmo após a Declaração Universal dos Direitos Humanos (1948) proclamar que todos os seres humanos têm direito à vida.

Victor Hugo (1802-1885), poeta e romancista francês do século XIX, escreveu um livro, chamado *O último dia de um condenado à morte*, no qual faz uma bela defesa da abolição da pena de morte. Segundo ele, quem é favorável à pena de morte na verdade nunca pensou bem no que ela significa. E continua afirmando que há duas possibilidades de julgar a pessoa que está sendo punida.

No primeiro caso, se considerarmos que o condenado não tem família, parentes nem amigos verdadeiros, e portanto não recebeu carinho, educação nem instrução, que direito teremos de matar um órfão infeliz? Ninguém se preocupou em cuidar dele! Ele será punido por ter tido uma infância cruel, sem cuidados, afeto e educação! Ele será acusado do crime de isolamento no qual o deixaram! Farão de sua infelicidade um crime! A conclusão é que se castigará um inocente.

A outra possibilidade é esse condenado ter família. Nesse caso, como acreditar que, com o golpe que o matará, só ele será ferido? Como assegurar que seu pai e sua mãe, sua mulher e seus filhos não estarão também ensanguentados? Não. Matando-o, mataremos sua família inteira. Novamente, inocentes serão castigados.

Segundo Hugo, a pena de morte é "cega" e confusa: de um jeito ou de outro castiga inocentes. Por usar esse tipo de argumentação, ele era acusado de sentimentalista.

Album/Fotoarena/Palácio de Versalhes, França

O escritor francês Victor Hugo (1802-1885). Obra do pintor Leon Bonnat (1833-1922).

No mesmo livro, Victor Hugo defende o fim de todas as penalidades, injustiças e sofrimentos. Seu sonho era que a velha "sociedade de crueldades" desaparecesse e desse lugar a uma sociedade de compaixão e amor ao próximo. Dizia ele:

Bridgeman Images/Glow Images/Museu do Prado, Madri, Espanha

O quadro *Execução dos defensores de Madri*, de Goya (1746-1828), retrata soldados franceses executando alguns civis durante a Guerra Espanhola da Independência (1810-1814).

[...] A doce lei de Cristo penetrará enfim o código e por ele irradiará a luz. O crime será visto como uma doença e esta doença terá seus médicos que substituirão os juízes, seus hospitais que substituirão os cárceres. A liberdade e a saúde serão parecidas. Onde aplicava-se o ferro e o fogo, deitar-se-á o bálsamo e o óleo. Tratar-se-á pela caridade o mal que antes era tratado pela cólera. Será simples e sublime. A cruz substituindo a força. É só.

HUGO, Victor. *O último dia de um condenado à morte*. Rio de Janeiro: Clássicos Econômicos Newton, 1997. p. 31.

AGORA É COM VOCÊ

Você é contra ou a favor da pena de morte? Justifique sua posição.

BEBENDO NA FONTE CRISTÃ

Jesus e a compaixão

A cada instante de sua vida, Cristo demonstrou intensa compaixão por todos os seres humanos. Era uma compaixão ativa, que curava, consolava e resolvia os problemas de todos os que o cercavam. Certa vez, a multidão que o acompanhava estava faminta e não havia pão para todos. Jesus, então, realizou o milagre da multiplicação dos pães:

Jesus chamou seus discípulos e lhes disse: "Tenho compaixão desta multidão, pois já faz três dias que permanecem comigo, e não têm o que comer. Não quero despedi-los em jejum: poderiam desfalecer pelo caminho". Os discípulos lhe dizem: "Onde encontraremos, num deserto, pão suficiente para saciar tamanha multidão?" Jesus lhe disse: "Quantos pães tendes?" – "Sete, disseram, e alguns peixinhos". Ele mandou a multidão acomodar-se no chão, tomou os sete pães e os peixes e, depois de ter dado graças, partiu-os e os dava aos discípulos, e os discípulos, às multidões. E todos comeram e ficaram saciados; recolheu-se o que sobrava dos pedaços: sete

Bridgeman Images/Easypix Brasil/Museu de Belas Artes de Nantes, França

Cristo curando o homem cego de Jericó, de autoria desconhecida, século XVII.

cestos cheios. Ora, os que tinham comido eram quatro mil homens, sem contar as mulheres e crianças. Depois de despedir as multidões, Jesus entrou no barco e foi para o território de Magadan.

Mateus 15,32-39. *Bíblia*: tradução ecumênica. São Paulo: Edições Loyola, 1994. p. 1889.

Em outras ocasiões, Jesus via doentes que pediam socorro e os curava.

Como saíssem de Jericó, uma grande multidão o seguia. E eis que dois cegos, sentados à beira do caminho, ao saberem que era Jesus quem passava, puseram-se a gritar: "Senhor, Filho de David, tem compaixão de nós!" A multidão os repreendia para que se calassem. Mas eles gritavam com mais força ainda: "Senhor, Filho de David, tem compaixão de nós!" Jesus deteve-se, chamou-os e lhes disse: "Que quereis que eu faça por vós?" Eles lhe dizem: "Senhor, que os nossos olhos se abram!" Tomado de compaixão, Jesus lhes tocou os olhos. Imediatamente recuperaram a vista. E eles o seguiram.

Mateus 20,29-34. *Bíblia*: tradução ecumênica. São Paulo: Edições Loyola, 1994. p. 1898.

Uma das parábolas mais interessantes da Bíblia é a do devedor implacável, na qual ele demonstra como devemos ter compaixão uns pelos outros da mesma forma que Deus tem compaixão por nós:

Sucede com o Reino dos céus o mesmo que com um rei que quis ajustar contas com seus servos. De início, trouxeram-lhe um que devia dez mil talentos. Como não tivesse com que pagar, o senhor deu ordem para que o vendessem, bem como sua mulher, seus filhos e tudo o que possuía, em pagamento da dívida. Atirando-se-lhe então

Talentos: moedas da Antiguidade grega e romana.

aos pés, o servo, prostrado, lhe dizia: "Tem paciência comigo, e tudo te pagarei". Tomado de compaixão, o senhor deste servo deixou-o partir e lhe perdoou a dívida. Ao sair, este servo encontrou um dos seus companheiros, que lhe devia cem moedas de prata; ele o agarrou pela garganta, apertando-a a ponto de estrangulá-lo, dizendo: "Paga o que deves". Então o companheiro atirou-se-lhe aos pés e suplicava-lhe: "Tem paciência comigo, e te pagarei". Mas o outro não só recusou, como mandou trancafiá-lo na cadeia, até que pagasse o que devia. Vendo o que acontecera, os seus companheiros ficaram profundamente contristados e foram informar o senhor de tudo o que sucedera. Então, mandando-o vir, o senhor lhe disse: "Servo mau, perdoei toda a tua dívida, porque mo tinhas suplicado. Não devias, também tu, compadecer-te do teu companheiro, como eu mesmo me compadecera de ti?" E, cheio de cólera, seu senhor o entregou aos verdugos, até que pagasse tudo o que devia. Assim vos tratará meu Pai celeste, se cada um de vós não perdoar a seu irmão do fundo do coração.

Mateus 18,23-35. *Bíblia*: tradução ecumênica. São Paulo: Edições Loyola, 1994. p. 1895.

Prostrado: abatido.
Contristados: entristecidos, penalizados.
Verdugos: carrascos.

O QUE VOCÊ ENTENDEU?

1) O que representa a dívida do servo para com o senhor e de um servo para com o outro nesta parábola?

2) Você notou alguma relação entre a parábola do devedor e o caso da velha das maçãs, relatado por Tolstói na seção *Contando um conto*? Explique.

3) Jesus tinha poderes que nós não temos para realizar obras de compaixão: curava cegos, multiplicava alimentos. O que podemos fazer pelos doentes e pelos famintos, dentro das nossas possibilidades?

SESSÃO DE CINEMA

Moscati, o amor que cura

Direção de Giacomo Campiotti. Rai Uno, 2007.

Giuseppe Moscati foi um médico e cientista italiano (1880-1927) que trabalhou pelos pobres e pelos doentes mentais, sendo depois considerado santo pela Igreja católica.

Procure assistir ao filme indicado pensando nesta questão:

É válido sair da própria terra para ajudar pessoas de outros povos e de outras culturas, como fez a personagem?

Reprodução/Giacomo Campiotti/Rai 1

AGORA É COM VOCÊ

Sob a orientação do professor, reúna-se com seus colegas em grupos de, no máximo, cinco componentes. Cada grupo deverá criar uma história inspirada nas ideias comentadas neste capítulo. Criem uma personagem que exercite a compaixão. Depois leiam a história para os demais grupos.

E PARA TERMINAR

Candido Portinari (1903-1962) foi um artista brasileiro de projeção internacional que pintou quase 5 mil obras. Observe a pintura abaixo e responda às questões.

João Candido Portinari/
Imagem do acervo do Projeto Portinari

Os despejados, de Candido Portinari (1903-1962).

a) Faça uma pesquisa sobre a vida de Candido Portinari.

b) Em sua opinião através da arte também se pode ajudar o próximo? De que maneira Portinari faz isso?

c) Escreva um poema inspirado nesse quadro.

> A compaixão pode ser aproximadamente definida em termos de um estado mental em que não há violência, danos ou agressividade. É uma atitude mental baseada no desejo de que os outros se livrem de seu sofrimento e está associada a uma sensação de envolvimento, responsabilidade e respeito pelos outros.
>
> **Dalai-Lama.**
>
> In: JASMUHEEN. *Embaixadores da luz*. São Paulo: Aquariana, 2002. p. 323.

Bridgeman Images/Glow Images/Basílica de São Francisco de Assis, Itália

Francisco dá sua capa a um desconhecido, afresco de Giotto di Bondone (1266-1337).

6

Desprendimento, que virtude é essa?

Quem é prisioneiro do quê?

Você age sempre pensando em obter recompensa, lucro, ou satisfazer algum interesse? Você pensa em ser muito rico ou poderoso; sonha ter muitos bens materiais? Você estuda só para tirar boas notas? Age corretamente só para não ser castigado ou para ser reconhecido pelas outras pessoas como alguém bonzinho?

Se sua resposta a todas as perguntas acima foi positiva, você ainda precisa percorrer um longo caminho para ser desprendido. E o que vem a ser isso?

Desprender-se, naturalmente, é o contrário de ficar preso. Mas, neste caso, não se trata de sair de uma prisão com grades e muros. Certamente há muitos presidiários que são desprendidos, assim como há muita gente livre, que anda para lá e para cá, mas que na verdade está encerrada numa série de cadeias.

Da categoria de "prisioneiros" aparentemente livres, fazem parte os ambiciosos, os interesseiros, os possessivos, os egoístas, os que querem ser donos de tudo – das pessoas, das riquezas, do poder, do conhecimento –, sem pensar em dividir nada com ninguém.

Desprender-se é renunciar a algo em favor dos outros, é partilhar o que se tem, é não ter desejos desmedidos e não ficar preso aos bens materiais, só pensando neles, só trabalhando para obtê-los, apenas sonhando em ter sempre mais.

Alegoria da Riqueza, de Maarten van Heemskerck (1498-1574), obra que representa pessoas que, em nome do dinheiro e do poder, submetem-se a todos os pecados capitais.

Album/Fotoarena/Sotheby's, Londres, Inglaterra

Um dos principais motivos para as religiões nos ensinarem a virtude do desprendimento é que estamos de passagem pela Terra: nossa moradia, aqui, não é permanente. Chegamos ao mundo nus e partimos sem levar nada. Assim, de fato, nada possuímos. Tudo é apenas "empréstimo". Apegar-se às coisas que passam é procurar um sofrimento inútil, porque tudo está sujeito a transformação.

Athit Perawongmetha/Reuters/Fotoarena

Monges budistas saem do templo para cerimônia da esmola, na qual pedem doações para a população, na Tailândia.

Um autor budista, por exemplo, nos diz que:

A maneira de ser feliz, de acordo com Buda, é simples: apenas desprende-te. Se te desprendes de muito, terás muita felicidade, se te desprendes de pouco, terás pouca felicidade; e se não podes desprender-te de nada em absoluto, terás muito sofrimento. A ideia do desprendimento se recomenda [...] porque é prática e, além disso, é realmente o único caminho. Porque não importa se conseguimos nos desprender ou não, as coisas se vão sem que possamos fazer algo para evitar. Mais vale desprender-se e cooperar com a maneira de ser das coisas do que tentar sem sucesso resistir à forma irresistível da realidade.

FISCHER, Zoketsu Norman. *Desprendimento.* Disponível em: <http://everydayzen.org.192-96-211-44.sectorshared.net/teachings/older/nonattachment?sort=date&itemLimit=10&program=>. Acesso em: 7 fev. 2018. Tradução dos autores.

Já muitos cristãos ensinam que o único bem que podemos desejar, porque só Ele é eterno, imutável e preenche totalmente a alma, é Deus. Todo o resto é passageiro. Jesus disse que é preciso acumular tesouros no céu – os bens da alma, as virtudes que ninguém nos pode tirar – antes de acumular os bens terrenos:

Não acumuleis tesouros na terra, onde a traça e o caruncho devoram, onde os ladrões invadem e roubam. Ao contrário, acumulai tesouros no céu, onde a traça e o caruncho não devoram, onde os ladrões não invadem nem roubam. Pois onde estiver teu tesouro, ali estará teu coração.

Mateus 6,19-21. *A Bíblia*: Novo Testamento. São Paulo: Paulinas, 2015. p. 31.

Alamy/Fotoarena

Representação de Jesus em sua humildade lavando os pés dos discípulos. Vitral localizado em igreja da cidade de Norfolk, Inglaterra.

E como agir com desprendimento?

Ser desprendido nas ações significa praticar ações virtuosas sem querer se exibir; fazer o bem sem segundas intenções e procurar sempre o bem dos seus semelhantes e não a satisfação das próprias ambições. Ou seja, não ter como objetivos principais na vida o dinheiro, o poder, a fama ou a dominação de outras pessoas.

Mas será que isso significa que é preciso renunciar a tudo, não ter nenhuma propriedade, nunca receber um centavo? Algumas pessoas disseram que sim – e viveram dessa maneira. São exemplos conhecidos Francisco de Assis, Mahatma Gandhi, Madre Teresa de Calcutá e, entre os maiores, Jesus de Nazaré e Buda. Isso sem mencionar tantas pessoas anônimas que têm uma vida de desprendimento.

Navesh Chitrakar/Reuters/Fotoarena

O *sadhu*, considerado pelos hindus um homem sagrado, pratica o desprendimento para obter conhecimento e espiritualidade. Foto de 2017, no Nepal.

Porém, esses exemplos também ensinam que nem sempre precisamos renunciar a tudo: podemos, por exemplo, fazer uso das riquezas sem abusar; ou podemos exercer uma função de liderança, mas com humildade. Qualquer que seja o recurso, o importante é usá-lo também em benefício dos outros e não apenas de nós mesmos. O fundamental é não colocar o coração naquilo que passa, mas apenas naquilo que é eterno.

O filósofo grego Platão contou uma história que se tornou famosa: o Mito da Caverna. Nela, os seres humanos são descritos como pessoas acorrentadas no fundo de uma caverna escura que só enxergam sombras e pensam que elas são a realidade. Nunca saíram para ver, à luz do Sol, o mundo verdadeiro.

Dessa famosa situação simbólica, criada por Platão, se podem extrair vários significados. Um deles é que é sempre doloroso chegar ao verdadeiro conhecimento, uma vez que isso exige romper com o comodismo da ignorância. Num primeiro momento, o indivíduo necessita de coragem para abandonar o conhecimento tido como certo (as silhuetas que todos veem na caverna) e entrar em contato com uma nova realidade (deixar a caverna). Entretanto, tal realidade não se apresenta, ainda, inteira, e ele vê imagens imprecisas. No momento seguinte, persistindo em seu olhar, finalmente consegue ver a realidade com contornos precisos: eis o verdadeiro conhecimento. Para Platão, essa busca não está limitada à descoberta do mundo concreto, mas às ideias morais que regem a sociedade, como o bem, o belo e a justiça.

Assim como esses acorrentados, nós vivemos apegados às coisas da Terra, que são todas passageiras, como as sombras da caverna, pois o dinheiro acaba, o poder se perde, a fama muda de uma pessoa para outra, a beleza física também passa. E, muitas vezes, não percebemos as coisas que são eternas, como o bem, a verdade e o amor.

Pintura do século XVI, de autor desconhecido, representando o Mito da Caverna de Platão. As pessoas dentro da caverna estão acorrentadas.

Album/Fotoarena/Musée de la Chartreuse de Douai, França

O desprendimento com outros nomes

Pode haver diversas formas de desprendimento, que recebem diferentes nomes. Quer alguns exemplos?

O desprendimento dos bens materiais, em doação aos outros, pode ser chamado de generosidade.

O desprendimento de si mesmo, com o esquecimento das vaidades pessoais e a renúncia ao poder, pode ser visto como humildade.

O desprendimento das vantagens, de cálculos para ganhar alguma recompensa por algum ato praticado, é abnegação.

E, afinal, devemos ter até mesmo desprendimento da vida, quando chegam a doença e a morte, e esse desprendimento pode ser chamado de coragem.

O X DA QUESTÃO

1) Explique com suas palavras o que você entendeu por desprendimento.

2) O que aconteceria no mundo se todas as pessoas fossem desprendidas?

3) Cite alguns fatores, ideias e situações que dificultam a prática do desprendimento no mundo atual. Justifique suas escolhas.

BEBENDO NA FONTE CRISTÃ

Olhai os lírios dos campos

Jesus dizia que ele mesmo não tinha uma pedra onde recostar a cabeça. Andou pelo mundo sem nenhum bem terreno e distribuiu bens espirituais, amor, curas, exemplos e ensinamentos, e ainda hoje inspira as ações de milhões de seres humanos. Entre as lições que deixou, está a recomendação de que não devemos dar excessiva importância aos bens materiais:

Por isso vos digo: não fiqueis angustiados pela vida, pensando no que comereis ou bebereis, nem pelo corpo, pensando com que o vestireis. Não vale a vida mais que o alimento, e o corpo mais que a veste? Observai as aves do céu: não semeiam, nem colhem, nem guardam em celeiros; no entanto, vosso Pai celeste as alimenta. Não valeis muito mais que elas? E quem de vós, angustiando-se, poderá prolongar sua vida um pouco mais?

E por que vos angustiais pela veste? Considerai como crescem os lírios do campo. Eles não trabalham nem tecem, mas eu vos digo que nem Salomão, em toda a sua glória, se vestiu como um deles. E, se Deus veste assim a relva, que hoje cresce no campo e amanhã é lançada no forno, não fará muito mais por vós, gente de fé pequena?

Por isso, não vos angustieis pensando: "Que comeremos? Que beberemos? Que vestiremos?", pois são os gentios que procuram ansiosamente essas coisas. Vosso Pai celeste já sabe que tendes necessidade de tudo isso. Buscai, primeiro de tudo, o Reino de Deus e sua justiça, e tudo isso vos será dado por acréscimo.

Portanto, não vos angustieis com o amanhã, pois o amanhã se preocupará consigo mesmo. A cada dia lhe basta seu infortúnio.

Mateus 6,25-34. *A Bíblia*: Novo Testamento. São Paulo: Paulinas, 2015. p. 31-32.

Salomão: rei do antigo Reino de Israel, filho de Davi, que ficou conhecido por sua glória e sabedoria.

Gentios: os que são adeptos do politeísmo (crença em vários deuses). Foram considerados gentios (pagãos) por não partilharem a crença no Deus único, os antigos gregos, romanos e egípcios, além de outros povos da Antiguidade.

gontabunta/Shutterstock

Lírios florescendo em campo na cidade de Hokkaido, Japão.

Jesus esclareceu bem que a nossa prioridade deve ser "o Reino e a justiça de Deus" e isso significa que, para obtermos comida, vestimenta e outras coisas necessárias à nossa sobrevivência, não podemos desobedecer à justiça divina nem deixar de pensar no Reino dos céus.

O QUE VOCÊ ENTENDEU?

1) Quando Jesus recomenda que não nos preocupemos demais com o que vestiremos e com o que comeremos, chama-nos de "gente de fé pequena". O que significa, então, não nos preocuparmos em demasia?

2) Jesus fala em buscarmos em primeiro lugar a "justiça". Como podemos evitar a injustiça ao lutar pela nossa sobrevivência? Cite exemplos.

NO DIA A DIA

Joana é mãe de dois filhos e não mora com seu ex-marido, eles se separaram há algum tempo. Ela está sem trabalho e não sabe como vai continuar sustentando a casa. O pai das crianças lhe paga pensão, mas esta não é suficiente para manter a escola, a comida, o aluguel, a roupa, os livros...

Ela está procurando emprego em sua área, como jornalista, mas até agora não conseguiu nada. Vanda, sua melhor amiga, levou-a para falar com o dono da empresa em que trabalha, para ver se ele teria algum trabalho para Joana. Mas, para surpresa de Joana, o homem lhe disse que estava insatisfeito com o serviço de Vanda e que, como gostara muito do currículo dela, estava disposto a contratá-la no lugar da amiga.

Ao ouvir isso, Joana ficou sem fala e voltou para casa cheia de dúvidas. O que fazer? Trair a amiga e ganhar o emprego ou ser fiel a ela e continuar desempregada?

Pense nestas questões:

1) O chefe de Vanda pôs Joana diante de um dilema: ter de optar entre "passar por cima de alguém" (no caso, Vanda) e perder vantagens materiais (o emprego). Você considera essa situação comum nos dias de hoje? O que fazer, então?

2) Se Joana não fosse amiga de Vanda, seria justificável tirar o emprego dela?

3) Que virtudes são necessárias a Joana para que ela supere essa situação?

BEBENDO NA FONTE HINDU

O que é ser sábio

No livro hindu *Bhagavad Gita* há muitas passagens sobre o desprendimento. No trecho abaixo, fala-se do que é ser sábio:

As suas obras são livres dos vínculos de esperanças egoístas, e sua atividade é purificada das espumas dos desejos, pela chama da sabedoria. Tal homem merece o nome de sábio.

Tendo renunciado aos frutos das suas ações, está sempre contente e confia na força divina do seu interior [...].

Não espera lucro, não receia perda; de nada depende, e conserva os seus sentidos sob o domínio da razão. [...] tudo ele faz no espírito divino, conforme a vontade de Deus, e assim, cada uma de suas ações é um sacrifício no altar do Amor Divino.

Bhagavad-Gitâ: a mensagem do mestre. 4,19-23. 22. ed. São Paulo: Pensamento, 2006. p. 59-60.

Mehedi Hasan/Pacific Press/Alamy Live News/Fotoarena

Kathakali, teatro em que só homens atuam, são treinados desde criança e em muitos momentos ficam reclusos para aperfeiçoamento de seu trabalho. A dedicação ao trabalho, que é baseada no *Bhagavad Gita*, é uma mostra de desprendimento. Foto de 2016.

EU COMIGO

"De que eu teria mais dificuldade de me desprender? Por quê? O que seria necessário para que eu conseguisse fazê-lo?"

FALANDO DE EDUCAÇÃO

Educar para ser bom

Muitos educadores importantes entenderam que é preciso ensinar desde cedo as crianças a agir com desprendimento; a fazer o bem pelo bem em si, e não por medo de castigo ou desejo de recompensa. Alguns deles, como o suíço Pestalozzi (1746-1827), o francês Freinet (1896-1966) e a italiana Maria Montessori (1870--1952), eram contra qualquer tipo de castigo ou de recompensa na educação. Para eles, não se devia bater em crianças ou ameaçar cortar a sobremesa, assim como proibir de fazer isso ou aquilo. Também eram contra dar-lhes notas ou prêmios.

Por quê? Ora, se a criança aprende a estudar, a ser boa, a fazer as coisas corretamente porque quer ganhar algo em troca – um prêmio, uma boa nota, um doce, um presente, um elogio –, na verdade não está aprendendo a ser boa ou estudiosa, aplicada e cumpridora do dever. Está aprendendo a ser interesseira, a agir sempre pensando em obter vantagem. Mais tarde, poderá agir na vida da mesma forma: só para ganhar dinheiro ou recompensas.

A educadora Maria Montessori em visita a uma escola em Londres, Inglaterra, em 1951.

Popperfoto/Getty Images

O educador Célestin Freinet. Foto do início da década de 1950.

Se, no entanto, ela aprende a fazer isso ou aquilo por medo de ser castigada, se estuda por medo de nota baixa ou punição dos pais, está aprendendo a ser medrosa, covarde, a só agir pelo interesse de preservar a si mesma. Mais tarde, poderá agir também governada por medos e não pelo bem em si.

Assim, segundo esses educadores, os pais nunca deveriam bater nos filhos por estes fazerem coisas erradas nem lhes prometer presentes ou doces para fazerem coisas boas. E mais: a escola não deveria trabalhar com notas, advertências, punições e expulsões, porque nada disso ensina o aluno a ser bom de verdade nem a gostar mesmo de estudar.

Então, o que nos ensina a sermos bons? Em primeiro lugar, dizia Pestalozzi, o amor de quem nos ama, que nos faz ter amor pelos outros. Depois, o exemplo de quem foi realmente bom ao longo da História, como as personalidades que estamos estudando. Depois, ainda, o exemplo e o diálogo amoroso de quem nos ensina e é bom diante de nossos olhos: nossos pais, amigos, professores. Por fim, estarmos convencidos de que "ser bom" é bom e traz felicidade real, e não querermos apenas ser "bonzinhos" para ganhar algo em troca ou evitarmos um castigo.

AGORA É COM VOCÊ

1) Como aluno e como filho, qual é a sua opinião sobre as ideias desses educadores?

2) Sob a orientação do professor, formem grupos com seus colegas e imaginem uma escola sem provas, sem notas, sem punições. Elaborem um roteiro teatral de como seria essa escola: as atividades, os diálogos, os resultados. Depois, encenem a peça para os demais grupos.

CONTANDO UM CONTO

O rei que foi obrigado a pilar inhames

O rei de Sabé gostava de dizer que era humilde.
Um dia sua mulher ficou doente
e foi levada à presença de um adivinho,
que sabia curar doenças, males da alma e feitiços.

O diagnóstico era simples:
o mal era da cabeça e bastava uma simples oferenda
para que tudo voltasse ao normal.
Ele disse ao rei de Sabé que tomasse nove batatas de inhame
e as pilasse, bem socadas, no pilão.
Que preparasse esse bom purê com mel de abelhas
e o oferecesse à cabeça da esposa,
na forma de emplastro.
Ela ficaria boa.
Mas quem deveria pilar os inhames era o rei.
"Eu faço tudo, qualquer serviço, porque sou humilde",
disse o rei, cheio de si, ao adivinho.
"Mas pilar inhame eu não pilo não.
Isso é trabalho de escravo."
E não pilou os inhames
e a sua mulher acabou louca.

Paulo Monteiro/Cosac & Naify

Tempos depois um exército vizinho invadiu Sabé.
Vinha comandado pelo rei Xangodarê,
que era irmão legítimo da rainha enlouquecida.
O irmão queria vingar a louca e derrotou o rei de Sabé,
que foi levado preso para o reino do cunhado.
O rei cativo foi condenado a pilar inhame todos os dias.
Ele preparava o purê usado para tratar do mal de cabeça
das oitocentas mulheres do rei vingador, Xangodarê,
que transformara em escravo o soberano de Sabé.

PRANDI, Reginaldo. *Os príncipes do destino*: histórias da mitologia afro-brasileira. São Paulo: Cosac Naify, 2001. p.83-84.

E FAZENDO A PONTE

1) Nesse conto, de tradição afro-brasileira, que virtude faltou ao rei de Sabé?

2) Jesus disse: "quem se humilhar será exaltado, quem se exaltar será humilhado" (Lucas 14,11). Essa fala se aplica à história acima? Por quê?

3) Há ocasiões na vida em que somos obrigados a aprender uma lição dolorida que já poderíamos ter aprendido de maneira mais fácil? Cite alguma pela qual você ou algum conhecido já passou.

DE OLHO NO BRASIL

Brasil produz lixo como Primeiro Mundo, mas faz descarte como nações pobres

O Brasil tem uma produção de resíduos sólidos por habitante por ano semelhante à de países desenvolvidos, mas ainda tem um padrão de descarte equivalente ao dos países pobres, com envio para lixões a céu aberto e pouca reciclagem. É o que mostra uma análise feita pela Associação Brasileira das Empresas de Limpeza Pública e Resíduos Especiais (Abrelpe) por ocasião dos seis anos da Política Nacional de Resíduos Sólidos, comemorados no começo do mês.

O Brasil produz em média 387 quilos de resíduos por habitante por ano, quantidade similar à de países como Croácia (também 387), Hungria (385) e maior que a de nações como México (360), Japão (354) ou Coreia do Sul (358). Mas só destina corretamente pouco mais da metade do que coleta (58%), enquanto esses países trabalham com taxas mínimas de 96%. Em termos de destinação do lixo, o Brasil está mais parecido com a Nigéria (apenas 40% vai para o local adequado).

Diego Herculano/Fotoarena

Garoto navega, em meio ao lixo, no rio Capibaribe, em Recife (PE). Foto de 2015.

A análise considerou dados do Panorama dos Resíduos Sólidos no Brasil, produzido anualmente pela Abrelpe (os mais recentes são os de 2014), em comparação com o relatório internacional lançado neste ano pelo Programa das Nações Unidas para o Ambiente (Pnuma) – o Global Waste Management Outlook –, que estimou a situação dos resíduos em todo o mundo.

O estudo global calculou que em todo o mundo 2 bilhões de toneladas de resíduos sólidos são produzidas anualmente e que 3 bilhões de pessoas (quase 50% da população mundial) não contam com a destinação final adequada dos resíduos.

Dividindo os países por faixas de PIB per capita*, é possível ver que o Brasil produz lixo num ritmo semelhante ao de outros países que têm PIB* per capita *semelhante ao nosso, em torno de US$ 10 mil por ano. Mas a destinação é semelhante à de países [...] com renda bem inferior, de até US$ 1 000 por ano.*

"Temos uma geração de resíduos similar à dos países que estão na mesma faixa de PIB per capita *que a nossa, mas eles têm uma destinação final muito melhor. Nesse quesito ainda estamos muito atrasados", resume Carlos Silva Filho, diretor-presidente da Abrelpe.*

A Política Nacional de Resíduos Sólidos, de 2010, trazia como meta que até agosto de 2014, logo depois da Copa do Mundo, o País deveria estar livre dos lixões. Ou seja, todos os resíduos não passíveis de reaproveitamento ou reciclagem deveriam ser destinados para aterros sanitários.

Mas, de acordo com o último panorama da Abrelpe – consulta feita junto à maioria dos municípios brasileiros –, 30 milhões de toneladas/ano, ou 42% do total coletado, ainda são encaminhadas para lixões e aterros controlados.

***Sem acesso**. São 3,3 mil municípios nessa situação. Em termos de atendimento à população, isso significa que cerca de 80 milhões de pessoas (38,5% da população) não têm acesso a serviços de tratamento e destinação final adequados dos resíduos. Além disso, 20 milhões de pessoas nem sequer contam com coleta regular.*

Outro levantamento, divulgado em junho deste ano pelo Compromisso Empresarial para Reciclagem (Cempre), apontou que 82% dos municípios ainda não desenvolvem programas de coleta seletiva de lixo.

O não cumprimento da lei pode implicar em penalidades, como o não repasse de verbas federais voltadas para a gestão de resíduos nesses municípios e reprovação de contas.

[...] O ministro do Meio Ambiente, Sarney Filho, disse que está revisando a destinação dos recursos de fundos que financiam o meio ambiente com o objetivo de priorizar alocação de recursos para a gestão de resíduos sólidos.

"Nós vamos fazer com que esses recursos dos fundos, que não são orçamentários, possam beneficiar as populações e o meio ambiente de municípios, priorizando aqueles no entorno de unidades de conservação, com ações de ganho socioambiental", afirmou em evento sobre a política nacional na Frente Parlamentar Ambientalista da Câmara dos Deputados.

GIRARDI, Giovana. Brasil produz lixo como Primeiro Mundo, mas faz descarte como nações pobres. *Estadão*, 7 ago. 2016. Disponível em: <http://sustentabilidade.estadao.com.br/>. Acesso em: 2 abr. 2018.

Ueslei Marcelino/Reuters/Fotoarena

Homem coletando resíduos recicláveis em lixão em Brasília (DF), em 2018.

DE OLHO NO MUNDO

Capitalismo: sistema econômico e social baseado na propriedade privada dos meios de produção e distribuição, na busca do lucro, na livre concorrência entre as empresas e no trabalho assalariado. Sua sobrevivência depende de existirem capital, mercado e trabalho livre. No mercado, as mercadorias do empresário são o capital, os meios de produção (indústrias, equipamentos, terras) e as matérias-primas. A mercadoria dos trabalhadores é sua força de trabalho, a qual é vendida em troca de salário e por meio da qual os bens de consumo são produzidos. Nesse sistema, o lucro do empresário provém da diferença entre o valor dos bens produzidos e o custo da produção.

O mundo do capital

Praticamente o mundo inteiro segue o sistema econômico denominado capitalismo: nele, o capital é o mais importante. Quando se fala em capital, fala-se em dinheiro. O objetivo dos negócios, das empresas, da movimentação de dinheiro, da produção de alimentos, roupas, utensílios, tecnologia, cultura etc. é principalmente o lucro. A meta do sistema capitalista não é a felicidade humana ou a justiça, não está baseada em nenhum princípio de ética, não é servir o ser humano em suas necessidades, mas é aumentar o dinheiro em circulação, é gerar mais lucro a quem já é dono do capital, tornar mais ricos aqueles que já são ricos.

Os defensores do capitalismo alegam que, quanto mais lucro houver e mais dinheiro circular, mais rapidamente chegará o momento em que todos terão acesso aos bens materiais. Mas já está demonstrado que isso não acontece: quanto mais capitalista o mundo se torna, mais vemos pessoas pobres, excluídas, povos inteiros na miséria e sem nenhuma condição de sobrevivência digna.

O sistema capitalista se baseia exatamente no oposto da virtude do desprendimento. Para vencer na vida, é preciso passar por cima do outro, tratá-lo como algo descartável. Ele não serve mais para determinado trabalho? Pode-se mandá-lo embora, não importa se tem filhos, se é uma pessoa competente. Logo em seguida, pode-se contratar outra pessoa que faça o mesmo serviço por metade do salário. Para que a empresa lucre mais, não importa se o primeiro foi prejudicado e o segundo está sendo terrivelmente explorado e recebendo um pequeno salário para fazer o trabalho de dois ou três.

A generosidade, a compaixão e a solidariedade não contam. Essa é a lógica do sistema capitalista. Eis por que é tão importante pensar e agir com desprendimento: para fazermos germinar novos valores neste mundo árido e sombrio do capital, onde o ser humano nada vale.

Protesto próximo à Bolsa de Valores de Nova York, Estados Unidos, uma das mais importantes do mundo. Foto de 2012.

Lucas Jackson/Reuters/Fotoarena

NO DIA A DIA

As frases a seguir, muito comuns no cotidiano do jornalismo, foram extraídas de manchetes e textos de jornais e revistas.

Mercado nervoso

O mercado financeiro vive um inferno astral. [...]

Disponível em: <www.istoedinheiro.com.br/noticias/financas/20040331/mercado-nervoso/17384>. Acesso em: 2 abr. 2018.

Mercado reage a especulações e juros futuros sobem

Disponível em: <www.valor.com.br/financas/5143566/mercado-reage-especulacoes-e-juros-futuros-sobem>. Acesso em: 2 abr. 2018.

Mercado reage mal a declaração de Temer sobre reforma da Previdência

Disponível em: <http://g1.globo.com/jornal-nacional/noticia/2017/11/mercado-reage-mal-declaracao-de-temer-sobre-reforma-da-previdencia.html>. Acesso em: 2 abr. 2018.

Você notou que, nessas manchetes, fala-se do mercado como se ele fosse um ser humano? Ele fica "nervoso", ele "reage", "quer"... No mundo capitalista, o mercado financeiro parece ser uma entidade pessoal, com vontade própria.

Leia o artigo abaixo, em que Carlos Motta comenta essa personalização do mercado:

"O mercado quer"

Uma frase que se lê muito nos jornalões afora é "o mercado quer".

Certo é que "mercado" poderia remeter a outros tantos significados, tais como aquele simpático lugar onde se pode comprar frutas, legumes, verduras, ovos, carnes, embutidos, e muito mais coisas gostosas.

Ou, se houver o complemento "consumidor", se referir a uma centena de milhões de pessoas que, no Brasil, dormem e sonham com os mais variados produtos e serviços, muitos absolutamente supérfluos, outros essenciais à existência.

Mas o mercado preferido por variados analistas econômicos e políticos que venderam suas almas para aquilo que outrora se poderia chamar de imprensa é outro.

Normalmente, quem cita o tal "mercado" demonstra uma intimidade tamanha com essa entidade que até abrevia a sua denominação, pois suprime a parte mais importante da palavra, composta, na verdade: se fossem mais formais, escreveriam "mercado financeiro", pois é desse simpático setor da economia, formado por bancos, corretoras, bolsas de valores etc. e tal, dos quais se julgam possuidores de segredos, desejos, e com os quais julgam privar da mais completa confiança, amizade, até.

Para esses notáveis escribas, o "mercado" é algo tão intrínseco às suas funções profissionais que eles não passam um dia sequer sem mencioná-lo em suas ilações sobre os rumos deste nosso tão machucado Brasil.

E o citam como se ele tivesse a relevância de um oráculo, como se as suas respostas proporcionassem a solução para tudo, desde as mais comezinhas questões microeconômicas, até os mais audaciosos projetos para a reconstrução do país.

O mercado quer.

Não o "mercado sugere", ou mesmo "o mercado pede".

O mercado quer, ele impõe, ele é o mais poderoso instrumento de dominação da nossa sociedade.

O mercado é a eminência parda, o cardeal Richelieu desta iníqua revolução que pretende levar de volta o Brasil ao século XIX.

O mercado é a antítese da democracia, da transparência, e de qualquer projeto político/social progressista.

O mercado manda e só resta aos ordinários obedecer.

Richelieu: cardeal e político francês que viveu no século XVII e ficou conhecido por defender a centralização do poder.

Ordinários: indivíduos comuns.

MOTTA, Carlos. *"O mercado quer"*. Disponível em: <http://segundocliche.blogspot.com.br/2017/05/o-mercado-quer.html>. Acesso em: 2 abr. 2018.

Pense nestas questões:

1) Para entender melhor o assunto, faça uma breve pesquisa sobre conceitos como *bolsa de valores* e *mercado financeiro*.

2) De acordo com as leituras desta página e da anterior, o que você entende que seja esse "mercado" que quer e reage?

3) Você concorda com a maneira como o mundo capitalista trata o mercado? Justifique.

E PARA TERMINAR

Leia o poema a seguir:

Enrascada

Uma situação real,
Deste mundo a mais danada:
É que há pouca gente rica
E muita gente sem nada.

Como se há de resolver
Essa tremenda enrascada
E não haja mais miséria
E nem gente injustiçada?

Alimentos para todos,
Escola pra criançada...
Que ninguém fique sozinho,
Abandonado na estrada...

A chave é o desprendimento
Do lucro e da roubalhada.
Se todos tiverem pouco
A ninguém vai faltar nada.

INCONTRI, Dora.

1) Como você relaciona o poema acima com o tema discutido neste capítulo?

2) Inspirando-se no poema, redija um texto com o título: "O desprendimento de quem tem resolve a fome de quem não tem?".

Retrato da desigualdade social: favela ao lado de prédios luxuosos, em São Paulo (SP), 2015.

Rivaldo Gomes/Folhapress

SESSÃO DE CINEMA

Reprodução/Frank Capra/Sony Pictures

Do mundo nada se leva

Direção de Frank Capra. Columbia TriStar Pictures, 1938.

Alice Sycamore deseja apresentar seu noivo, Tony, para sua família. Mas, enquanto a família dele é rica e poderosa, a dela é simples e espontânea, e essa diferença causa um clima desfavorável. Essa comédia romântica mostra o contraste entre o despojamento dos membros da família Sycamore e a avareza do empresário que quer desapropriar a casa onde moram para construir prédios.

Procure assistir ao filme indicado pensando nestas questões:

1) **Qual a sua impressão a respeito da família Sycamore?**
2) **De qual das duas famílias você gostaria de fazer parte? Por quê?**

Reprodução/David Dobkin/Warner Bros. Pictures

O Juiz

Direção de David Dobkin. Warner Bros, 2014.

Advogado de sucesso, Hank Palmer retorna à casa de seu pai, o juiz da cidade, suspeito de assassinato. Ele decide descobrir a verdade e defender o pai no tribunal. Nesta trajetória, terá que enfrentar seus traumas para se reconectar com a família.

Após assistir ao filme, responda:

1) **Como o desprendimento pode ajudar nas relações entre as pessoas?**
2) **Na sua opinião, qual(is) foi(ram) o(s) principal(is) momento(s) em que Hank realmente mostrou-se desprendido de algo? Explique.**

> Onde à pobreza se une a alegria, não há cobiça nem avareza.
>
> **São Francisco de Assis.**
>
> In: SILVEIRA, Frei Ildefonso (Org.). *Escritos e biografias de São Francisco de Assis*: crônicas e outros testemunhos do primeiro século franciscano. 8. ed. Petrópolis: Vozes, 1997. p. 70.

David W Cerny/Reuters/Fotoarena

Dalai-Lama, líder budista tibetano, durante sua visita à República Tcheca em 2016.

7

O avesso da violência

O caminho da paz

Um dos temas mais discutidos no mundo de hoje é a violência. Mas as pessoas muitas vezes pensam que devem combater a violência com mais violência, usando polícia, exército, repressão.

Você já pensou na possibilidade de acabar com a violência no mundo? De que maneira? Você acha que o mundo sempre será violento ou podemos pensar num futuro de paz?

Ao longo da história humana, grandes exemplos de não violência nos ensinaram o caminho da paz. Mas ainda não aprendemos a segui-lo.

Zanone Fraissat/Folhapress

Policiais militares invadem escola em São Paulo (SP) ocupada em 2016 por estudantes que protestavam por melhorias na educação. Estudantes erguem as mãos para não serem atacados e demonstrarem que a ação política é pacífica.

BEBENDO NA FONTE CRISTÃ

Jesus e a não violência

O **Sermão da Montanha**, que muitos consideram a essência de todo o ensinamento de Jesus, é uma passagem bíblica registrada integralmente no Evangelho de Mateus (capítulos 5 a 7) e parcialmente no de Lucas (capítulo 6). É de grande importância, pois apresenta um resumo de tudo o que um cristão deve saber e fazer. Inicia-se com as nove bem-aventuranças, em que Jesus declara como serão salvos aqueles que o seguem. Em seguida, fala da importância dos cristãos no mundo e explica que os ensinamentos cristãos não vieram substituir os mandamentos do Antigo Testamento, mas sim complementá-los e pô-los em prática. Adiante, Jesus chama a atenção para o fato de que a verdadeira correção de caráter está no coração dos seres humanos, e não na exibição de seus atos para os outros. Ensina, ainda, que devemos viver com desapego, confiando em Deus. Por fim, Jesus nos ensina a não julgar os outros para não sermos também julgados, a preservar o que é sagrado e a manter-nos constantes nas ações e fiéis a seus ensinamentos. Leia, abaixo, dois trechos desses ensinamentos:

Felizes os mansos

porque herdarão a Terra.

Felizes os que promovem a paz,

porque serão chamados filhos de Deus.

[...] amai os vossos inimigos e orai pelos que vos perseguem; desse modo vos tornareis filhos do vosso Pai que está nos Céus, porque ele faz nascer o seu sol igualmente sobre maus e bons e cair a chuva sobre justos e injustos.

Mateus 5,4.9.44-45. *Bíblia de Jerusalém*. São Paulo: Paulus, 2002. p. 1710-1712.

A quem te ferir numa face, oferece a outra; a quem te arrebatar o manto, não recuses a tua túnica. Dá a quem te pedir e não reclames de quem tomar o que é teu. Como quereis que os outros vos façam, fazei também a eles.

Lucas 6,29-31. *Bíblia de Jerusalém*. São Paulo: Paulus, 2002. p. 1799.

O Sermão da Montanha, de Sebastiano Ricci (1658-1734).

A não violência vale sempre?

Leon Tolstoi interpretou os ensinamentos de Jesus considerando que a existência de exércitos e armas em países que se diziam cristãos era um desvio desses ensinamentos. A interpretação de Tolstoi, no entanto, não é aceita por todos os cristãos.

Na verdade, em várias doutrinas cristãs, há a ideia de "guerra justa": é considerada legítima a defesa armada de um país ou de um povo quando foi invadido ou foi vítima de uma injustiça, desde que tenham sido esgotadas todas as possibilidades de diálogo e acordo. Para Tolstoi, porém, o verdadeiro cristão jamais aceita praticar a violência: prefere morrer a matar, ou sofrer uma injustiça a praticá-la.

BEBENDO NA FONTE HINDU

Gandhi e a não violência

Rühe/ullstein bild/Getty Images

Mahatma Gandhi em Londres, Inglaterra, em 1931.

Gandhi foi o maior líder da não violência no século XX. Teve como fontes de inspiração Tolstoi e o cristianismo (entendido de maneira pacifista); ao mesmo tempo, bebeu na fonte do hinduísmo, a principal religião de seu povo. Dizia ele que:

> *Ser não violento não é se contentar em amar aqueles que nos amam. A não violência começa a partir do instante em que se ama aqueles que nos odeiam. Não ignoro as dificuldades desse grande mandamento de amor. Mas não é assim com todas as coisas boas e grandes? A mais difícil de todas é amar os inimigos. Mas se quisermos realmente chegar a isso, a graça de Deus virá nos ajudar a superar os obstáculos mais temíveis.*

GANDHI, Mahatma. *Tous les hommes sont frères*. Paris: Folio Essais, 1991. p. 154. Tradução dos autores.

O QUE VOCÊ ENTENDEU?

1) O que você identifica de semelhante entre o pensamento de Jesus e o de Gandhi, comparando os trechos vistos nas seções *Bebendo na fonte*?

2) Você considera possível amarmos um inimigo? Como?

O mal se combate com violência?

Muita gente tem a ideia de que é preciso combater a violência com mais violência, corrigir a injustiça castigando cruelmente os injustos, enfim, melhorar o mundo com armas e guerras e com o poder dos mais fortes. Poucas pessoas acreditam na força do amor.

No entanto, muitos homens e mulheres que realmente mudaram a sociedade não possuíam exércitos nem mataram ninguém. Ao contrário: alguns até morreram pela paz.

Como eles conseguiram fazer isso em um mundo cheio de governos poderosos, armas potentes, dinheiro em abundância? Acontece que os governos caem, as armas envelhecem, o dinheiro acaba... mas a fé verdadeira, o exemplo do bem, as vidas de paz nunca se apagam do coração humano.

Pense no exemplo do próprio Cristo: ele não comandava exércitos, não era membro de nenhum governo. Mas seus ensinos são discutidos e seguidos até hoje, sua figura estudada por inúmeros pesquisadores. A História ficou profundamente marcada pela sua passagem na Terra.

Agora, pense no exemplo de Gandhi. Ao morrer, deixou um par de óculos, um par de sandálias, uma túnica, um livro e uma roca de tecer. Era tudo o que possuía. Mas sua ideia e sua prática da não violência não morreram: inspiraram o estadunidense Martin Luther King Junior a combater o preconceito racial em seu país, além de muitos movimentos de paz em todo o mundo.

Essas pessoas ensinaram justamente que o maior poder do mundo está no amor, a maior riqueza está na capacidade de perdoar e a única maneira de corrigir a injustiça é sensibilizar o coração dos homens para a justiça e converter pessoas injustas em pessoas justas.

Em vez de punir, é preciso educar. Antes de julgar com crueldade, deve-se perdoar com misericórdia. Todo ser humano tem alguma coisa divina dentro de si, e exemplos de amor profundo, como foram Jesus, Gandhi e Francisco de Assis, podem despertar a vontade de ser bom. A violência para com aquele que é violento apenas desperta ainda mais revolta.

Cris Faga/Fox Press Photo/Folhapress

Manifestantes da ONG Rio de Paz protestam contra uma chacina, na avenida Paulista, em São Paulo, 2015.

Praticar a não violência não é aceitar tudo calado e deixar de combater o que é errado: é lutar pelo que é certo, mas com os meios da paz. É tentar acabar com o erro, salvando a pessoa que está errada.

Praticar a não violência é lutar ainda mais ativamente contra o mal. A não violência é superior à violência. O perdão é bem mais poderoso que o castigo.

Praticar a não violência significa sofrer conscientemente, não se submetendo à vontade do malfeitor, mas empenhando-se, com todo o ânimo e sem ódio, contra o tirano. Por meio da não violência, um só indivíduo – Gandhi – desafiou os poderes de um império injusto ao defender a independência da Índia e salvou muitas pessoas da injustiça.

Embora no século XX tenham ocorrido muitos movimentos pela paz, tivemos também inúmeras e desumanas guerras, entre nações e dentro de nações. Neste início de milênio, a violência continua presente em todos os setores da sociedade. O caminho para a paz parece difícil, mas precisamos insistir em procurá-lo.

Jeff Widener/AP Photo/Glow Images

Homem protesta sem armas parado em frente a tanques de guerra contra o governo na China em 1989.

O X DA QUESTÃO

1) Você concorda que seja possível lutar sem violência? Por quê?

2) Quais são as armas da violência? E quais são as "armas" da paz?

3) Para você, o que dá mais resultado: a violência ou a paz? Por quê?

AGORA É COM VOCÊ

Sob a orientação do professor, façam uma oração ou elaborem um texto ou um poema pela paz. Depois de ler os ensinamentos de Jesus, Gandhi e Tolstoi, organizem um momento de profundo silêncio na classe. Cada um deverá fazer uma reflexão íntima: Tem alguma coisa contra alguém? Consegue perdoar? O que pode fazer em contribuição à paz?

Em seguida, leiam em conjunto e em voz alta (cada um pode ler uma frase), com verdadeiro sentimento, a oração a seguir, ou o poema ou texto elaborado. Se conhecerem alguma versão musicada, poderão cantá-la também.

Oração de São Francisco

Senhor: Fazei de mim um instrumento de vossa Paz.

Onde houver Ódio, que eu leve o Amor,

Onde houver Ofensa, que eu leve o Perdão.

Onde houver Discórdia, que eu leve a União.

Onde houver Dúvida, que eu leve a Fé.

Onde houver Erro, que eu leve a Verdade.

Onde houver Desespero, que eu leve a Esperança.

Onde houver Tristeza, que eu leve a Alegria.

Onde houver Trevas, que eu leve a Luz!

Ó Mestre,

fazei que eu procure mais:

consolar, que ser consolado;

compreender, que ser compreendido;

amar, que ser amado.

Pois é dando que se recebe,

perdoando que se é perdoado,

e é morrendo que se vive para a vida eterna!

Amém.

Autor anônimo. Disponível em: <https://pt.aleteia.org/>. Acesso em: 3 abr. 2018.

Album/Fotoarena/Antiga Pinacoteca, Munique, Alemanha

São Francisco em êxtase, de Francisco Zurbaran (1598-1664).

CONTANDO UM CONTO

O cavalo velho

Em nossa fazenda, havia um velho chamado Pimén Timofeitch que completara noventa anos. Vivia com um neto. Estava corcunda e andava muito lentamente, apoiando-se num cajado. Tinha a boca desdentada e o rosto sulcado de rugas. Tremia-lhe o lábio inferior. Ao caminhar ou ao falar, costumava mover os lábios, mas não se podia entender o que dizia.

Éramos quatro irmãos e todos gostávamos de montar a cavalo. Mas como não tínhamos cavalos mansos, só nos deixavam montar um, muito velho, chamado Voronok.

Um dia mamãe deu permissão para montarmos a cavalo e fomos à cavalariça acompanhados de nosso aio. O cocheiro selou Voronok. Meu irmão mais velho montou primeiro. Cavalgou muito tempo pela eira e ao redor do jardim.

– Dá um galope! – gritamos para ele, quando voltou.

Meu irmão estimulou o cavalo, dando-lhe golpes com os pés e com a tala e partiu a galope estendido, passando diante de nós.

Depois foi meu segundo irmão quem montou. Cavalgou também muito tempo e, estimulando Voronok, à força de taladas, subiu o morro a galope. Tinha intenção de continuar montando, mas meu terceiro irmão disse que lhe cabia a vez. Deu uma volta pela eira, pelo jardim e por toda a aldeia. Voltou à cavalariça, a galope estendido, passando pelo morro. Quando se aproximou de nós, Voronok ofegava e seu pescoço havia escurecido, por causa do suor.

Ao chegar minha vez, quis surpreender meus irmãos, demonstrando-lhes que sabia montar muito bem e estimulei Voronok, com todas as minhas forças; mas o cavalo negou-se a sair da cavalariça. Irritado, sentei-lhe a tala e golpeei-o com os pés. Procurava bater nos lugares que mais lhe doessem. Partiu-se-me a tala. Com o pedaço que me restava na mão, golpeei o cavalo na cabeça, mas não quis andar. Então aproximei-me do aio, para pedir-lhe uma tala mais resistente.

– Já cavalgaste bastante, desce. Por que atormentas assim o cavalo? – disse-me.

– Mas se ainda não montei! Agora verá como vou fazê-lo galopar. Dê-me outra tala, por favor, quero excitá-lo – repliquei, ofendido.

Cajado: bastão semelhante à bengala.

Aio: empregado que cuida de crianças ilustres e ricas.

Eira: área onde se realizam diversas tarefas de uma fazenda.

Tala: chicote.

– Não tens coração. Para que vais excitar o cavalo? Está esgotado; mal pode respirar. É muito velho. Já tem vinte anos. Poderia ser comparado com Pimén Timofeitch. É como se montasses sobre ele e o obrigasses a correr à força de chicotadas. Não te causaria dó?

Ao lembrar-me de Pimén Timofeitch, obedeci ao meu aio e apeei-me. Mas só ao ver o cavalo ofegante e com os flancos cobertos de suor, compreendi o esforço que fazia para suportar um cavaleiro. Antes havia imaginado que Voronok se divertia tanto quanto eu. Tive tanta pena dele, que cobri de beijos seu pescoço suado e pedi-lhe perdão por havê-lo maltratado.

Desde então, sempre recordo Voronok e Pimén Timofeitch e me causa pena ver maltratar os cavalos.

TOLSTOI, Leão. *Obra completa*. Rio de Janeiro: José Aguilar, 1962. p. 232-233. 3. v.

Um velho cavalo cinza preso a uma árvore, um garoto descansando próximo, de Paul Sandby (1725-1809).

E FAZENDO A PONTE

1) Que tipo de não violência Tolstoi ensina nesse conto?

2) Qual foi o sentimento que brotou no menino que o fez praticar a não violência com o cavalo?

3) Na sua opinião, a compaixão também deve ser exercida com os animais ou apenas com seres humanos? Por quê?

FALANDO DE SOCIEDADE

Evaristo Sá /Agência France-Presse

Marcha das Mulheres Negras em Brasília (DF), em 2015.

A violência contra a mulher

As mulheres lutam por seus direitos há séculos, mas ainda continuam sendo vítimas da violência. O Brasil é um dos campeões mundiais da violência contra a mulher. Veja abaixo os números alarmantes:

Uma em cada três mulheres sofreram algum tipo de violência no último ano. Só de agressões físicas, o número é alarmante: 503 mulheres brasileiras vítimas a cada hora.

Esses números, que mostram o persistente problema da violência contra as mulheres no Brasil, fazem parte de uma pesquisa feita pelo Datafolha e encomendada pelo Fórum Brasileiro de Segurança.

Os dados, divulgados hoje, no Dia Internacional da Mulher, mostram que 22% das brasileiras sofreram ofensa verbal no ano passado, um total de 12 milhões de mulheres. Além disso, 10% das mulheres sofreram ameaça de violência física, 8% sofreram ofensa sexual, 4% receberam ameaça com faca ou arma de fogo. E ainda: 3% ou 1,4 milhão de mulheres sofreu espancamento ou tentativa de estrangulamento e 1% levou pelo menos um tiro.

A pesquisa mostrou que, entre as mulheres que sofreram violência, 52% se calaram. Apenas 11% procuraram uma delegacia da mulher e 13% preferiram o auxílio da família.

E o agressor, na maior parte das vezes, é um conhecido (61% dos casos). Em 19% das vezes, eram companheiros atuais das vítimas e em 16% eram ex-companheiros.

As agressões mais graves ocorreram dentro da casa das vítimas, em 43% dos casos, ante 39% nas ruas. [...]

SANTOS, Bárbara Ferreira. Os números da violência contra mulheres no Brasil. *Exame*, 8 mar. 2017. Disponível em: <https://exame.abril.com.br/brasil/>. Acesso em: 23 fev. 2018.

Em 2006, foi aprovada a Lei Maria da Penha, que visa combater severamente as agressões contra a mulher, encorajando a denúncia.

Mundialmente, para conscientizar a todos da necessidade de acabar com essa situação de violência, foi criado o Dia Internacional da Não Violência Contra a Mulher, comemorado em 25 de novembro. Iniciativas como essa pretendem ter uma função educativa e certamente nos ajudarão a construir, aos poucos, um mundo de paz e amor entre todos.

Maria da Penha Maia

A biofarmacêutica Maria da Penha Maia lutou durante 20 anos para ver seu agressor condenado. Ela virou símbolo contra a violência doméstica.

Amana Salles/Fotoarena

Maria da Penha Maia, símbolo da luta da mulher brasileira contra a violência doméstica. Foto de 2014.

Em 1983, o marido de Maria da Penha Maia, o professor universitário Marco Antonio Herredia, tentou matá-la duas vezes. Na primeira vez, deu um tiro e ela ficou paraplégica. Na segunda, tentou eletrocutá-la. Na ocasião, ela tinha 38 anos e três filhas, entre 6 e 2 anos de idade.

A investigação começou em junho do mesmo ano, mas a denúncia só foi apresentada ao Ministério Público Estadual em setembro de 1984. Oito anos depois, Herredia foi condenado a oito anos de prisão, mas usou de recursos jurídicos para protelar o cumprimento da pena. O caso chegou à Comissão Interamericana dos Direitos Humanos da Organização dos Estados Americanos (OEA), que acatou, pela primeira vez, a denúncia de um crime de violência doméstica. Herredia foi preso em 28 de outubro de 2002 e cumpriu dois anos de prisão. Hoje, está em liberdade.

Após as tentativas de homicídio, Maria da Penha Maia começou a atuar em movimentos sociais contra a violência e a impunidade e hoje é coordenadora de Estudos, Pesquisas e Publicações da Associação de Parentes e Amigos de Vítimas de Violência (APAVV) no seu estado, o Ceará.

Ela comemorou a aprovação da lei. "Eu acho que a sociedade estava aguardando essa lei. A mulher não tem mais vergonha [de denunciar]. Ela não tinha condição de denunciar e ser atendida na preservação da sua vida", lembrou. Maria da Penha recomenda que a mulher denuncie a partir da primeira agressão. "Não adianta conviver. Porque a cada dia essa agressão vai aumentar e terminar em assassinato."

CONTEE. A Lei Maria da Penha já está em vigor. Disponível em: <www.contee.org.br/>. Acesso em: 3 abr. 2018.

AGORA É COM VOCÊ

1) O que você pensa sobre a violência contra a mulher? Esse problema pode ser solucionado? De que forma?

2) Pesquise sobre ONGs que atuem na defesa das mulheres e de seus direitos e escrevam quais são os principais pontos defendidos por essas organizações.

DE OLHO NO BRASIL

Patrícia Santos/Folhapress

Betinho em campanha contra a fome e pela cidadania, em 1997.

Betinho: um exemplo na luta pela não violência

Herbert de Souza, conhecido como Betinho, nasceu em 1935, na cidade de Bocaiúva, Minas Gerais. Ficou famoso por organizar diversas campanhas a favor de condições mais justas na sociedade. Seu trabalho diário contra a miséria e a fome foi inestimável para o povo brasileiro.

Betinho considerava deplorável a pobreza em que vive grande parte dos brasileiros. Essa pobreza é uma forma de violência. A violência não acontece apenas nas disputas armadas, mas é tudo aquilo que fazemos contra a vida de um semelhante ou contra a natureza à nossa volta. As atitudes violentas estão espalhadas por todo o país, seja nas grandes cidades, seja nas zonas rurais, e podem ser vistas em todos os lugares: na derrubada das matas, nas pessoas que passam fome nas ruas, na pobreza de muita gente que não tem sequer onde morar, na exploração de um ser humano por outro ser humano – ou, ainda, nas crianças que precisam trabalhar e não conseguem estudar, naquelas que ficam pelas ruas.

Diante dessas situações, Betinho não ficou de braços cruzados. Ainda estudante, iniciou ações populares voltadas para a diminuição do sofrimento das pessoas. Mesmo enfrentando as críticas de muitos que o consideravam apenas mais um político interessado em poder, jamais parou de lutar.

Betinho não realizava campanhas somente contra a fome: desenvolveu projetos em favor da educação, da saúde, de mais emprego, da democracia, da ética; enfim, dedicou sua vida à luta pelos direitos humanos e pela não violência. Por causa de suas ideias de mudança social, no período de 1971 a 1979, quando estava em vigor a ditadura militar e não havia liberdade política no Brasil, Betinho permaneceu exilado, isto é, precisou sair do país. Se não fizesse isso, poderia ser preso, torturado e morto, como tantos outros. Betinho sofria de hemofilia, doença hereditária em que ocorrem hemorragias e não há adequada coagulação do sangue. Numa das transfusões de sangue de que frequentemente necessitava, foi contaminado pelo vírus da aids, o HIV.

Mesmo com a doença, Betinho nunca deixou de lado sua dedicação aos problemas sociais e políticos. Em 1992, foi um dos líderes do movimento pela ética na política que resultou na saída de Fernando Collor de Mello da presidência do Brasil. Nesse mesmo ano, envolveu-se numa campanha pela mobilização da sociedade brasileira: a "Ação da Cidadania contra a Fome, a Miséria e pela Vida".

Betinho morreu no dia 9 de agosto de 1997, aos 61 anos, em sua casa, no Rio de Janeiro. Seu exemplo de dedicação constante ao ser humano deve nos servir sempre de inspiração.

FALANDO DE EDUCAÇÃO

A violência nas escolas

Uma das formas de violência mais preocupantes para os grupos pacifistas e as pessoas envolvidas na educação é a que ocorre nas escolas. Segundo os educadores, é preciso transformar a escola num lugar de educação para a paz, a não violência e as ações solidárias.

O Instituto Sou da Paz, em São Paulo, tem liderado diversos trabalhos para diminuir a violência nas escolas. Entre as propostas que essa organização trabalha, está a criação de grêmios:

[...] O espaço escolar é sem dúvida um lugar estratégico para se trabalhar na perspectiva da prevenção da violência, já que pode ser o palco de experiências da prática cidadã, em um processo disparado por meio do incentivo ao associativismo juvenil na forma de grêmio estudantil. As unidades escolares concentram a quase totalidade dos jovens da cidade e são, como já foi dito, um dos únicos equipamentos públicos encontrados nas regiões periféricas, tornando-se um espaço estratégico para a formação de lideranças e a construção de formas pacíficas de relação social e de promoção dos direitos de cidadania.

Em linhas gerais, o projeto Grêmio em Forma visa atuar, ao mesmo tempo, na diminuição da violência escolar e na prevenção da violência letal. A experiência de formação de grêmios estudantis em escolas públicas tem se mostrado uma ferramenta eficaz tanto no sentido de criar canais para a resolução pacífica de conflitos dentro do ambiente escolar, como também para estimular os jovens a construírem seus projetos de vida, pautados por outros valores, expectativas e formas de participação na comunidade. [...]

INSTITUTO SOU DA PAZ. *Grêmio em Forma*: o fomento à participação dos jovens na escola como estratégia de prevenção da violência. Disponível em: <www.soudapaz.org/upload/pdf/>. Acesso em: 23 fev. 2018.

Imagem gentilmente cedida pelo Instituto Sou da Paz

Estudantes em reunião preparatória para fundação do Fórum de Grêmios da Zona Sul (FO. GR. E. Z. S.), em São Paulo, 2005.

Ainda refletindo sobre o papel da educação, a escola deve criar um ambiente de reflexão, estudo, debates e ação, incentivando a resolução de conflitos, a cooperação, a consciência ecológica, a responsabilidade em relação aos problemas sociais. Para isso, ela deve mostrar exemplos de atitudes e vidas não violentas, fortalecer as ações comunitárias, discutir e mostrar a necessidade de paz, educar as pessoas para serem ativistas da não violência, criar condições para resolução não violenta de conflitos, diminuir as agressões, enfatizar a desaprovação à violência.

AGORA É COM VOCÊ

Que soluções você proporia para acabar com a violência dentro das escolas? Apresente suas sugestões para a classe.

NO DIA A DIA

Leia esta notícia sobre o Movimento Paz & Proteção, realizado pelo Unicef.

Movimento Paz & Proteção

O Movimento Paz & Proteção faz parte de uma ação global que o Unicef vem realizando para mobilizar organizações seculares e religiosas, unindo a fé e os esforços de todos e todas. O objetivo dessa aliança é unir forças para garantir a sobrevivência, desenvolvimento, proteção e bem-estar de meninas e meninos por meio de ações de prevenção da violência e da promoção do registro civil de nascimento.

Essa aliança é baseada no que foi estabelecido pela Convenção sobre os Direitos da Criança, na legislação brasileira e em princípios e valores comuns. A ideia é fortalecer a ação individual e coletiva de atores religiosos e suas comunidades como forma de contribuir para a redução das vulnerabilidades, da violência e da discriminação contra crianças e adolescentes, particularmente, os mais excluídos.

No Brasil, fazem parte da ação o Conselho Nacional de Igrejas Cristãs do Brasil (Conic), a Visão Mundial, a Rede Nacional de Religiões Afro-Brasileiras e Saúde (Renafro) e a Koinonia Presença Ecumênica e Serviço. O Movimento conta ainda com o apoio da Secretaria-Geral da Presidência da República e da Secretaria Nacional de Direitos Humanos.

Desde maio de 2013, o Movimento Paz & Proteção realizou três oficinas em Brasília com lideranças religiosas para discutir o plano conjunto para proteção de crianças e adolescentes. [...]

UNICEF BRASIL. Movimento Paz & Proteção. Disponível em: <www.unicef.org/brazil/pt/activities_26477.htm>. Acesso em: 23 fev. 2018.

Pense nesta questão:

Inspirado nessa ação do Unicef, imagine uma ação pela paz em seu bairro ou em sua cidade. Qual seria o objetivo e como seria realizada?

E PARA TERMINAR

1) Leia este poema da escritora alemã Eva Rechlin (1928-2011):

A paz

Muita gente anda medrosa
de guerras aqui e ali,
mas aquele que quer paz
deve fazê-la por si.

A paz brota, como as rosas
em silêncio, bela e pura,
nasce em nossa própria casa
junto de quem a procura!

Falar de paz pouco adianta,
brigar por ela, pra quê?
Ela vem qual riso ou sonho,
quem a sente, logo a vê...

Para haver paz, haja amor,
claro, também, compreensão
e onde houver algo a curar,
venha logo um coração!

RECHLIN, Eva. *Der Frieden*. Disponível em: <www.umwelt-und-natur.de/gedichte/gedichta15.htm>. Acesso em: 3 abr. 2018. Tradução dos autores.

Yasin Akgul/Agência France-Presse

Em meio à crise dos imigrantes rumo à Europa, uma criança oferece uma flor em sinal de paz a um dos policiais que bloqueavam o caminho de acesso à estrada que leva para a Grécia, onde os imigrantes poderiam recomeçar a vida. Foto de 2015 na Turquia.

a) De acordo com o poema, o que deve fazer aquele que quer a paz?

b) O poema diz que devemos começar com a paz pela nossa própria casa. Você concorda? Por quê?

2) Desenhe, em uma folha à parte, uma "árvore da violência": a violência será o tronco e a violência física e a psicológica serão dois ramos. Escreva nela seus sentimentos, ações e palavras, assim como os atos de violência que você vê. Reflita sobre quantos atos violentos você comete diariamente e o que pode mudar no seu comportamento. Seja sincero.

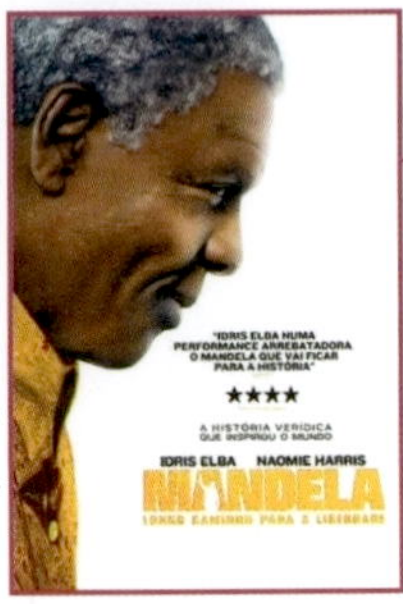

Reprodução/Justin Chadwick/Sony Pictures

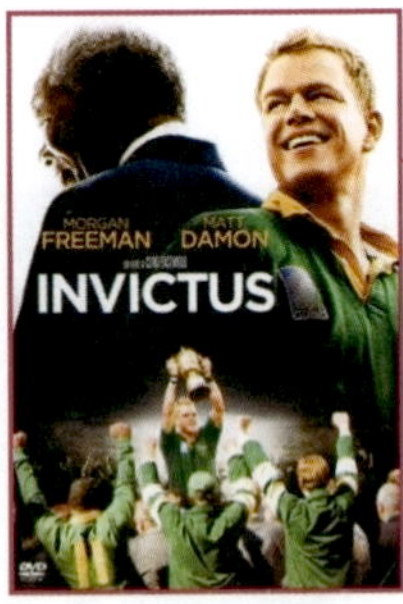

Reprodução/Clint Eastwood/Warner Bros. Pictures

SESSÃO DE CINEMA

Mandela: longo caminho para a liberdade

Direção de Justin Chadwick. Distant Horizons, 2014.

O filme conta a vida de Nelson Mandela, que, após 27 anos de prisão, se tornou o primeiro presidente negro da África do Sul. Ao dedicar sua vida à luta pelo fim do *apartheid*, um regime de segregação racial, ele mostrou a força da esperança na busca pela igualdade e pela paz.

Assista ao filme indicado refletindo sobre a questão abaixo:

De quais maneiras o exemplo de Nelson Mandela pode inspirar nossa sociedade hoje?

Invictus

Direção de Clint Eastwood. Warner Bros, 2009.

Na África do Sul, o presidente Nelson Mandela acaba de ser eleito. Pensando em superar antigas questões raciais do país, decide motivar brancos e negros para vencer a próxima copa mundial de rúgbi. Ele vê aí uma oportunidade única para reconciliar um país dividido pelo racismo e pelas desigualdades sociais e econômicas. O problema é que o esporte é praticado por brancos e, por isso, é necessário vencer a resistência da maioria negra.

Após assistir ao filme, responda:

Na sua opinião, como o esporte pode colaborar para promover a paz?

> “A não violência é compromisso absoluto com o caminho do amor. O amor não é uma festança emocional; não é sentimentalismo vazio. É o derramamento ativo de todo o nosso ser no ser de outro.”

Martin Luther King Jr.

King Quotes on War and Peace. Disponível em: <https://kinginstitute.stanford.edu/>. Acesso em: 3 abr. 2018. Tradução dos autores.

Bridgeman Images/Glow Images/ Palazzo Comunale de Siena, Itália

Detalhe do afresco intitulado *Alegoria do bom governo*, de Ambrogio Lorenzetti (1285-1348). Essa obra retrata quais virtudes um governante deveria ter para que o povo prosperasse em paz. Está localizada em Siena, Itália.

8

As virtudes dos antigos

Virtudes antigas, mas sempre atuais

Desde os antigos gregos, há quatro virtudes consideradas cardeais, isto é, essenciais para que o ser humano seja feliz: a coragem, a prudência, a temperança e a justiça. Ainda hoje, elas são valorizadas e buscadas. Você já deve ter admirado e até procurado praticar pelo menos algumas delas, como a coragem ou a justiça.

Bridgeman Images/Easypix Brasil/Victoria & Albert Museum, Londres, Inglaterra

As quatro virtudes cardeais: Justiça, Prudência, Temperança e Fortaleza, afresco de James Thornhill (1675-1734).

O que você provavelmente não imagina é que, para os filósofos e os religiosos que estudaram as quatro virtudes cardeais, uma ideia fica bem clara: uma virtude depende da outra, e é difícil ter uma sem ter as outras. Neste capítulo veremos por quê.

EU COMIGO

Defina a seu modo pelo menos duas das virtudes que veremos aqui: coragem, prudência, temperança, justiça. No final do capítulo, confira se sua ideia inicial mudou ou não.

A virtude dos heróis

Talvez a virtude mais valorizada em todas as culturas seja a coragem, que os antigos também chamavam de fortaleza. Seu oposto é a covardia, a fraqueza. Quem não admira os heróis? Qual a sociedade que não conta histórias emocionantes a respeito de pessoas corajosas, que lutaram, sofreram e até deram a vida pela pátria, por um ideal, pela família, pelos amigos?

A ideia de coragem muitas vezes está ligada à de força física, que permite vencer uma guerra, um combate qualquer. Porém, mais do que isso, a coragem é a capacidade de enfrentar perigos e desafios, de superar o medo, de suportar dores ou perdas.

Mas a coragem não pode ser também uma virtude dos maus? Por exemplo: assaltar um banco, agredir alguém, desrespeitar uma lei não são atos que exigem coragem? Exatamente por isso, a virtude da coragem não deve existir sozinha: a verdadeira coragem depende das demais virtudes.

A virtude da razão

A virtude de que agora falaremos é uma das mais difíceis de explicar, pois hoje quase ninguém fala dela e seu significado até mudou: é a prudência. Ela não é simplesmente aquele cuidado que precisamos ter para não sofrer um acidente ou não sermos enganados por alguém.

Como virtude, ter prudência é agir com sabedoria, com discernimento entre o certo e o errado; é ter capacidade de saber o que é o bem e o que é o mal.

Podemos, ainda, explicar a prudência como uma espécie de senso moral, uma "bússola" da virtude, uma visão correta da realidade. Assim, a coragem precisa da prudência para que seja uma coragem do bem, usada para causas nobres.

Reprodução/Coleção particular

Uma alegoria da Prudência, de Peter Rubens (1577-1640). Geralmente, a prudência é representada com uma serpente enrolada no braço (que representa a sabedoria) e com dois rostos voltados um de costas para o outro (o que representa o passado e o futuro).

A virtude contra os exageros

Outra virtude pouco conhecida hoje, mas sem a qual a prudência não atua, é a chamada temperança, ou moderação. É o controle das paixões, dos desejos, a moderação das necessidades: não comer nem beber demais, não abusar dos prazeres físicos, não se tornar viciado em nada, não desejar dinheiro em excesso. Agir com temperança não significa abandonar tudo isso, mas usar o que for necessário sem abusar de nada.

Dessa virtude, depende a prudência: como poderá alguém enxergar o que é certo e o que é errado, se vive bêbado, se só pensa em comer muito ou em se entregar o tempo todo aos prazeres do sexo? Os prazeres em excesso perturbam a mente e não lhe permitem uma visão clara da realidade. Quem só deseja a própria satisfação não se preocupa com o bem e o mal.

Sem a virtude da temperança, não pode também haver coragem verdadeira, pois só quem tem controle dos próprios desejos tem controle sobre o medo e a dor.

Album/Fotoarena/Galleria dell'Accademia, Veneza, Itália

Temperança, de Cima da Conegliano (1459-1517). A temperança é representada normalmente com dois jarros cujo líquido verte constantemente entre eles.

A virtude das virtudes

Uma das virtudes mais louvadas em todos os tempos e a mais necessária para que os seres humanos convivam entre si é a justiça. Mas o que é a justiça? Alguns dizem que ela, por si só, não existe; depende de como a pensamos e fazemos. Ou seja, são os seres humanos, em cada época histórica, em cada sociedade, que determinam o que é a justiça para eles. Outros consideram que ela existe independentemente de nós, porque está, em primeiro lugar, em Deus. Segundo esse ponto de vista, devemos buscar em Deus, que é a suprema justiça, a inspiração do que é mais justo.

Definir a justiça não é fácil. Podemos defini-la como o respeito à lei estabelecida por uma sociedade. Mas não existem leis injustas? As leis não podem ser mudadas de uma época para outra? Não houve leis injustas que condenaram homens justos? Basta lembrar de Sócrates e Jesus. Então a verdadeira justiça pode até estar nas leis sociais, mas nem sempre.

Alamy/Fotoarena/Coleção particular

Justiça, de Pierre Subleyras (1699-1749). Em geral, a justiça é representada segurando uma balança, que indica o equilíbrio na hora de pesar as ações; a espada é símbolo da força.

Justiça também pode ser definida como o ato de dar a alguém o que lhe é devido, ou seja, respeitar os direitos do outro: a sua liberdade, a sua dignidade, enfim, a sua humanidade. É não prejudicar ninguém, é não procurar vantagens para si mesmo à custa de desvantagens para o próximo. É também o equilíbrio e o respeito à igualdade entre as pessoas.

Não é difícil ver como a justiça se relaciona com as outras virtudes. Precisamos de: prudência para enxergar o justo e o injusto; temperança para não deixar nosso julgamento ser guiado pelos nossos desejos pessoais; por fim, muitas vezes precisamos de coragem para praticar a justiça e defendê-la.

O X DA QUESTÃO

1) Qual das quatro virtudes cardeais você considera mais difícil de praticar? Por quê?

2) Qual dessas virtudes, no seu ponto de vista, está mais em falta no mundo? Justifique sua escolha.

3) Como você entende a relação entre essas quatro virtudes?

BEBENDO NA FONTE GREGA

A justiça e a prudência segundo dois mestres

Há pessoas que confundem justiça com vingança, achando que fazer justiça é pagar o mal com o mal. Mas Sócrates e seu discípulo Platão não entendiam assim. Leia o que disse Sócrates, segundo Platão:

[...] não é próprio do justo prejudicar a um amigo ou a pessoa alguma, mas do seu contrário, do injusto.

[...] Se, pois, alguém afirma que a justiça consiste em devolver a cada um o que se lhe deve, e se entende por isso que o homem justo deve prejuízo a seus inimigos e serviço aos amigos, não é sábio quem profere tais palavras. Pois não diz a verdade: em nenhum caso, com efeito, e a ninguém nos pareceu justo fazer o mal.

PLATÃO. *A República*. São Paulo: Difusão Europeia do Livro, 1965. v. 1. p. 79-80.

Nice_Media_Production/Shutterstock

Estátua de Platão, localizada na entrada da Academia de Atenas, Grécia.

Aristóteles, discípulo de Platão, concordava com o mestre quanto às quatro virtudes cardeais e assim explicava a prudência:

Ora, julga-se que é cunho característico de um homem dotado de sabedoria prática [prudência] o poder deliberar bem sobre o que é bom e conveniente para ele, não sob aspecto particular, como por exemplo sobre as espécies de coisas que contribuem para a saúde e o vigor, mas sobre aquelas que contribuem para a vida boa em geral. [...]

[Assim, a prudência é] uma capacidade verdadeira e raciocinada de agir com respeito às coisas que são boas ou más para o homem.

ARISTÓTELES. *Ética a Nicômaco*. São Paulo: Abril, 1984. p. 144. (Os pensadores).

O QUE VOCÊ ENTENDEU?

1) Como você descreveria uma pessoa justa?

2) E como descreveria uma pessoa que possui a virtude da prudência?

Panos Karas/Shutterstock

Estátua de Aristóteles, localizada em Estagira, Grécia, cidade natal do filósofo.

CONTANDO UM CONTO

O julgamento de Salomão

Duas prostitutas vieram então apresentar-se ao rei. Uma delas disse: "Suplico-te, meu senhor: eu e esta mulher moramos na mesma casa, e eu dei à luz enquanto ela aí se encontrava. Três dias após o meu parto, também esta mulher deu à luz. Ora, estávamos juntas, sem mais ninguém na casa; estávamos só nós duas. O filho desta mulher morreu durante a noite, porque ela se deitou em cima dele. Ela se levantou no meio da noite, tomou o meu filho que estava a meu lado – tua serva dormia – e deitou-o em seu seio, deixando no meu o filho dela, morto. Levantei-me de manhã para amamentar o meu filho, mas ele estava morto. Quando clareou o dia, olhei atentamente, mas não era o meu filho, aquele que eu dera à luz". A outra mulher disse: "Não! O vivo é o meu filho, o morto é o teu"; mas a primeira continuava a dizer: "Não! Teu filho é o morto e o meu é o vivo". Assim falavam elas diante do rei. Então o rei falou: "Esta diz: 'Meu filho é o vivo, e o teu é o morto'; e aquela diz: 'Teu filho é o morto e o meu é o vivo'". Disse o rei: "Trazei-me uma espada!" Apresentaram ao rei uma espada. E o rei disse: "Cortai o menino vivo pelo meio, e dai metade a uma e metade à outra". A mãe do filho vivo disse ao rei – pois sentiu suas entranhas se comoverem por causa do filho: "Perdão, meu senhor! Dai-lhe a criança viva, mas não a mateis!" Ao passo que a outra dizia: "Ele não será nem teu nem meu! Cortai!" Então o rei tomou a palavra e disse: "Entregai à primeira o menino vivo, e não o mateis; ela é a mãe".

Israel inteiro ouviu falar do julgamento realizado pelo rei e temeram-no, porquanto viram que havia nele uma sabedoria divina para fazer justiça.

Primeiro Livro dos Reis 3,16-28. *Bíblia*: tradução ecumênica. São Paulo: Edições Loyola, 1994. p. 504-505.

Reprodução/Galeria de Arte Compton Verney, Warwickshire, Inglaterra

O julgamento de Salomão, de Luca Giordano (1634-1705).

E FAZENDO A PONTE

1) Se você fosse o rei Salomão, que outra atitude teria tomado para saber de quem era o filho?

2) E o que teria feito com a mulher que mentiu? Por quê?

BEBENDO NA FONTE CATÓLICA

As virtudes segundo o doutor de Aquino

Santo Tomás de Aquino é chamado de "doutor angélico" pela Igreja católica, que considera seus ensinamentos como doutrina oficial do catolicismo. Santo Tomás procurou unir a filosofia de Aristóteles ao cristianismo escrevendo uma enorme obra teológica e moral. Nela, ele também fala das quatro virtudes. Leia suas definições da coragem (que ele chamava de fortaleza ou força) e da temperança.

[...] a palavra fortaleza pode ser tomada em dois sentidos. Primeiro, segundo implica em si mesma uma certa firmeza da alma. Neste sentido, ela é uma virtude geral, ou antes uma condição de qualquer virtude, porque, segundo Aristóteles, a virtude tem de "agir de maneira firme e inabalável". — Mas se pode também falar de fortaleza enquanto ela implica firmeza de alma para suportar e afastar as mais terríveis dificuldades, especialmente perigos graves. [...]

AQUINO, Santo Tomás de. *Suma teológica*. 2. ed. São Paulo: Edições Loyola, 2013. v. 7. seção 2. parte 2. q. 123. art. 2. p. 49.

Bridgeman Images/Glow Images/Museu de Belas Artes de Sevilha, Espanha

A apoteose de Santo Tomás de Aquino, de Francisco de Zurbarán (1598-1664).

[...] a natureza inclina cada um ao que lhe convém. Por isso, o homem naturalmente deseja o prazer que lhe é conveniente. Mas o homem, como tal, é um ser racional e, consequentemente, os prazeres que lhe convêm são os conformes à razão. E desses a temperança não o priva, mas sim dos que a contrariam. É claro, pois, que a temperança, longe de se opor à tendência natural do homem, age de acordo com ela. Sua oposição é, sem dúvida, à inclinação de natureza animal, não subordinada à razão.

AQUINO, Santo Tomás de. *Suma teológica*. 2. ed. São Paulo: Edições Loyola, 2013. v. 7. seção 2. parte 2. q. 141. art. 1. p. 188.

O QUE VOCÊ ENTENDEU?

1) Por que Santo Tomás de Aquino indica a fortaleza (ou coragem) como condição de toda virtude?

2) O segundo texto de Santo Tomás dá a entender que o ser humano tem duas naturezas. Quais são elas?

Zeus: segundo a mitologia grega, é o deus do céu, que reina sobre os demais deuses no monte Olimpo. Corresponde ao deus romano Júpiter. É também o protetor da ordem moral e social do Estado e dele descendem muitas gerações de heróis, como Hércules. É o filho mais jovem de Cronos e Reia, e irmão de Poseidon, Hades, Héstia, Deméter e Hera (que na mitologia romana correspondem, respectivamente, a Netuno, Plutão, Vesta, Ceres e Juno). Personifica o céu com todo o seu poderio e simboliza as chuvas, os ventos, as tormentas, o ciclo das estações e a sucessão das noites e dos dias. Tem como missão manter o equilíbrio do universo e proteger os privilégios dos deuses.

Cronos: divindade grega que simboliza o tempo e que os romanos identificavam como Saturno. Seu reinado era ameaçado por uma profecia segundo a qual um de seus filhos o destronaria. Por isso, tal como o tempo devora todos os instantes, Cronos devorava todos os filhos que Reia, sua mulher, lhe entregava. Quando seu filho Zeus nasceu, porém, Reia enganou Cronos, entregando-lhe uma pedra embrulhada em um pano, a qual ele devorou. Zeus, então, cresceu a salvo e cumpriu a profecia, obrigando Cronos a vomitar, vivos, os filhos devorados e expulsando-o do Olimpo, a morada dos deuses.

FALANDO DE HISTÓRIA

A coragem dos antigos e a coragem dos cristãos

Nem todos os povos e culturas atribuíram à coragem o mesmo valor e a definiram da mesma forma. A história mostra dois significados para essa virtude: o primeiro relaciona-se ao forte fisicamente, ao bravo; é a coragem do guerreiro, do militar. O segundo relaciona-se ao ânimo diante das dificuldades, à coragem do amor, à força do coração.

Entre os povos antigos, a coragem mais exaltada e praticada é a da força física. A mitologia grega está repleta de atos de coragem nas narrativas sobre deuses e heróis. Na história de Zeus, é graças à coragem e à força física que ele vence Cronos, seu pai. Hércules também derrota seus adversários pela força dos músculos. Isso sem falar nas diversas guerras vencidas pelos corajosos heróis e guerreiros das civilizações antigas.

Aristóteles, o filósofo grego, dizia que uma pessoa virtuosa deveria possuir coragem física, competência técnica e nobreza moral. Muitos antigos da época de Aristóteles acreditavam que a coragem se encontraria principalmente entre os guerreiros: a verdadeira coragem estava nas batalhas sangrentas, na demonstração de força diante de um inimigo ou no enfrentamento das adversidades inevitáveis. Para alguns pensadores da Antiguidade, a coragem mais virtuosa era enfrentar as dores desta vida e lutar por um mundo mais justo. De modo geral, no mundo antigo, a coragem era marcada pelo uso da violência.

Bridgeman Images/Glow Images/Museu do Prado, Madri, Espanha

Saturno devorando um de seus filhos, pintura de Goya (1746-1828).

Foi o cristianismo que inaugurou uma nova forma de coragem: podemos chamá-la de coragem do amor! O que mais impressionava na atitude de Jesus e dos cristãos era a coragem amorosa com que enfrentavam as autoridades e os líderes religiosos do seu tempo. Jesus ensinou que devemos enfrentar as perseguições e as dores com uma coragem não violenta.

Alguns interpretavam essa nova coragem dos cristãos como uma covardia, mas a maioria ficava impressionada pela força e pelo poder da coragem do amor! Coragem de renunciar a uma vida de conforto! Coragem de ser humilde diante de todos! Coragem de repartir o que se tem com os necessitados! Coragem de cuidar dos doentes! Coragem de dar a própria roupa a quem tem frio! Coragem de lutar pelos pobres, abandonados e famintos! Coragem de amar a todos como irmãos!

E até a coragem de dar a vida pela mensagem de Jesus. Nos primeiros 300 anos de cristianismo, não foram poucos os seguidores de Jesus que morreram em arenas romanas, enfrentando a morte com dignidade e força moral.

Esse novo tipo de coragem, que os antigos desconheciam, foi ensinado ao mundo por Jesus e pelos cristãos.

Hércules: nome romano dado ao herói da mitologia grega Héracles, conhecido por sua força e seu valor, assim como por suas lendárias façanhas. Era filho de Zeus e de Alcmena. Assim que Hércules nasceu, Hera, esposa e irmã de Zeus, enviou-lhe duas grandes serpentes a fim de matar o fruto da infidelidade do marido, mas o pequeno Hércules as estrangulou. Casou-se com a princesa tebana Megara, e com ela teve três filhos. Hera, porém, fez com que, em um surto de loucura, Hércules matasse a mulher e os filhos. Segundo a lenda, o Oráculo de Delfos comunicou-lhe que poderia pagar por seu crime tornando-se servo do rei de Micenas, que lhe impôs o desafio de vencer doze provas difíceis: os doze trabalhos de Hércules.

The Print Collector/Getty Images/Galeria de Arte Walker, Liverpool, Inglaterra

Daniel continuou demonstrando sua fé, que era de onde tirava sua coragem. *Daniel na cova dos leões*, de Briton Riviere (1840-1920).

AGORA É COM VOCÊ

Elabore um texto relatando em que situações você usa a coragem do amor e em que situações você usa a coragem da força física. Explique qual delas é, na sua opinião, a mais importante e por quê.

FALANDO DE FILOSOFIA

O caminho para a felicidade

Uma ideia comum a todos os filósofos antigos – entre eles Sócrates, Platão, Aristóteles e, depois, Santo Agostinho e Santo Tomás de Aquino – é que somente na prática das virtudes se encontra a felicidade. Ou, ainda: o ser humano só se realiza como ser humano sendo virtuoso. Ou, dizendo isso em verso:

Virtude e felicidade

Será a virtude uma coisa
Chata, difícil e dura?
Será que ela é contrária
Ao que o homem mais procura?

Tem gente que acha assim:
Melhor é não ter virtude,
Fazer o que der na telha,
Sem tomar uma atitude!

Procurar prazer em tudo,
Mesmo à custa de outro alguém,
Viver sem bússola justa,
Além do mal e do bem!

Mas filósofos avisam
E a religião também diz:
Engana-se quem procura
Fora do bem, ser feliz!

Felicidade é a virtude
Praticada a cada dia,
É a justiça das ações
Sem vaidade ou covardia.

Ser feliz é muito mais
Que viver só de prazer...
É uma paz de consciência,
Feliz é ser, mais que ter...

Quem sabe enxergar a vida
Pelo prisma da virtude
É que é feliz de verdade
E ante o mundo não se ilude!

Justiça, amor e bondade
É que não são ilusões,
Pois podem brotar tranquilas
Nos humanos corações.

INCONTRI, Dora.

Alamy/Fotoarena

As virtudes auxiliam os seres humanos a escolherem os caminhos que levam a praticar o bem e o amor ao próximo.

AGORA É COM VOCÊ

Sob a orientação do professor, reúna-se com seus colegas em grupos de até cinco componentes e montem uma peça de teatro em que as personagens sejam as quatro virtudes: prudência, temperança, coragem e justiça. Criem uma história ou um diálogo, em prosa ou em verso, para depois apresentar aos demais grupos.

NO DIA A DIA

Os textos a seguir abordam dois graves problemas da atualidade: a obesidade e o alcoolismo.

As razões da explosão de obesidade no Brasil

A cada cinco brasileiros, um está obeso. Mais da metade da população está acima do peso. O país que até pouco tempo lutava para combater a fome e a desnutrição, agora precisa conter a obesidade. Por que a balança virou?

[...] nos últimos 10 anos, a prevalência da obesidade no Brasil aumentou em 60%, passando de 11,8% em 2006 para 18,9% em 2016. O excesso de peso também subiu de 42,6% para 53,8% no período.

Os dados são da Pesquisa de Vigilância de Fatores de Risco e Proteção para Doenças Crônicas por Inquérito Telefônico (Vigitel), com base em entrevistas realizadas de fevereiro a dezembro de 2016 com 53 210 pessoas maiores de 18 anos de todas as capitais brasileiras.

Especialistas ouvidos pela BBC Brasil atribuem o aumento de peso dos brasileiros a fatores econômicos e culturais, mas também genéticos e hormonais.

Novos padrões alimentares

Para o diretor do Centro de Obesidade e Síndrome Metabólica do Hospital São Lucas [...], Cláudio Mottin, a tendência de aumento da obesidade já vinha sendo verificada antes da pesquisa Vigitel, realizada anualmente desde 2006.

"Talvez um dos fatores mais preponderantes seja a mudança dos hábitos alimentares que se observa desde os anos 1970. Com pouco tempo para comer, as pessoas deixaram de fazer as refeições em casa e passaram a optar por comidas mais rápidas e mais calóricas."

Essa mudança de hábito também aparece na pesquisa Vigitel: o consumo regular de feijão, considerado um alimento básico na dieta do brasileiro, diminuiu de 67,5% em 2012 para 61,3% em 2016. E apenas um entre três adultos consomem frutas e hortaliças em cinco dias da semana.

EyeEm/Getty Images

Aumento do trabalho e da renda

O aumento da obesidade coincide com um período de crescimento do poder de compra dos brasileiros, incentivado por políticas econômicas e programas de distribuição de renda.

Segundo uma pesquisa do instituto Data Popular, a renda da classe média, que representa 56% da população, cresceu 71% entre 2005 e 2015, sendo que a renda dos 25% mais pobres foi a que mais aumentou. Assim, a chamada classe C passou a ter acesso a produtos antes restritos à elite. Além disso, ao se inserir no mercado de trabalho, o brasileiro acaba incorporando hábitos menos saudáveis, como os já citados por Mottin.

"Não surpreende o alto índice de obesidade na faixa etária entre os 25 e os 44 anos, porque isso corresponde justamente a essas mudanças no estilo de vida, quando os jovens deixam de depender de seus pais e passam a ter uma rotina mais voltada à carreira profissional", pondera a endocrinologista Marcela Ferrão, pós-graduada em nutrologia e membro da Associação Brasileira para o Estudo da Obesidade e da Síndrome Metabólica (Abeso).

A Vigitel mostrou que o excesso de peso aumenta significativamente da faixa etária dos 18 aos 24 anos (30,3%) para a dos 25 aos 44 anos (50,3%). Há uma alta prevalência de obesidade nessa faixa etária: 17%. Considera-se obesidade Índice de Massa Corporal (IMC) igual ou maior que 30 kg/m² e excesso de peso IMC igual ou maior que 25 kg/m².

SEIBT, Taís. As razões da explosão de obesidade no Brasil. *BBC Brasil*, Porto Alegre, 18 abr. 2017. Disponível em: <www.bbc.com/>. Acesso em: 19 fev. 2018.

Photographee.eu/Shutterstock

Guia alerta sobre consumo precoce de bebidas alcoólicas entre jovens

A ingestão precoce de álcool é a principal causa de morte de jovens de 15 a 24 anos de idade em todas as regiões do mundo. O dado está no Guia Prático de Orientação sobre o impacto das bebidas alcoólicas para a saúde da criança e do adolescente, lançado pela Sociedade Brasileira de Pediatria (SBP).

[...] Os médicos ressaltam que quanto menor a idade de início da ingestão de bebida alcoólica, maiores as possibilidades de se tornar um usuário dependente ao longo da vida. De acordo com pesquisas, o consumo antes dos 16 anos aumenta significativamente o risco de beber em excesso na idade adulta. "O indivíduo adolescente está numa idade em que parte do cérebro ainda está se formando e que o comportamento impulsivo é muito grande. Quem bebe precocemente tem muita chance de usar o álcool de forma abusiva na vida adulta", explicou Luciana Silva.

[...] Os adolescentes que se expõem ao uso excessivo de álcool podem ter sequelas neuroquímicas, emocionais, déficit de memória, perda de rendimento escolar, retardo no aprendizado e no desenvolvimento de habilidades, entre outros problemas.

O custo social do uso abusivo de álcool também é elevado. Os adolescentes ficam mais expostos a situações de violência sexual e tendem a apresentar comportamento de risco, como praticar atividade sexual sem proteção, o que pode levar à gravidez precoce e à exposição a doenças sexualmente transmissíveis.

O alcoolismo entre 12 e 19 anos também eleva a probabilidade de envolvimento dos jovens em acidentes de trânsito, homicídios, suicídios e incidentes com armas de fogo. "A mortalidade nessa faixa etária está intimamente ligada ao consumo precoce do álcool", alerta a pediatra.

Album/Fotoarena/Städel, Frankfurt am Main, Alemanha

Bêbado adormecido, de Wilhelm Busch (1832-1908).

Segundo a Organização Mundial da Saúde (OMS), cerca de 2,5 milhões de pessoas morrem a cada ano no mundo devido ao consumo excessivo de álcool. O índice chega a 4% do total da mortalidade mundial [...].

BRITO, Débora. Guia alerta sobre consumo precoce de bebidas alcoólicas entre jovens. *Agência Brasil*, Brasília, 6 fev. 2017. Disponível em: <http://agenciabrasil.ebc.com.br/>. Acesso em: 19 fev. 2018.

Pense nestas questões:

1) Tanto a obesidade quanto o alcoolismo são considerados doenças. Obeso geralmente é quem come demais e alcoólatra é quem bebe demais. Esses dois problemas estão relacionados ao estilo de vida atual. Como a temperança pode contribuir para melhorar isso?

2) Como podemos praticar a temperança num mundo cheio de propagandas e tentações, como hambúrgueres, batatas fritas, sorvetes, etc.?

SESSÃO DE CINEMA

Questão de honra

Direção de Rob Reiner. Columbia Pictures Corporation, 1992.

Um comandante que havia mandado matar um soldado negro é levado a julgamento, enquanto um jovem advogado tenta descobrir o que houve.

Procure assistir ao filme indicado pensando nesta questão:

Será que, como na situação do filme, a justiça é sempre feita?

Reprodução/Rob Reiner/Columbia Pictures

E PARA TERMINAR

Entre os povos indígenas, a coragem, ou bravura, é a principal das virtudes. A coragem dos índios é lendária: são muitas as histórias de indígenas que alcançaram grande respeito na tribo graças a seus atos de heroísmo.

Pujante: grandiosa, altiva.
Fado: destino.

Leia este trecho de um poema de um dos grandes poetas da literatura brasileira. Depois, resolva o desafio.

Chefe indígena parte para expedição guerreira. Litografia do francês Jean-Baptiste Debret (1768-1848).

Meu canto de morte,
Guerreiros, ouvi:
Sou filho das selvas,
Nas selvas cresci;
Guerreiros, descendo
Da tribo tupi.

Da tribo pujante,
Que agora anda errante
Por fado inconstante,
Guerreiros, nasci:
Sou bravo, sou forte,
Sou filho do Norte;
Meu canto de morte,
Guerreiros, ouvi.

1) Pesquise para descobrir: o título do poema, seu autor e em que século viveu.
2) Qual a virtude de que o índio do poema se diz possuidor?
3) Faça uma descrição de si mesmo, citando alguma(s) virtude(s) sua(s).

> [...] o justo é feliz,
> pois comerá o fruto de suas ações.
> Infeliz o mau, ai dele,
> pois será tratado segundo mereçam seus atos.
>
> **Isaías 3,10-11.**
>
> *Bíblia*: tradução ecumênica. São Paulo: Edições Loyola, 1994. p. 604.

Virtudes teologais esculpidas em tumba de mármore projetada por Donatello (1386-1466) e Michelozzo (1396-1472) para um cardeal. Está localizada no Batistério de São João, Florença, Itália.

9 As virtudes cristãs

Três virtudes irmãs

Camille Gazeau/NurPhoto/Agência France-Presse

Mulher orando no Muro das Lamentações, em Jerusalém, 2015.

No capítulo anterior vimos as quatro virtudes cardeais, cultivadas desde a Antiguidade e estudadas por diferentes filósofos. Mas há outras virtudes tão importantes quanto aquelas, de que você também já ouviu falar.

Neste capítulo vamos refletir sobre as virtudes chamadas teologais, muito recomendadas pelo cristianismo: a fé, a esperança e a caridade.

Os filósofos cristãos chamam teologais a essas virtudes porque elas se relacionam com Deus (lembre-se: teologia é o estudo de Deus). As virtudes cardeais – temperança, justiça, prudência e coragem – pertencem à esfera humana e, antes da religião, foram defendidas por filósofos. Mas fé, esperança e caridade são virtudes enfatizadas pelos cristãos, pois, segundo eles, existem por amor a Deus. O ser humano tem fé em Deus e espera o melhor porque acredita que Deus é justo e bom, e pratica a caridade para com o próximo porque o vê como seu irmão, filho de Deus.

A fé sem adjetivos

Embora seja uma virtude recomendada pelos cristãos, a fé não pertence apenas aos que acreditam em Jesus Cristo. Ela é ampla e profunda, antiga e de todos os povos, de todas as religiões, de cada ser humano em particular.

Ajay Verma/Reuters/Fotoarena

Diversas mulheres hindus rezam pelo bem-estar de seus maridos dentro de um templo em Chandigarh, Índia, em 2016.

Pode-se falar de uma fé cristã ou muçulmana, de uma fé hindu ou judaica, e então estamos apenas nos referindo à forma específica de fé de cada religião. Porém, fé em sentido geral é a crença em algo além de nós mesmos, numa força superior que nos guia e nos protege, uma confiança de que não estamos sozinhos, abandonados no Universo, pois alguém vela por nós.

Renato Soares/Pulsar Imagens

Ao lecionar, o professor deposita sua confiança na capacidade dos alunos e acredita no futuro deles. Sala de aula de indígenas da etnia Pataxó na Reserva da Jaqueira, localizada em Porto Seguro (BA). Foto de 2014.

A fé também pode ser uma fé em si mesmo, que deriva da fé em Deus, pois, como filhos de Deus, somos capazes de ser melhores do que somos e fazer mais do que fazemos.

E há ainda uma fé em si mesmo, que aqueles que não partilham da crença em Deus também podem possuir: a fé nas potencialidades humanas, a fé num futuro melhor, a fé no bem coletivo...

BEBENDO NA FONTE CRISTÃ

A fé que Jesus ensinou

Todas as vezes que Jesus curava alguém – um leproso, um cego, um paralítico –, dizia: "Vai, tua fé te salvou". Com isso, ele estava valorizando a confiança daqueles que lhe pediam ajuda. Ele disse também que, se tivéssemos mais fé, poderíamos realizar coisas aparentemente impossíveis:

> *[...] Pois, em verdade, eu vos digo, se um dia tiverdes fé do tamanho de um grão de mostarda, direis a esta montanha: "Passa daqui para acolá" e ela passará. Nada vos será impossível.*

Mateus 17,20. *Bíblia*: tradução ecumênica. São Paulo: Edições Loyola, 1994. p. 1892.

O QUE VOCÊ ENTENDEU?

1) O grão de mostarda é um dos menores que existem. No entanto, Jesus, em suas palavras, comparou a fé a esse grão e disse que, com ela, podemos mover montanhas, que são enormes e estáticas. Qual é o significado dessa imagem?

2) Você já experimentou agir com fé? Como se pode fazer isso?

A esperança imortal

Há um ditado popular segundo o qual "a esperança é a última que morre". Para os cristãos, a esperança é permanente, porque sempre é possível confiar na justiça e na bondade de Deus-Pai e esperar por dias melhores, por um futuro radioso e, sobretudo, pela vida eterna e feliz.

Mas não é só na eternidade que a esperança se projeta. Ela é também uma virtude social, quando temos a ideia de um mundo melhor para a humanidade e trabalhamos por isso. E é também uma virtude do dia a dia: ser otimista em relação à própria vida, àqueles a quem se ama e aos problemas que aparecem não é apenas virtuoso, mas saudável, pois a esperança é o contrário do desespero. E o desespero é irmão da angústia, da depressão, das drogas e até do suicídio.

Cultura RF/Getty Images

Cuidar do corpo e da mente é uma prática virtuosa. Na foto vemos pai e filho jogando futebol em praia do Rio de Janeiro (RJ).

BEBENDO NA FONTE CRISTÃ

A esperança dos cristãos

Dois grandes cristãos falaram sobre a esperança. O primeiro deles foi Paulo de Tarso, que revelou sempre uma grande força moral e bom ânimo, com plena confiança em Deus e no futuro.

Sede alegres na esperança, pacientes na aflição, perseverantes na oração. [...] Não te deixes vencer pelo mal, mas sê vencedor do mal por meio do bem.

Romanos 12,12;21. *Bíblia*: tradução ecumênica. São Paulo: Edições Loyola, 1994. p. 2194-2195.

O outro grande cristão foi Agostinho, bispo africano que viveu no começo do cristianismo, entre os anos 354 e 430. Ele mostrou as diferenças e as semelhanças entre fé e esperança:

A fé pode ter por objeto o passado, o presente e o futuro. Por exemplo, nós acreditamos que Jesus Cristo ressuscitou, é um fato passado [...]. Quanto à esperança, ela tem por objetos o bem e o futuro; ela é mais um sentimento pessoal. A fé e a esperança, tendo características distintas, devem ser designadas por termos diferentes. Mas essas duas virtudes têm um traço comum: elas se ligam a um objeto invisível.

HIPONA, Santo Agostinho de. Tratado sobre a fé, a esperança e a caridade. In: *Œuvres complètes*. 1869. tome XII. Disponível em: <www.abbaye-saint-benoit.ch/>. Acesso em: 20 fev. 2018. Tradução dos autores.

A. De Gregorio/De Agostini/Glow Images/ Museu da Abadia de Casamari, Veroli, Itália

Retrato de Santo Agostinho de Hipona, de Cecco del Caravaggio (1588-1620).

A maior das três

De todas as virtudes, a caridade é a maior, simplesmente porque ela representa o amor ao próximo, por amor a Deus, e, portanto, é o resumo de toda a lei, de acordo com Jesus. Mas é preciso entender bem o que é caridade.

A palavra "caridade" tornou-se muito desgastada: geralmente, quando falamos nela, pensamos logo em dar esmola, em sermos "bonzinhos" com as pessoas que consideramos "coitadinhas"; ou seja, temos uma ideia paternalista e ingênua de caridade. Ter caridade é muito mais do que dar esmolas: é fazer tudo pelo outro para que ele alcance a virtude e seja feliz.

Ter caridade é ter paciência, é ajudar sem descanso, é perdoar, é cuidar, é ser solidário com o próximo... É, enfim, tratar o outro com amor, simplesmente porque Deus é amor, e, se temos fé Nele e esperança de estar com Ele, devemos agir de modo a deixar que Seu amor aja em nós.

SpeedKingz/Shutterstock

Conversar, cuidar, prestar atenção no outro também são formas de caridade.

O X DA QUESTÃO

1) Dê um exemplo concreto de caridade.
2) Na sua opinião, há momentos ou situações em que a esperança pode acabar? Justifique sua resposta.
3) Em que ou em quem você tem mais fé?

NO DIA A DIA

Antônio Carlos é um jovem de fé. Faz orações, frequenta cultos, se diz religioso, defende a existência de Deus em todas as discussões da escola. Mas muita gente se queixa dele. Ele não dá atenção aos pais, destrata os colegas e não se interessa por ninguém.

A avó de Antônio Carlos, que já é muito idosa, adora o neto, mas às vezes, por causa da idade, diz coisas que não têm sentido algum. Quando isso acontece, Antônio Carlos não demonstra a mínima paciência. Responde, grosseiro: "Não enche, vó!".

Pense nestas questões:

1) Antônio Carlos é coerente no que diz e faz? Por quê?
2) Na sua opinião, qual é o resultado prático, na vida de uma pessoa, da fé verdadeira?
3) Quais as virtudes que estão faltando a Antônio Carlos?

Alamy/Fotoarena

"Se alguém disser: 'Amo a Deus', e odeia seu irmão, é um mentiroso. Com efeito, quem não ama seu irmão, a quem vê, não pode amar a Deus, a quem não vê." 1 Carta de João 4,20. *Bíblia*: tradução ecumênica. São Paulo: Edições Loyola, 1994. p. 2411.

FALANDO DE SOCIEDADE

O país de lugar nenhum

PHAS/UIG/Getty Images

Capa da versão francesa do livro *Utopia*, ilustrada por Jean Blaeu em 1642.

Em 1516, Thomas More, um grande pensador e político inglês, escreveu um livro que ficaria na História. Chamava-se *Utopia*, palavra por ele inventada e que queria dizer "lugar nenhum". Nele, More descreve uma ilha que não existe, onde vive uma comunidade feliz. Lá há justiça, verdade e fraternidade entre todos. Não há miséria, fome ou opressão. Todos dividem as riquezas igualitariamente e ninguém vai atrás de ouro.

Depois de More, outros autores escreveram obras em que também imaginavam cidades, países ou mundos perfeitos, onde não houvesse as injustiças e os sofrimentos do mundo real. E, nessa linha, não foram escritas somente obras de ficção: muitos filósofos também imaginaram um mundo sem miséria e exploração.

Na verdade, quase 2 mil anos antes de Thomas More, o filósofo Platão já havia imaginado algo semelhante: em seu livro *A República*, ele descreve uma sociedade perfeita, baseada na justiça.

Mas será que isso só é possível em obras da imaginação? Será que nunca haverá uma utopia realizada? Ou a utopia é sempre uma utopia, apenas um sonho distante e impossível?

Todas as utopias concebidas no mundo, até hoje, exerceram grande influência sobre as pessoas. Nenhuma utopia foi realizada, mas muito do que é sonhado nas utopias se torna realidade a partir da luta dos seres humanos para atingi-las. Assim, a utopia é uma espécie de esperança que move as pessoas a lutar para que essa esperança se cumpra. O jornalista e escritor uruguaio Eduardo Galeano, em um de seus textos, cita esta fala do cineasta argentino Fernando Birri:

> *Ela está no horizonte. [...] Aproximo-me dois passos, ela vai dois passos adiante. Caminho dez passos e o horizonte corre dez mais além. Por muito que eu caminhe, não a alcançarei. Para que serve a utopia? Serve para isso: para caminhar.*

BIRRI, Fernando. In: GALEANO, Eduardo. *Las palabras andantes*. Buenos Aires: Catálogos, 2001. p. 230. Tradução dos autores.

AGORA É COM VOCÊ

Você acredita em alguma utopia? Por quê?

CONTANDO UM CONTO

Tão simples

Em Gênova, na pequena praça diante da estação ferroviária, juntou-se espessa multidão de pessoas, predominam operários, mas há muita gente bem-vestida e bem-alimentada. À frente da multidão, estão os membros da municipalidade. [...] sobre alto pedestal, ergue-se a bela estátua de Colombo, o sonhador que muito sofreu por aquilo em que acreditou — e venceu, porque acreditou. Mesmo agora ele olha para baixo, para o povo, como que dizendo com seus lábios de mármore:

— Só vencem aqueles que creem.

[...] Do porto chega o resfolegar penoso dos navios a vapor, o trabalho surdo da hélice dentro da água, o tinir das correntes, apitos e gritos — na praça há silêncio, está abafado e tudo inundado pelo sol ardente. Nas sacadas e nas janelas das casas estão mulheres claras, com flores nas mãos, vultos de crianças em roupas festivas, como flores.

Apita, avançando para a estação, a locomotiva — a multidão estremece; quais pássaros negros, voaram por sobre as cabeças alguns chapéus amarrotados; os músicos pegam os clarins; certas pessoas sérias, de meia-idade, aprumando-se, adiantam-se, voltam-se de rosto para a multidão e falam algo, agitando os braços para a direita e para a esquerda.

Pesada e sem pressa, a multidão se separa, abrindo alas numa larga passagem para a rua.

— A quem é que estão recebendo?

— As crianças de Parma!

Lá há uma greve, em Parma. Os patrões não cedem, os trabalhadores estão em dificuldades, e, então, juntando suas crianças que já começavam a adoecer de fome, eles despacharam-nas para os companheiros em Gênova.

Detrás das colunas da estação vem andando uma harmoniosa procissão de pessoas pequeninas; estão semivestidas e parecem felpudas nos seus farrapos, felpudas como bichinhos estranhos. Elas caminham, de mãos dadas, em colunas de cinco, muito pequenas, empoeiradas, visivelmente cansadas. Seus rostos estão sérios, mas

Resfolegar: tomar fôlego, respirar com esforço e ruído.

Aprumando-se: endireitando-se.

os olhos brilham vivos e claros e, quando a música toca ao seu encontro o hino de Garibaldi, por esses rostinhos magros, pontudos e famintos, perpassa, como alegre arrepio, um sorriso de prazer.

A multidão saúda os homens do futuro com gritos ensurdecedores [...].

— Viva Itália!

— Longa vida à Parma jovem! — estruge a multidão, precipitando-se sobre as crianças.

Nas janelas dos hotéis, nos telhados das casas, quais pássaros brancos, esvoaçam lenços; sobre as cabeças das pessoas, embaixo, cai uma chuva de flores acompanhada de gritos alegres e sonoros.

Tudo ficou festivo, tudo criou vida, e o mármore gris floresceu em manchas coloridas.

[...] Quase todas as crianças já foram agarradas por muitas mãos, elas estão montadas nos ombros dos adultos, apertadas aos peitos largos de homens taciturnos e bigodudos, a música mal se ouve em meio ao ruído, aos risos e gritos.

Estruge: faz estremecer, com grande barulho.

Gris: cinza.

Taciturnos: sombrios, de cara fechada.

Gravura italiana retratando o porto de Gênova, no século XIX. Autor anônimo.

Album/DEA/A. DAGLI ORTI/Fotoarena

Na multidão mergulham mulheres, separando os recém-chegados restantes e gritando umas para as outras.

— Você fica com duas, Anita?

— Sim. Você também?

— E também um para a Margarita-perneta...

Por toda parte, reina alegre excitação, rostos festivos, úmidos olhos bondosos e, aqui e ali, os filhos dos grevistas já mastigam pedaços de pão.

— No nosso tempo não pensaram numa coisa dessas, diz um velho de nariz aquilino e negro charuto nos dentes.

Aquilino: de águia.

— E é tão simples...

— Sim. Simples e inteligente.

[...] Um homem alto, de avental de couro e enormes mãos nuas, carrega no ombro uma menina de uns seis anos, cinzenta como um ratinho, e diz à mulher que caminha ao seu lado, trazendo pela mão um menininho ruivo como fogo:

— Você entende... se isto pegar... Será difícil alguém poder conosco, hein?

E ele ri, numa gargalhada espessa, sonora e triunfante, e, fazendo pular no ar azul a sua pequena carga, grita:

— Evviva Parma-a!

Pintura representando a praça da cidade de Parma, na Itália, no século XIX. Obra de Biagio Martini (1761-1840).

Album/Fotoarena/Palazzo della Pilotta, Galeria Naciona de Arte, Parma, Itália

As pessoas vão embora, levando e carregando consigo as crianças. Na praça restam flores amarrotadas, papeizinhos de balas, um alegre grupo de carregadores e, acima deles, a nobre figura do homem que descobriu o Novo Mundo.

E das ruas, como de enormes trombetas, fluem lindamente os gritos alegres da gente que caminha ao encontro de uma vida nova.

GORKI, Máximo et al. *Salada russa*: contos. Tradução de Tatiana Belinky. São Paulo: Paulinas, 1988. p. 135-140.

O escritor Máximo Gorki, por volta do ano 1900.

E FAZENDO A PONTE

1) Máximo Gorki (1868-1936), escritor russo socialista, acreditava na possibilidade de, através da luta dos trabalhadores por melhores condições de vida, fazer um mundo sem injustiça. Um desses instrumentos de luta sempre foram as greves. As três virtudes estudadas neste capítulo aparecem no conto; indique em que situações.

2) Qual a sua opinião sobre a cena descrita no conto? Você concorda com a atitude dos genoveses? O que faria no lugar deles?

Socialista: partidário do socialismo, sistema político que defende a primazia dos interesses da sociedade sobre os do indivíduo e que propõe, na produção e na distribuição de bens, a ação coordenada da sociedade em lugar da iniciativa privada.

AGORA É COM VOCÊ

Sob a orientação do professor, você e seus colegas irão imaginar, em classe, uma grande utopia, um mundo diferente. Primeiramente, discutam os princípios e valores desse mundo. Depois, dividam-se em grupos, cada um encarregado de conceber e descrever (por meio de textos, desenhos, colagens ou maquetes) os diversos setores dessa utopia: a economia, as religiões, os países, a política, a arte, as escolas, as cidades.

Soltem a imaginação e tenham em mente: tudo o que se pode sonhar também pode ser feito!

SESSÃO DE CINEMA

FormiguinhaZ

Direção de Eric Darnell e Tim Johnson. DreamWorks SKG, 1998.

A formiga "Z" questiona o coletivismo autoritário do formigueiro. Apaixona-se pela princesa, visita "Utopia", cidade com que as formigas sonham, e faz uma revolução no formigueiro contra o "General Mandíbula".

Procure assistir ao filme indicado, pensando na questão:

Qual o principal conflito discutido neste desenho?

Reprodução/Eric Darnell/Tim Johnson/DreamWorks Pictures

DE OLHO NO BRASIL

Um país de muitas fés

Sociólogos e antropólogos que estudam a sociedade brasileira já constataram que uma das principais características do nosso povo é a fé: a maioria dos brasileiros crê em alguma coisa. Além disso, o brasileiro mistura diferentes religiões, sem conflito, sem problema. É o que se chama sincretismo.

Sociólogos: estudiosos da sociologia, ciência que trata das relações que se estabelecem entre pessoas de uma mesma comunidade ou grupo social, ou entre grupos sociais diferentes que convivem em uma sociedade. A sociologia tem como objeto de estudo, também, as instituições, normas, leis e valores (conscientes ou inconscientes) resultantes dessas relações.

Entretanto, o sincretismo no Brasil, em alguns momentos históricos, pode ter sido uma forma de adaptação das tradições que eram mais malvistas e até perseguidas. É o caso das religiões afro-brasileiras, que tantas vezes tiveram que assimilar os orixás aos santos, para poderem sobreviver.

Hoje, alguns setores das correntes evangélicas são mais radicais em não aceitar outras práticas religiosas que não a sua e exercem formas de intolerância. As autoridades da Igreja católica também não aceitam o sincretismo, mas os fiéis brasileiros não obedecem muito a essa orientação.

A respeito da fé do povo brasileiro, o antropólogo Roberto DaMatta diz o seguinte:

[...] se no Natal vamos sempre à Missa do Galo, no dia 31 de dezembro vamos to-

Alessandra Benedetti/Corbis/Getty Images

Missa do Galo, rezada pelo papa Francisco na Basílica de São Pedro, no Vaticano, em 2016.

Mulher lança flores ao mar como forma de oferenda a Iemanjá, durante o Réveillon na praia de Copacabana (RJ). Foto de 2014.

dos à praia vestidos de branco, festejar o nosso orixá ou receber os bons fluidos da atmosfera de esperança que lá se forma. Somos todos mentirosos? Claro que não! Somos, isso sim, profundamente religiosos.

Orixá: nome dado às divindades cultuadas e trazidas ao Brasil por negros escravizados (predominantemente iorubás, habitantes da África ocidental) e assimiladas por ritos religiosos afro-brasileiros, como o candomblé e a umbanda. Pode tratar-se de personificação das forças da natureza ou divinização de ancestrais que, em vida, tinham controle sobre essas forças. Alguns exemplos de orixás: Iansã (rege os ventos e as tempestades), Iemanjá (rege as águas salgadas), Oxum (rege as águas doces), Olorum (o deus supremo).

[...] no caminho para Deus, e na relação com o outro mundo, posso juntar muita coisa. Nele, posso ser católico e umbandista, devoto de Ogum e de São Jorge. Posso juntar, somar, relacionar coisas que tradicional e oficialmente as autoridades apresentam como diferenciadas ao extremo. Tudo aqui se junta e se torna sincrético, revelando talvez que, no sobrenatural, nada é impossível. A linguagem religiosa do nosso país é, pois, uma linguagem da relação e da ligação. Um idioma que busca o meio-termo, o meio caminho, a possibilidade de salvar todo o mundo e de em todos os locais encontrar alguma coisa boa e digna. [...]

Somos um povo que acredita profundamente num outro mundo. E o outro mundo brasileiro é um plano onde tudo pode, finalmente, fazer sentido. Lá, não haveria mais sofrimento, miséria, poder e impessoalidades desumanas. Todos seriam reconhecidos como pessoas e, ao mesmo tempo, leis universais – como a lei da generosidade e a do eterno retorno: quem dá recebe e quem faz algum mal recebe de volta esse mal – seriam válidas para todos. Todos teriam valor, porque o valor não seria dado na formalidade ou no sexo, mas na fé e na sinceridade de cada um e de todos. O outro mundo tem muitas formas e são vários os caminhos de se chegar até ele no Brasil. Mas, por detrás de todas as diferenças, sabemos que lá, nesse céu à brasileira, é possível uma relação perfeita de todos os espaços. Essa, pelo menos, é a esperança que se imprime nas formas mais populares de religiosidade...

DAMATTA, Roberto. *O que faz o brasil, Brasil?* Rio de Janeiro: Rocco, 1986. p. 117-118.

E PARA TERMINAR

No Brasil, há as chamadas "cantigas de cegos", principalmente nas regiões Norte e Nordeste, com as quais os cegos pedem esmola fazendo versos. Veja alguns exemplos, recolhidos no Ceará:

1.
A ceguinha que aqui vedes
Tinha olhos, via a luz;
E agora, irmãos, pede esmolas
Pelo sangue de Jesus.

2.
Deus lhe pague sua esmola,
Deus lhe dê muita alegria:
No reino do céu se veja
Com toda a sua família.

3.
Deus lhe pague sua esmola,
Deus lhe dê muito pra dar;
Na hora de sua morte
Queira Deus lhe perdoar.

4.
Eu peço por caridade,
Pelos mistérios da cruz:
Meus irmãos, deem uma esmola
Pelo sangue de Jesus.

GÓES, Carlos (Org.). *Mil quadras populares brasileiras.* Rio de Janeiro: F. Briguiet e Cia., 1916. p. 45; 85-86; 102.

1) Existe alguma relação entre esse modo de pedir esmolas, invocando o nome de Deus ou de Jesus, e a religiosidade do povo brasileiro? Por quê?

2) "Deus lhe pague" é uma resposta comum de quem recebe um benefício. Quando fazemos um bem, devemos ter em mente a recompensa de Deus ou fazê-lo desinteressadamente? Por quê?

3) Quem nos agradece pedindo a Deus que nos recompense está desejando o melhor para nós. Você alguma vez agradeceu dessa forma? O que sente em relação a essa resposta?

Quem tem fé, tem esperança
e caridade também:
pois ama a Deus e ao irmão
e espera sempre no bem!

Trova anônima.

Getty SuperStock RM/Images

Cristo o consolador, do pintor dinamarquês Anker Lund (1840-1922).

10

A coragem de perdoar

O perdão e a paz

Você já se viu em situação de ter de perdoar alguém e sentir dificuldade? Ou de pedir perdão por uma falta qualquer e o outro não perdoar? Ou já perdoou e foi perdoado?

Neste capítulo, vamos saber por que essa atitude é tão importante para as pessoas e para o mundo.

Muita gente se pergunta como a paz poderia reinar no mundo. Algumas acham que ela depende de acordos políticos, mas outras dizem que a paz tão esperada virá somente por meio do perdão e do amor, e que, no dia em que os seres humanos tiverem grandeza moral, se convencerão de que apenas o perdão desinteressado ajudará este mundo a chegar à paz.

O valor do perdão é reconhecido por várias religiões. No budismo, o perdão é recomendado como uma das formas de desapego de si mesmo. No judaísmo, existe o dia do perdão, o Yom Kipur, que é a festa máxima dos judeus, data de jejum absoluto, de esquecimento dos erros. Mas os judeus dizem que de nada adianta pedir perdão a Deus se o pecado foi cometido contra o próximo: deve-se antes pedir-lhe desculpas, para depois clamar por perdão a Deus. O islamismo acredita que o perdão divino é concedido àqueles que se voltam para Deus e o pedem. As religiões cristãs afirmam a necessidade do perdão ao próximo, para recebermos o perdão de Deus.

Yom Kipur: Dia do Perdão. É a data judaica mais sagrada, que marca o final das festividades do Rosh Hashaná, o ano novo judaico. É um dia de reflexão, exame de consciência e jejum, quando se busca não apenas o perdão divino, mas também o perdão humano, o que exige desprendimento. Cada judeu, nessa ocasião, deve estender a mão a seu inimigo, esquecendo as ofensas recebidas e pedindo perdão pelas ofensas feitas. O jejum serve como prova de força contra os apetites terrenos e também ajuda a sentir na própria carne o que sofrem os que têm fome e sede.

Um dos mais claros ensinamentos de Jesus Cristo foi o perdão. Os Evangelhos estão repletos de passagens nas quais ele se refere a essa atitude, a começar pelo belíssimo trecho em que uma multidão, seguindo a lei judaica, tenta apedrejar uma mulher acusada de ter sido infiel ao marido. Jesus diz:

> *Aquele dentre vós que nunca pecou atire-lhe a primeira pedra.*
>
> João 8,7. *Bíblia*: tradução ecumênica. São Paulo: Edições Loyola, 1994. p. 2061.

Também quando Pedro pergunta:

> *Senhor, quando o meu irmão cometer uma falta a meu respeito, quantas vezes lhe hei de perdoar? Até sete vezes?*
>
> Mateus 18,21. *Bíblia*: tradução ecumênica. São Paulo: Edições Loyola, 1994. p. 1894.

Os muçulmanos perdoam uns aos outros durante Hari Raya, festival em que se celebra o fim do Ramadã. Cingapura, 2014.

Edgar Su/Reuters/Fotoarena

Bridgeman Images/Glow Images/ Museu do Louvre, Paris, França

Jesus Cristo intervindo entre os que iam condenar a mulher adúltera à morte. Obra de Nicolas Poussin (1594-1665) intitulada *A mulher pega em adultério*.

Responde Cristo:

Eu não te digo até sete vezes, mas até setenta vezes sete vezes.

Mateus 18,22. *Bíblia*: tradução ecumênica. São Paulo: Edições Loyola, 1994. p. 1894.

A resposta de Jesus significa: devemos perdoar sempre. Na própria oração ensinada por ele, o "Pai-nosso", há o trecho:

E perdoa-nos as nossas dívidas [ofensas]

como também nós perdoamos aos nossos devedores.

Mateus 6,12. *Bíblia de Jerusalém*. São Paulo: Paulus, 2002. p. 1713.

BEBENDO NA FONTE CRISTÃ

Jesus e o perdão

Todas as cenas da vida de Jesus, dos apóstolos e dos primeiros cristãos são de extremo amor e perdão por todos aqueles que lhes faziam mal. Disse Jesus:

Pois, se perdoardes aos homens os seus delitos, também vosso Pai celeste vos perdoará; mas se não perdoardes aos homens, vosso Pai também não perdoará vossos delitos.

Mateus 6,14-15. *Bíblia de Jerusalém*. São Paulo: Paulus, 2002. p. 1714.

E, na epístola aos Efésios, diz Paulo de Tarso:

Sede bondosos e compassivos uns com os outros, perdoando-vos mutuamente, como Deus vos perdoou em Cristo.

Efésios 4,32. *Bíblia de Jerusalém*. São Paulo: Paulus, 2002. p. 2045.

G. Roumagnac/De Agostini/Glow Images/Museu Ingres, Montauban, França

Jesus, ao ressuscitar, perdoa Pedro. A obra *Jesus entregando as chaves a São Pedro* é de autoria do pintor francês Jean-Auguste Dominique Ingres (1780-1867).

O perdão como coragem

Para os cristãos, no coração das pessoas há uma semente de amor que pode desabrochar em perdão. Assim, devemos perdoar, sem distinção de etnia, nacionalidade, sexo, língua, religião ou convicções sociais e políticas.

Entretanto, em nossa sociedade, o perdão não tem boa fama: por vezes, é confundido com covardia. Para muitos, a melhor forma de resolver as coisas ainda é com a força e a violência. A vingança foi, por bastante tempo, considerada uma questão de honra. Dizia-se até que "sangue se lavava com sangue". A pessoa ofendida tinha de se vingar para restaurar a sua honra.

Ainda hoje, confunde-se muito justiça com vingança. Pensa-se que é preciso fazer justiça, punindo quem nos prejudicou, e que o perdão é uma espécie de fraqueza. Porém, essa justiça é muitas vezes mera vingança particular; desejo de retribuir o mal com o mal.

Isso não significa que não devamos nos engajar para combater o mal. Mas combater o mal não é combater as pessoas que o praticaram. Para os adeptos do perdão, a verdadeira coragem está nas soluções de paz e perdão, como aprendemos com o exemplo de Gandhi. Ter coragem não é recorrer à violência, mas compreender o erro do outro e ajudá-lo a se recuperar desse erro.

Só o amor é capaz de regenerar o ser humano. A vingança gera nova violência – e a violência jamais acabará se ninguém tomar a iniciativa do perdão.

iStockphoto/Getty Images

Perdoar a ofensa cometida por alguém significa reconhecer que ninguém é perfeito e que qualquer pessoa pode vir a cometer alguma ofensa. A oração pode ajudar a ter essa atitude. Menina reza em jardim. Foto de 2017.

O perdão como educação

O perdão é definido como o ato de desculpar alguém por alguma ofensa e realmente esquecer que ela nos foi dirigida. Entretanto, não podemos confundir o perdão com a aceitação pacífica da maldade. Obviamente, devemos trabalhar para que o mal desapareça, mas sem destruir o maldoso, que pode converter-se ao bem.

A verdadeira grandeza está na recusa de retribuir o mal com o mal e no esforço amoroso de educar aquele que está em erro. O perdão não tem limites, mas deve ser educativo para com aquele que prejudica alguém.

Zanone Fraissat/Folhapress

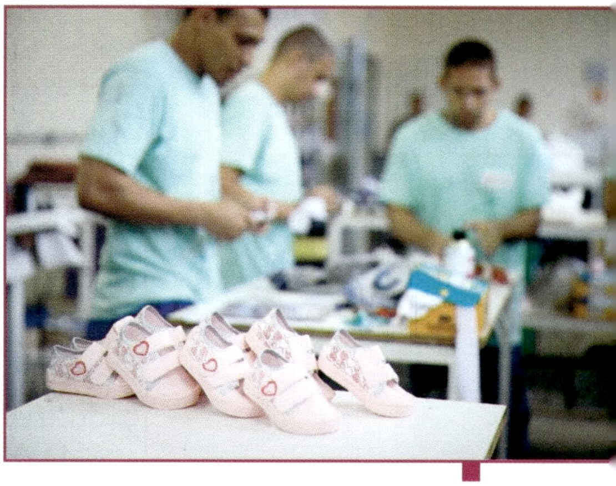

Detentos se recuperam trabalhando na produção de calçados, em prisão no Espírito Santo, em 2017.

O X DA QUESTÃO

1) Como é possível utilizar o perdão como solução dos conflitos humanos?

2) Para você, o que significa perdoar?

3) Na sua opinião, quais são os obstáculos ao perdão, dentro do ser humano e no mundo? Por quê?

FALANDO DE HISTÓRIA

O mártir que morreu cantando

Existem numerosos exemplos de cristãos que praticaram o perdão incondicional. Uma história muito bonita é a de Jan Hus. Ele nasceu em 1373, em Hussinec, na Boêmia, hoje República Checa. Sua família era pobre, formada de agricultores. Estudou Teologia e Filosofia na Universidade de Praga, onde se tornou reitor em 1401. Conheceu e traduziu para a língua checa as obras do reformador inglês John Wycliff (que contribuiu para a Reforma Protestante). Wycliff fazia duras críticas à Igreja católica, pelos abusos de poder cometidos naquela época. Tais críticas eram semelhantes às que Lutero faria mais tarde, ao fundar o protestantismo.

Em 1403, Hus propôs a reforma da Igreja romana na Boêmia, questionando a autoridade do papa e a venda das indulgências. Por isso, em 1408, os padres e os bispos de Praga se irritaram com ele, e o arcebispo o afastou de suas funções religiosas na cidade. Essa atitude provocou a revolta dos cidadãos de Praga, que partiram em defesa de Hus.

Em 1412, o papa João XXIII (mais tarde deposto e considerado "antipapa") entrou em guerra contra o rei de Nápoles e ordenou a venda de indulgências para financiar o ataque. Como reação, Hus declarou que tal atitude contrariava todos os princípios cristãos e acusou o papado de fazer uso das coisas espirituais e das indulgências para fins pessoais e políticos. Em consequência, Jan Hus foi excomungado da Igreja católica e obrigado a deixar Praga.

Excomungado: que sofreu excomunhão, pena imposta pela Igreja católica segundo a qual o penalizado é excluído do direito aos bens espirituais (ou a parte deles) comuns aos demais fiéis.

No exílio, Hus escreveu suas principais obras teológicas. Em 1414, foi convocado a comparecer a uma reunião dos líderes religiosos para esclarecer seus ensinamentos, que iam contra os da Igreja. O imperador Segismundo prometeu a Hus um salvo-conduto, documento que garantia sua liberdade, mas não manteve a palavra por medo de ser excomungado pela Igreja. Depois de um mês em Constança (hoje Suíça), os seguidores do papa João XXIII prenderam Hus. O Concílio ordenou que abandonasse sua doutrina e pedisse perdão à Igreja. Hus ficou preso durante sete meses e quase não teve chance de se defender.

No dia de seu julgamento, Hus não renunciou às suas ideias e foi condenado como herege. Em 1415, o grande reformador foi queimado. Hus perdoou aqueles que o mataram e traíram e morreu cantando o hino "Senhor, tem misericórdia". Seus seguidores divulgaram seus ensinamentos por toda a Europa. Mais tarde, Martinho Lutero viria a inspirar-se em Hus para fazer a Reforma Protestante.

AGORA É COM VOCÊ

Qual sua impressão sobre a atitude de Hus?

PHAS/UIG/Getty Images

A execução de Jan Hus. Gravura do século XIX. Autor desconhecido.

NO DIA A DIA

Perdoar faz bem para a saúde

[...] Perdoar vai te ajudar a ter mais saúde. De acordo com o cardiologista, professor e supervisor técnico do curso de pós-graduação em Psicossomática da FCMSCSP [Faculdade de Ciências Médicas da Santa Casa de São Paulo] Artur Zular, [...] quem não perdoa fica com uma ferida aberta, liberando o tempo todo hormônios do estresse que podem fazer mal para o coração. A raiva também pode matar aos poucos, como lembrou o psiquiatra e consultor [...] Daniel Barros. A dica é deixar a raiva ir embora!

De acordo com o psiquiatra Daniel Barros, existem dois tipos de perdão, o racional e o emocional. Estudos mostram que quando a gente perdoa racionalmente – não vou mais pensar nisso, talvez eu estivesse errado – diminui um pouco a carga negativa, mas é o perdão emocional – abrir mão das sensações negativas – que traz o benefício real para o corpo. É melhor para a diminuição do estresse, cortisol, e com isso melhora a saúde do coração.

Para o cardiologista Artur Zular, a capacidade de perdoar é muito requintada, e por isso precisa ser treinada, repetida como um mantra. Não perdoar pode deixar o sistema de alerta sempre ligado. A constante liberação de hormônios do estresse, como adrenalina e cortisol, no nosso corpo faz mal, atrapalha o sono, aumenta a pressão arterial, a frequência cardíaca e a glicemia.

Psicossomática: ciência interdisciplinar que estuda os efeitos de fatores sociais e psicológicos nos processos orgânicos do corpo humano e no bem-estar do indivíduo.

Cortisol: hormônio liberado no organismo quando se está sob efeito de estresse.

Mantra: algo que é feito ou dito repetidamente.

Mark Makela/Reuters/Fotoarena

A estadunidense Terri Roberts é uma grande testemunha do poder do perdão. Em 2006, o filho de Terri assassinou algumas garotas na escola de uma comunidade *amish* (protestantes de origem suíça que vivem como no século XVII e pregam a interpretação literal da Bíblia). Diante disso, ela poderia ter feito como outras mães que passaram por isso e se isolaram da sociedade, mas ao ver como os *amish* rapidamente perdoaram seu filho, ela resolveu abraçar as famílias das vítimas e contar publicamente sua história e como o perdão mudou sua vida. Foto em Delta, Estados Unidos, 2013.

Raiva: dá e passa

Raiva, como qualquer emoção, é transitória. Pode durar minutos e horas, mas nunca dias. Raiva que ainda persiste no dia seguinte, semana seguinte, é fruto do nosso raciocínio. Alimentamos a questão e vamos remoendo essa suposta injustiça, com o foco no negativo. Não podemos considerar isso uma emoção, é algo racional. Então, tudo bem sentir raiva e esperar a raiva passar para conversar e se reconciliar, mas não é legal ficar remoendo a raiva por dias. A compaixão – se colocar no lugar do outro – é um sentimento crucial para a reconciliação.

O perdão

Pedir perdão não é fácil. Perdoar também não. Quando perdoamos, o estresse associado ao ressentimento diminui a ponto de suas consequências serem notáveis fisicamente. Diversos estudos mostram redução da pressão arterial, da frequência cardíaca, da tensão muscular. Quem perdoa também experimenta maior relaxamento, mais bem-estar e sensação de controle.

O perdão aumenta a oxitocina, hormônio do relacionamento. Melhora a imunidade e a sensação de bem-estar, aumenta a liberação de serotonina e dopamina, neurotransmissores que melhoram o humor.

PERDOAR faz bem para a saúde. *G1*, São Paulo, 1 jan. 2018. Disponível em: <https://g1.globo.com/bemestar/noticia/perdoar-faz-bem-para-a-saude.ghtml>. Acesso em: 25 jun. 2018.

Helen H. Richardson/The Denver Post/Getty Images

Nativa norte-americana e veterana do Exército dos Estados Unidos se abraçam em uma cerimônia para perdoarem seus feitos. Fort Yates, Estados Unidos, 2016.

Pense nestas questões:

1) Você viu nessa reportagem que hoje há pesquisadores que demonstram que o perdão faz bem à saúde. O que você acha disso?

2) Podemos saber racionalmente que o perdão faz bem, mas como aplicar isso na vida? Você imagina como?

BEBENDO NA FONTE ESPÍRITA

Kardec e o perdão

No *Evangelho segundo o espiritismo*, Kardec aborda vários temas cristãos; entre eles o perdão. Seguindo o exemplo de Jesus, ele entende que o perdão não deve ter limite. Mas esclarece, nesta passagem, um ponto importante em relação ao perdão:

[...] Há, porém, duas maneiras bem diferentes de perdoar: uma, grande, nobre, verdadeiramente generosa, sem pensamento oculto, que evita, com delicadeza, ferir o amor-próprio e a suscetibilidade do adversário, ainda quando este último nenhuma justificativa possa ter; a segunda é a em que o ofendido, ou aquele que tal se julga, impõe ao outro condições humilhantes e lhe faz sentir o peso de um perdão que irrita, em vez de acalmar; se estende a mão ao ofensor, não o faz com benevolência, mas com ostentação, a fim de poder dizer a toda gente: vede como sou generoso! Nessas circunstâncias, é impossível uma reconciliação sincera de parte a parte. Não, não há aí generosidade; há apenas uma forma de satisfazer ao orgulho. Em toda contenda, aquele que se mostra mais conciliador, que demonstra mais desinteresse, caridade e verdadeira grandeza da alma granjeará sempre a simpatia das pessoas imparciais.

KARDEC, Allan. *O Evangelho segundo o espiritismo*. 131. ed. Tradução de Guillon Ribeiro. Brasília: FEB, 2013. p. 142.

Suscetibilidade: sensibilidade.
Ostentação: exibicionismo.
Contenda: briga, disputa.
Granjeará: obterá, conseguirá.

Roger-Viollet/Glow Images

Allan Kardec, em desenho de A. Gilbert sobre gravura de J. Robert.

O QUE VOCÊ ENTENDEU?

1) Esse trecho sobre o perdão está de acordo com o Evangelho de Jesus? Por quê?

2) Você concorda com a explicação de Kardec sobre os jeitos de perdoar? Por quê?

Justiça restaurativa

Lucas Lacaz Ruiz/Fotoarena

Obras de internos da Fundação Casa em São José dos Campos (SP), em 2014.

23 de dezembro de 2013, bairro Condomínio Prado, Planaltina, cidade-satélite do Distrito Federal. Uma festa de fim de ano é interrompida por um acidente. Um morador perde o controle do carro, sobe na calçada e atinge seis pessoas da mesma família. A matriarca morre. A mais nova, a neta de dois anos, fica presa embaixo do veículo. Com medo de um linchamento, o motorista foge do local. O carro é queimado pelos vizinhos.

O caso chega à Justiça. O motorista, Leonardo Henrique Monteiro de Araújo, à época com 23 anos, é acusado de homicídio culposo – quando não há intenção de matar –, com pena prevista de dois a quatro anos de detenção. Ameaçado de morte na comunidade, ele deixa Planaltina e vai morar em outra cidade-satélite. Leonardo não consegue mais trabalho e passa a visitar a filha escondido no porta-malas de um carro.

A família atropelada também vive as consequências daquela noite. A menina que havia ficado presa perde a visão de um olho e passa dias no hospital, de onde sai com uma cicatriz no pescoço por causa de uma traqueostomia. Outra vítima, nora da senhora que morreu, passa a ter medo de andar de carro e não consegue engravidar do terceiro filho.

Essas pessoas começaram a reestruturar suas vidas apenas um ano e meio após o atropelamento. Foi nessa época que Júlio Cesar de Melo, técnico do TJ-DFT (Tribunal de Justiça do Distrito Federal e Territórios), propôs um encontro entre Leonardo e as vítimas do acidente. Eles ainda não sabiam, mas a partir daquele momento teriam a oportunidade de lidar com as consequências da tragédia de uma maneira diferente, por meio de uma prática chamada justiça restaurativa.

Justiça o quê?

Como aquela família antes do convite do técnico do TJ-DFT, é bem provável que você nunca tenha ouvido a expressão "justiça restaurativa". Eu mesma só fui conhecer um pouco sobre o assunto em 2016, depois que uma pessoa próxima fez um curso para se tornar facilitadora – título dado a quem conduz esse tipo de encontro. Entre novembro e dezembro de 2017, entrevistei alguns dos principais especialistas do país e raramente a explicação para uma única pergunta levava menos de 10 minutos.

Apesar de remeter às décadas de 70 e 80 em países como Canadá, Estados Unidos e Nova Zelândia, a justiça restaurativa só começou a ser estudada no Brasil no fim dos 90. Ainda é pouco conhecida, mas já está presente em comunidades, escolas, centros de saúde e também no judiciário, com uma diversidade de aplicações, inclusive para lidar com crimes. "Filosofia de vida", "mudança de paradigma", "política pública", "prática ancestral" e "instrumento de transformação social" são expressões que aparecem nas explicações dos especialistas, conforme o interlocutor. Talvez a maneira mais simples de resumir seja afirmar que a justiça restaurativa é uma forma não punitiva de administrar conflitos, que gera responsabilização do ofensor e busca a reparação de danos causados à vítima. Mas suas práticas e conceitos vão além.

Um dos primeiros especialistas que procuramos – e um dos pioneiros da justiça restaurativa no Brasil –, o juiz gaúcho Leoberto Brancher chegou a sugerir uma proposta da apresentação desse modelo para o ***TAB****: "Em menos de duas décadas, uma nova forma de pensar e fazer justiça conquistou o país. Desconhecida até o final dos 90, a justiça restaurativa já é objeto de Lei Federal, de Política Nacional Judiciária disciplinada pelo Conselho Nacional de Justiça, possui programa em andamento em tribunais do país, virou política pública instituída por lei municipal em cidades de médio porte e tem mobilizado milhares de profissionais da justiça, da segurança, da assistência social, da educação, da saúde, da academia e pessoas das comunidades. Mas, afinal, qual é o motor desse movimento sobre o qual cada vez mais pessoas se interessam e acreditam?". É o que vamos tentar responder aqui.*

Por meio de práticas que promovem o encontro de vítima, ofensor – muitos casos, como os de conflitos escolares, esses papéis se misturam – e comunidade, a justiça restaurativa tem sua potência transformadora no diálogo e na escuta respeitosa ao outro. Sem "culpados" ou "inocentes", mas alguns responsáveis pelas situações que geram conflito ou violência, a ideia não é simplesmente punir alguém pelo que houve no passado, mas construir em conjunto algo melhor para o presente e futuro.

Ann Hermes/The Christian Science Monitor/Getty Images

Treinamento para educadores de técnicas de justiça restaurativa em escola na Califórnia, Estados Unidos, em 2013.

Dessa conversa, espera-se que saia um acordo para que o autor repare os danos causados à vítima e à sociedade. Também são consideradas as causas que o levaram ao ato, para que sejam criadas condições que evitem a reincidência. A justiça restaurativa propõe uma mudança de paradigma, subvertendo a lógica da punição como combate à violência. Juízes, promotores, defensores e outros agentes do direito e da segurança pública concordam que punições – especialmente encarceramento – nem sempre funcionam e que há espaço para alternativas ao sistema criminal tradicional, chamado retributivo.

Pesquisas recentes mostram que, enquanto crescem os números de prisões no Brasil, continuam crescendo também os índices de violência. Em um período de 26 anos, a população carcerária do Brasil multiplicou oito vezes e chegou a 726 712 pessoas presas, o dobro do número de vagas do país, informou o Infopen (levantamento Nacional de Informações Penitenciárias) divulgado em dezembro de 2017 pelo Ministério da Justiça e da Segurança Pública. O Brasil também teve, em 2016, o maior número de mortes violentas do mundo. Foram 70,2 mil, o que equivale a mais de 12% dos registros em todo o planeta, segundo a entidade Small Arms Survey, considerada referência mundial para a questão de violência armada.

"Nossa política de encarceramento em massa é de coisificação das pessoas. A justiça restaurativa parte de uma grande insatisfação com algo que não está funcionando. Como a gente pode diminuir esse encarceramento? Vamos trabalhar com outras formas que sejam mais eficazes. Ninguém está falando que tudo bem alguém roubar, por exemplo. O que está em jogo é a estratégia de lidar com isso", diz o juiz Egberto Penido, titular da 1ª Vara Especial da Infância e da Juventude de São Paulo e membro da Coordenadoria da Infância e da Juventude do TJ-SP, e também um dos pioneiros na justiça restaurativa no Brasil.

Um caso que ilustra a análise do Penido ocorreu em Tatuí, interior de São Paulo. Um "ladrão de primeira viagem" de 16 anos passou por um processo restaurativo e, em vez de ser mandado para a Fundação Casa, fez um acordo no qual se comprometeria a participar de um grupo de jovens na igreja de sua mãe, tornar-se voluntário em um projeto social tocado por uma das vítimas do assalto e ter aulas diárias de futebol. [...]

NASCIMENTO, Mirella. Justiça Restaurativa. *TAB*, 8 jan. 2018. Disponível em: <https://tab.uol.com.br/justica-restaurativa/#frases-8>. Acesso em: 7 abr. 2018.

SESSÃO DE LEITURA

Jan Hus e as cartas do ganso

Thiago Borges de Aguiar. São Paulo, Editora Comenius, 2015.

O livro narra a vida de Jan Hus até sua morte na fogueira, focando nas cartas que escreveu da prisão a seus amigos.

Leia o livro e responda à questão:

Como Jan Hus demonstrou sua capacidade de perdão?

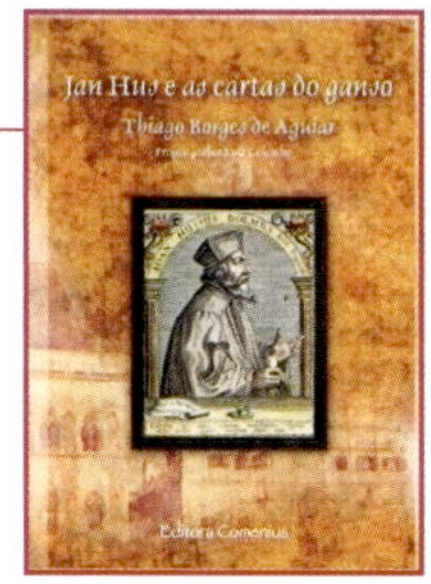

Reprodução/Editora Comenius

NO DIA A DIA

Na sala de aula de Carlota, deu-se um fato desagradável. Alguém passou um bilhete referindo-se à mãe de sua amiga Margarida de maneira muito ofensiva, até com palavrões. Como ninguém sabia quem tinha sido o autor do bilhete, Margarida acusou Carlota de tê-lo escrito.

No dia seguinte, a mãe de Margarida esperou Carlota e sua mãe na rua e começou a discutir com elas. Quando a diretora da escola soube de todo o caso, comparou a letra do bilhete com a letra de Carlota e concluiu que não havia sido ela a responsável. Mas Carlota não se conformou com o que a mãe de Margarida havia feito. A amizade entre Margarida e Carlota acabou.

Pense nestas questões:

1) A qual das envolvidas na situação faltou disposição para perdoar?

2) A mãe de Margarida teve razão em fazer o que fez? Como adulta, de que maneira deveria ter agido?

SESSÃO DE CINEMA

A cabana

Direção de Stuart Hazeldine. Summit Entertainment, 2017.

Mack é um pai dedicado que vê sua vida se transformar após o sequestro de sua filha. Ao receber um convite inusitado de Deus para se encontrarem justamente no local onde supostamente sua filha fora morta, Mack inicia um percurso de renovação e libertação.

Assista ao filme indicado pensando nesta questão:

Como a experiência do perdão ajudou Mack a viver melhor com sua família?

Reprodução/Stuart Hazeldine/Paris Filmes

Album/Fotoarena/Coleção particular

William Shakespeare retratado em obra de autor anônimo.

E PARA TERMINAR

1) O inglês William Shakespeare (1564-1616) foi um dos mais importantes poetas e dramaturgos de todos os tempos. Leia este poema de sua autoria e responda às questões.

A graça do perdão

A graça do perdão não é forçada;
Desce dos céus como uma chuva fina
Sobre o solo: abençoada duplamente,
Abençoa a quem dá e a quem recebe;
É mais forte que a força: ela guarnece
O monarca melhor que uma coroa;
O cetro mostra a força temporal,
Atributo de orgulho e majestade,
Onde assenta o temor devido aos reis;
Mas o perdão supera essa imponência:
É atributo que pertence a Deus,
E o terreno poder se faz divino
Quando, à piedade, curva-se a justiça.

SHAKESPEARE, William. In: MACHADO, Luiz Raul. (Org.). *O livro das virtudes*: uma antologia de William J. Bennett. Rio de Janeiro: Nova Fronteira, 1995. p. 104-105.

a) O poeta coloca o perdão acima do poder dos reis. Por quê?

b) A justiça deve curvar-se diante da piedade – diz o poeta. Você concorda? Por quê?

2) Crie uma história em que, diante do conflito, aparecem as duas opções: a personagem pode se vingar ou pode perdoar a quem lhe fez mal.

“

[O sábio] É afável para com todos, com igual amor e fraternidade a todos trata, sejam amigos ou inimigos, parentes ou não, compatriotas ou estrangeiros, santos ou pecadores, bons ou maus.

Krishna.

Bhagavad-Gîtâ: a mensagem do mestre. 6,9. 22. ed. São Paulo: Pensamento, 2006. p. 75.

”

Representação digital da Via Láctea, que é composta por, pelo menos, duzentos bilhões de estrelas, incluindo o Sol.

11 As leis naturais

O que está no Universo e no coração

Science Photo Library/Getty Images

Imagem conceitual da teoria do *big bang*, que afirma que o Universo surgiu de um ponto denso que explodiu e aos poucos espalhou o cosmo por sua extensão.

Você acha que tudo o que existe no Universo vaga por aí, sem rumo, sem sentido, sem razão ou um porquê? Você já ouviu falar em leis que não são as leis humanas e as constituições feitas pelos Estados, mas leis divinas, permanentes, que não mudam?

Algumas pessoas pensam que tudo o que existe é fruto do acaso, que o Universo é um caos e não há lei alguma regendo nada, em nenhum lugar. As leis divinas, também chamadas de leis naturais, seriam pura imaginação do ser humano.

Entretanto, em todas as religiões se acredita em alguma lei divina, presente em toda parte, porque foi criada por Deus. De acordo com essa crença, essa lei divina rege tanto os movimentos dos astros quanto o desenvolvimento dos seres vivos: leis físicas ou materiais. Essas são aquelas leis que a ciência descobre. Mas também os princípios éticos seriam leis universais, chamadas de leis morais, que regem o coração humano e oferecem um caminho para a felicidade. Neste capítulo, falaremos dessas leis morais, segundo a visão do espiritismo.

Rue des Archives/Tallandier/Latinstock

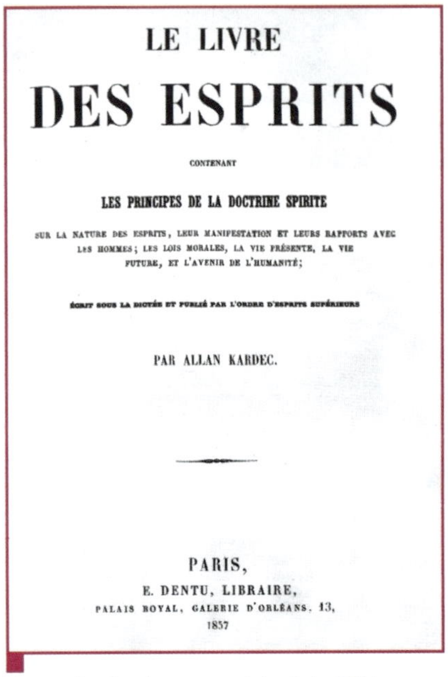

LE LIVRE

DES ESPRITS

CONTENANT

LES PRINCIPES DE LA DOCTRINE SPIRITE

SUR LA NATURE DES ESPRITS, LEUR MANIFESTATION ET LEURS RAPPORTS AVEC LES HOMMES; LES LOIS MORALES, LA VIE PRÉSENTE, LA VIE FUTURE, ET L'AVENIR DE L'HUMANITÉ;

ÉCRIT SOUS LA DICTÉE ET PUBLIÉ PAR L'ORDRE D'ESPRITS SUPÉRIEURS

PAR ALLAN KARDEC.

PARIS,
E. DENTU, LIBRAIRE,
PALAIS ROYAL, GALERIE D'ORLÉANS, 13,
1857

Reprodução da capa original de *O Livro dos Espíritos*, de Allan Kardec.

As leis aceitas pelos espíritas

Quando Allan Kardec escreveu *O Livro dos Espíritos*, dedicou uma parte da obra às leis morais. Muitas dessas leis já eram propostas por outras religiões, mas o espiritismo em alguns casos as explica de forma diferente. Vamos saber um pouco sobre cada uma delas.

Trata-se de dez leis – assim como os dez mandamentos que Moisés recebeu no monte Sinai. Segundo o livro de Kardec, as leis morais estão gravadas na consciência humana e significam a presença de Deus dentro de nós. Ao mesmo tempo, são leis que funcionam na natureza; assim, o Universo não é regido apenas por leis físicas, mas também por leis morais.

O que significa lei natural?

A obra *O Livro dos Espíritos* foi escrita inteiramente em forma de diálogo. Kardec fazia perguntas e os espíritos respondiam por intermédio de diferentes médiuns, entre eles, as meninas Boudin (de 14 e 16 anos).

614. O que se deve entender por lei natural?

– A lei natural é a lei de Deus; é a única necessária à felicidade do homem; ela lhe indica o que ele deve fazer ou não fazer, e ele só se torna infeliz porque dela se afasta.

615. A lei de Deus é eterna?

– É eterna e imutável como o próprio Deus.

616. Deus teria prescrito aos homens, numa época, aquilo que lhes proibiria em outra?

– Deus não se engana; os homens é que são obrigados a modificar as suas leis, que são imperfeitas, mas as leis de Deus são perfeitas. [...]

617. O que as leis divinas abrangem? Referem-se a mais do que à conduta moral?

– Todas as leis da natureza são leis divinas, pois Deus é o autor de todas as coisas. O sábio estuda as leis da matéria, o homem de bem, as da alma, e as segue. [...]

KARDEC, Allan. *O Livro dos Espíritos*. Tradução de J. Herculano Pires. 8. ed. São Paulo: Feesp, 1995. p. 245-246.

Album/Fotoarena/Biblioteca Municipal, Moulins, França

Iluminura representando a criação do mundo por Deus, da Bíblia de Souvigny, um manuscrito latino do final do século XII.

O QUE VOCÊ ENTENDEU?

1) Segundo o texto, qual a principal diferença entre as leis humanas e as leis divinas?

2) Você concorda que existam leis divinas? Por quê?

Imutável: que não muda.

Prescrito: ordenado, estabelecido.

Entendendo melhor as leis morais

1. A lei da adoração

É a lei do amor a Deus, natural nos seres humanos. Nunca houve um povo sem religião. Todas as culturas sempre tiveram algum tipo de culto à divindade. Isso significa que o sentimento de reverência a Deus é inato, isto é, natural, no ser humano, embora as ideias sobre a divindade possam variar.

Album/Fotoarena/Museu do Cairo, Egito

O faraó Akhenaton (séc. XIV a.C.), com os demais membros da família real, fazendo oferenda a Aton, divindade egípcia representada pelo círculo solar. Esta placa de pedra se encontra no museu do Cairo, Egito.

Deus, sendo Pai amoroso, recebe sempre qualquer homenagem sincera, de qualquer religião. A prece é o ato de adoração mais comum entre os seres humanos e é um ato que traz felicidade para aqueles que o praticam com sinceridade e devoção.

2. A lei do trabalho

O trabalho é necessário à nossa sobrevivência, além de nos permitir aperfeiçoar o mundo e a nós mesmos. Mas, para o espiritismo, não é só durante a vida terrena que o ser humano trabalha. Os espíritos – as pessoas que já morreram – continuam trabalhando sempre. Quanto mais evoluído é um espírito, mais ele trabalha no Universo infinito. O paraíso não é ficar sem fazer nada, mas trabalhar pelo bem na eternidade.

3. A lei da reprodução

Sem a reprodução, não haveria continuidade da vida. Por isso, uma criança gerada é uma das coisas mais importantes e sagradas, e deve ser amada e cuidada independentemente de quem seja sua família. É da lei de Deus.

Science Photo Library/Fotoarena

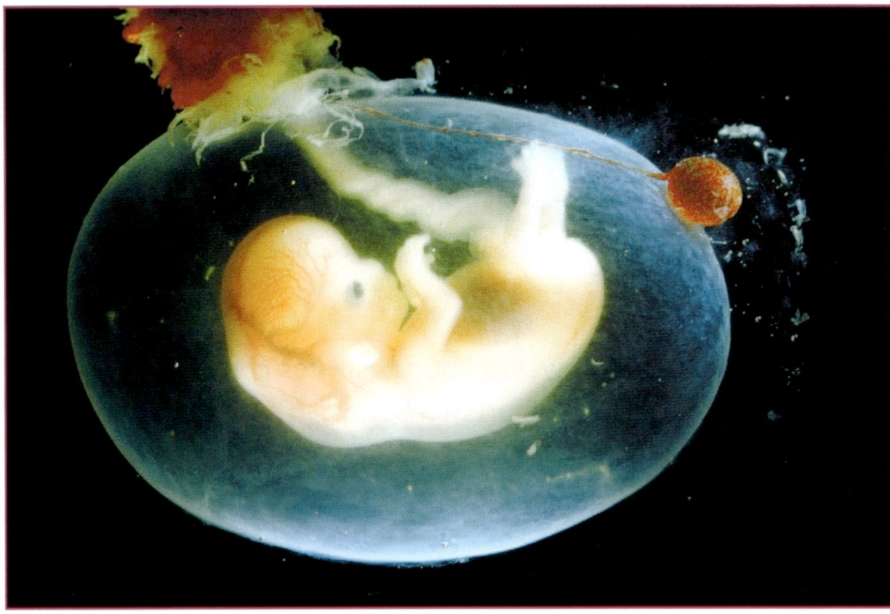

Feto humano entre 7 e 8 semanas.

4. A lei da conservação

Todo ser vivo tem instinto de conservação. No ser humano, isso se torna um dever moral. É preciso se alimentar e cuidar da saúde, do corpo e da mente, pois a vida é um bem precioso e uma oportunidade de evolução. Por isso, interromper a própria vida, isto é, cometer suicídio, é um grande equívoco, mesmo porque a vida continua. Quando alguém contraria esse instinto inato de autopreservação geralmente está sofrendo algum desajuste psíquico, depressão por exemplo, a ponto de o sofrimento se tornar maior que a vontade de viver. Se a pessoa for ajudada a tempo, o suicídio pode ser evitado.

Afolabi Sotunde/Reuters/Fotoarena

É importante tentar ajudar aqueles que estão sofrendo a superarem a dor e retomarem a vida da melhor maneira possível. Na foto vemos duas mulheres, que perderam seus entes queridos em um incidente dentro de uma mina na Nigéria em 2015, se consolando mutuamente.

5. A lei da destruição

Na natureza, tudo morre para nascer de novo. As pessoas morrem, as estrelas morrem, as civilizações passam... É uma lei de renovação. Isso não significa que devemos nos destruir uns aos outros, mas que precisamos aceitar essa necessidade de renovação como uma lei natural.

6. A lei da sociedade

O ser humano foi criado para viver em companhia de outros seres humanos. Isolar-se do mundo é egoísmo. Só vivendo com os outros é que aprendemos a maior das leis divinas: a lei do amor. O primeiro grupo social e o mais importante é a família.

7. A lei do progresso

Tudo progride no Universo. Todos os seres começam simples e ignorantes para um dia atingirem a perfeição, pelo seu esforço, por meio de numerosas vidas. Deus coloca em nós as potencialidades da perfeição, mas cabe a cada um desenvolvê-las. Ninguém ficará eternamente na ignorância.

O progresso, tanto dos seres humanos quanto das sociedades, se dá em dois níveis: intelectual – que é o avanço do conhecimento, das ciências, da técnica – e moral – que é o desenvolvimento da capacidade de amar e de ser bom, de respeitar as leis divinas e de trabalhar pelo bem.

Alamy/Fotoarena

Mulheres indígenas da etnia Wayuu ao ar livre com os filhos enquanto tricotam. Foto de 2013, em La Guajira, Colômbia.

8. A lei da igualdade

Todos somos criados simples e ignorantes, mas todos vamos chegar à perfeição. Portanto, somos todos iguais, não importa o sexo, a etnia, a condição econômica, a religião. Somos espíritos eternos, filhos de Deus. Mas cada um tem a sua missão particular, a sua diferença — o que torna o mundo mais rico e interessante.

9. A lei da liberdade

Todos somos livres para pensar e para agir. Deus nos deu a liberdade para que cheguemos à perfeição não como escravos, forçados a obedecer, mas como filhos livres e responsáveis. Assim também não temos o direito de impedir a liberdade de outras pessoas.

FatCamera/Getty Images

Todo ser humano é livre para fazer as suas próprias escolhas. Casal caminhando em uma biblioteca, em 2018.

10. A lei de justiça, amor e caridade

Deus é suprema justiça e supremo amor: só estaremos respeitando suas leis se procurarmos em tudo a justiça e praticarmos a lei do amor ao próximo, como nos ensinou Jesus.

O X DA QUESTÃO

1) Qual ou quais leis morais você já tentou pôr (ou pôs) em prática? Como?

2) Você acredita em todas essas leis? Por quê?

3) Você discorda de alguma delas? De qual? Por quê?

FALANDO DE EDUCAÇÃO

Ter ou não ter filhos

É próprio do ser humano o desejo de ter filhos. Mesmo os animais irracionais manifestam o instinto de reproduzir-se. Mas, no mundo contemporâneo, os filhos às vezes são vistos como um estorvo na vida do indivíduo ou do casal. Muita gente que se casa decide passar anos sem ter filhos ou mesmo não os ter nunca – principalmente nas classes sociais com melhores condições financeiras.

Essa mentalidade envolve dois fatores. O primeiro é que, em comparação com o passado, hoje é muito mais fácil controlar a reprodução pelos mais diversos meios anticoncepcionais. Isso faz com que o ato de ter filhos possa ser algo mais refletido, planejado e até negado. O segundo relaciona-se, às vezes, aos valores e interesses da sociedade atual: o sucesso pessoal, o relacionamento amoroso, a profissão e o dinheiro contam mais que a realização afetiva de ter filhos. Além disso, as complicações da vida contemporânea podem inspirar receio e hesitação na perspectiva de se ter de cuidar de uma criança.

Os argumentos em favor do controle de natalidade vão além da simples escolha pessoal. Segundo alguns especialistas, o aumento populacional acabará tornando inviável a vida humana na Terra. Outros consideram essas ideias alarmistas, afirmando que o problema da fome e da miséria não é apenas populacional, mas de justiça internacional, pois milhões de toneladas de comida são queimadas anualmente, para manter regulados os preços no mercado, quando esse alimento poderia ser doado aos que passam fome.

Toda criança é motivo para crermos em dias melhores para a humanidade.

Brand X/Getty Images

Segundo todas as religiões, o nascimento de uma criança e a graça de ser pai ou mãe são presentes da divindade, porque se trata de uma alma que nos chega às mãos para que a ajudemos a ser uma pessoa de bem e com quem teremos os laços de amor mais profundos e bonitos que os seres humanos podem ter.

É certo que existem pessoas que decidem se dedicar a certas atividades ou estilo de vida em que os filhos não teriam espaço. O mais importante é que cada um encontre um sentido na existência em que caibam laços de afeto, seja de que natureza forem.

AGORA É COM VOCÊ

Você já imaginou ter filhos? Que pensamentos e sentimentos isso lhe causou?

NO DIA A DIA

O texto a seguir trata de um grande desafio que o Brasil ainda enfrenta, em pleno século XXI.

Unicef diz que taxas de mortalidade infantil em países pobres são alarmantes

Recém-nascidos estão morrendo a taxas "alarmantemente altas" em países pobres, afetados por conflitos ou com instituições fracas, disse relatório do Fundo das Nações Unidas para a Infância (Unicef) [...]. Segundo o documento, bebês nascidos nessa situação têm 50 vezes mais chances de morrer no primeiro mês de vida do que aqueles nascidos em países ricos.

"A cada ano, 2,6 milhões de recém-nascidos no mundo não sobrevivem a seu primeiro mês de vida. Um milhão deles morrem no dia que nascem", disse a diretora-executiva do Unicef, Henrietta Fore.

"Sabemos que podemos salvar a maioria desses bebês com soluções de saúde acessíveis e de qualidade para cada mãe e cada recém-nascido. Apenas alguns pequenos passos de todos nós podem ajudar os primeiros pequenos passos de cada uma dessas jovens vidas", acrescentou.

De acordo com o relatório, bebês nascidos no Japão, na Islândia e em Singapura têm as maiores chances de sobrevivência, enquanto recém-nascidos no Paquistão, na República Centro-Africana e no Afeganistão têm as menores.

Jill Lehmann/Getty Images

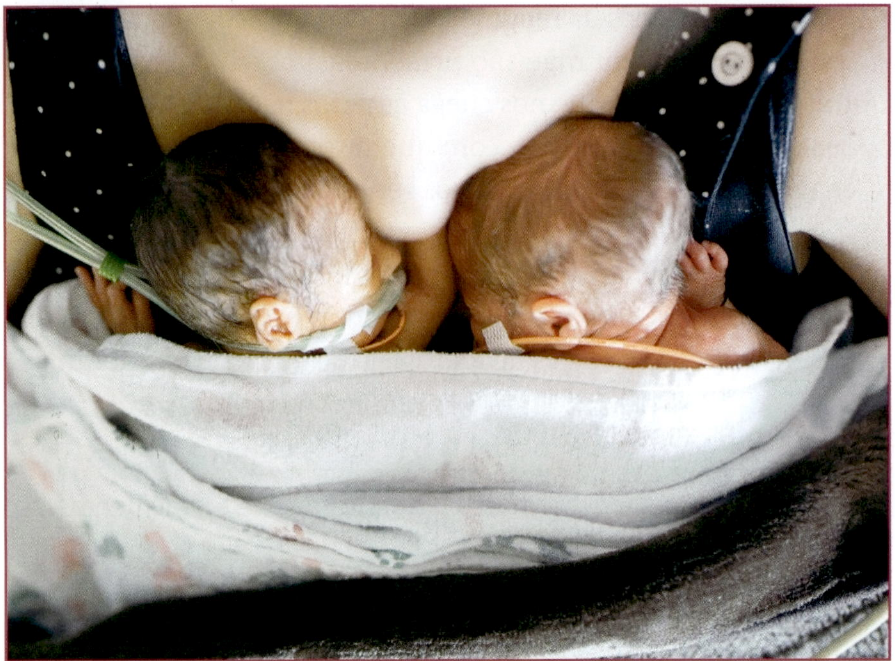

Bebês prematuros no colo da mãe pela primeira vez. Foto de 2016.

No Japão, um em cada 1,1 mil recém-nascidos morre no primeiro mês de vida, enquanto no Paquistão a taxa é de um a cada 22 bebês.

Globalmente, nos países de baixa renda, a média de mortalidade de recém-nascidos é de 27 mortes para cada 1 mil nascimentos, disse o relatório. Nos países de alta renda, a taxa é de três mortes para cada 1 mil.

O relatório também afirma que oito dos dez países mais perigosos de se nascer estão localizados na África Subsaariana, onde as grávidas têm menos chances de receber assistência durante o parto devido a pobreza, conflito e instituições fracas. Se cada um desses países reduzisse suas taxas de mortalidade infantil para os níveis dos países mais ricos até 2030, 16 milhões de vidas seriam salvas, alertou.

Mais de 80% das mortes de recém-nascidos ocorrem devido a nascimento prematuro, complicações durante o parto ou infecções como pneumonia e sepse, de acordo com o documento.

"Dado que a maioria dessas mortes são evitáveis, claramente, estamos falhando em cuidar dos bebês mais pobres do mundo", disse Fore.

Tais mortes podem ser evitáveis com acesso a parteiras bem treinadas, assim como uso de água limpa, desinfetantes, amamentação na primeira hora de vida, contato com a mãe e boa nutrição.

Alamy/Fotoarena

Abshiro Said, com 19 anos, apenas algumas semanas após ter sofrido um aborto no 6º mês de gravidez. A região em que ela vive com a família, de pastores nômades de cabras, é afligida pela seca que gera grandes dificuldades, inclusive a fome e a morte. Uusgure, Somália, em 2017.

No entanto, a falta de profissionais de saúde e parteiras bem treinados significa que milhares não recebem o apoio necessário para sobreviver. Por exemplo, enquanto na Noruega há 218 médicos, enfermeiros e parteiras para cada 10 mil pessoas, esse número é de um a cada 10 mil na Somália. [...]

ONUBR. Unicef diz que taxas de mortalidade infantil em países pobres são alarmantes. Disponível em: <https://nacoesunidas.org/>. Acesso em: 7 abr. 2018.

Pense nestas questões:

1) Quando crianças brasileiras morrem por falta de condições básicas de nutrição, saúde, atendimento, etc., quais das leis morais estudadas neste capítulo estão sendo feridas? Por quem? Justifique sua resposta.

2) Faça uma breve pesquisa a respeito dos fatores que favorecem a mortalidade infantil no Brasil e discuta tais problemas com o professor e seus colegas.

AGORA É COM VOCÊ

Sob a orientação do professor, forme grupos com seus colegas, que deverão ter à mão uma cópia da Constituição brasileira (o texto pode ser encontrado em endereços na internet, como <www12.senado.leg.br/hpsenado>, acesso em: 22 jun. 2018.). Então, cada grupo deverá escolher uma das seguintes leis morais comentadas neste capítulo: a lei da igualdade, a lei da liberdade, a lei do trabalho e a lei de justiça, amor e caridade.

1) Discutam, com todos os grupos, como aplicar em nosso país essas leis morais.

2) Procurem, na Constituição, artigos que correspondam à lei que o grupo escolheu.

3) Por fim, num debate geral, cada grupo deverá expor aos demais o que encontrou.

DE OLHO NO MUNDO

Liberdade de dizer o que se pensa

Uma das grandes lutas do ser humano para viver bem em sociedade tem sido a conquista da liberdade de expressão, isto é, a possibilidade de expressar suas opiniões e crenças e de escrever sobre suas ideias e divulgá-las, sem medo de ser preso, torturado e até morto. Ao longo da História, instituições como a Igreja e o Estado muitas vezes foram contrárias a esse princípio e impuseram longos períodos de silêncio àqueles que delas discordavam ou as criticavam.

A democracia atual é o sistema que admite – ao menos teoricamente – a liberdade de expressão. Em países que não adotam o sistema democrático, ainda há violenta repressão à liberdade de expressão.

Entretanto, as coisas não são tão simples quanto parecem. Nas democracias contemporâneas, muitos pensam haver essa liberdade, mas a prática não funciona como se imagina. Por quê? É que dentro do capitalismo, cujo valor primordial é o dinheiro, as empresas de comunicação estão nas mãos de poucos, que dominam o mercado. É muito difícil, por exemplo, alguém publicar nesses meios alguma coisa que poderá não agradar aos proprietários.

Tiago Queiroz/Estadão Conteúdo/AE

Redação do jornal *O Estado de S. Paulo* (Estadão), em São Paulo (SP). Foto de 2015.

Ao mesmo tempo, é quase impossível ter um pequeno jornal para publicar o que se pensa e ser lido por muita gente. Conclusão: a liberdade de expressão fica condicionada aos interesses econômicos dos grupos que dominam o mundo e as comunicações

Digital Vision/Getty Images

As redes sociais estão se mostrando um veículo de informação muito eficaz. Por meio delas as pessoas têm acesso a novas perspectivas a respeito de vários temas. Segundo dados do IBGE pouco mais de 50% das residências possuem acesso à internet no Brasil.

Hoje, a possibilidade de conquistar um espaço de expressão livre está na internet, à qual muitos já têm acesso. Esse espaço, criado pela comunicação em rede, é chamado ciberespaço. Entretanto, também o ciberespaço pode ser mal utilizado: primeiro, para a veiculação indiscriminada de publicidade do mercado de consumo; segundo, para a veiculação de práticas e ideias antissociais – *sites* de pornografia infantil, de racismo, etc. E, mais recentemente, tem-se desvendado uma verdadeira fábrica de *fake news* (falsas notícias) e falsos perfis, que são produzidos para semear ódio, manipular a opinião pública, destruir a reputação de pessoas, causando um grande mal à sociedade.

Por isso, a liberdade de uso da rede deve vir acompanhada pela responsabilidade de quem veicula a informação e pelo espírito crítico de quem navega na internet.

SESSÃO DE CINEMA

Um homem de família

Direção de Brett Ratner. Beacon Pictures/Howard Rosenman Productions/Riche-Ludwig Productions, 2000.

Reprodução/Brett Ratner/Europa Filmes

Um homem solteiro e egoísta de repente se vê casado e com filhos e muda sua visão de mundo.

Procure assistir ao filme indicado pensando nesta questão:

Com que tipo de vida a personagem principal foi mais feliz?

Arquivo O Cruzeiro/EM/D.A Press

Chico Xavier durante psicografia, em 1971.

E PARA TERMINAR

Os espíritas afirmam que pessoas já mortas, como famosos poetas, podem transmitir mensagens aos médiuns. Um dos maiores médiuns brasileiros foi Francisco Cândido Xavier, ou Chico Xavier, falecido em 2002. Em seu livro *Parnaso de além-túmulo*, há um poema assinado pelo espírito de Castro Alves. Leia alguns trechos:

Marchemos!

Há mistérios peregrinos
No mistério dos destinos
Que nos mandam renascer:
Da luz do Criador nascemos,
Múltiplas vidas vivemos,
Para à mesma luz volver.
[...]
Tudo evolui, tudo sonha
Na imortal ânsia risonha
De mais subir, mais galgar;
A vida é luz, esplendor,
Deus somente é o seu amor,
O Universo é seu altar.
[...]

Oh! bendito quem ensina,
Quem luta, quem ilumina,
Quem o bem e a luz semeia
Nas fainas do evoluir:
Terá a ventura que anseia.
Nas sendas do progredir.

Uma excelsa voz ressoa,
No Universo inteiro ecoa:
"Para a frente caminhai!
"O amor é a luz que se alcança,
"Tende fé, tende esperança,
"Para o Infinito marchai!"

CASTRO ALVES. In: XAVIER, Francisco Cândido. *Parnaso de além-túmulo*. p. 177-180. Disponível em: <http://bvespirita.com/Livros2-P.html>. Acesso em: 8 mar. 2018.

1) Procure no dicionário as palavras do poema que você desconhece e anote o significado delas.

2) O poema faz referência principalmente a que lei, aceita pelos espíritas? Justifique sua resposta.

> É mais fácil passarem o céu e a terra do que cair da Lei uma só vírgula.
>
> **Jesus.**
>
> In: Lucas 16,17. *Bíblia*: tradução ecumênica. São Paulo: Edições Loyola, 1994. p. 2014.

12 Trabalhar é preciso

As respigadoras, de Jean-François Millet (1814-1875).

O trabalho através dos tempos

Todas as pessoas, de uma forma ou de outra, precisam trabalhar – isso é essencial para a sociedade. Até os animais trabalham, mesmo com recursos mais limitados que os do ser humano. O que você talvez não saiba é que, segundo certos pensadores, o trabalho é um bem; já segundo outros, ele é um mal...

Simon Dannhauer/Shutterstock

Formigas carregando folhas.

Será que todos os seres humanos precisam trabalhar para viver? Será que isso é uma lei humana ou uma lei de Deus? Ou será um castigo divino? Essas e outras perguntas costumam estar na cabeça das pessoas, já que todos sabem que precisam de uma atividade para viver.

Costuma-se definir o trabalho como a atividade pela qual o ser humano, com sua força e inteligência, transforma a natureza – embora, hoje, muitos achem que, ao transformar a natureza, acabamos com ela. O trabalho é também um meio de se sustentar, pois em geral é remunerado. Daí se dizer que a maioria das pessoas ganha a vida "com o suor do seu rosto".

O trabalho, ainda, contribui para tornar as pessoas felizes quando, graças a ele, elas conseguem suprir necessidades, realizar sonhos, vontades e ideais, e, pelo próprio esforço, construir uma vida útil para seus semelhantes e para si mesmas.

Mas o trabalho nem sempre foi visto dessa maneira nobre e honrada. Na Antiguidade, ele era relacionado a sofrimento e infortúnio. Os antigos consideravam desonroso o trabalho manual e a submissão de um ser humano a outro. Mesmo o homem livre que exercesse trabalho remunerado era tratado quase como escravo, cuja força de trabalho é explorada de forma extremamente cruel.

Album/Fotoarena

Gravuras de antigos escravos egípcios trabalhando em uma construção, na parede da tumba de Rekhmire, um nobre egípcio, em Tebas, Egito.

O judaísmo e o cristianismo foram as primeiras religiões a exaltar o trabalho como uma atividade nobre do ser humano. Os judeus ensinavam um ofício manual aos filhos. Os cristãos trabalhavam para se sustentar. Mas, em torno do ano 600 antes de Cristo, houve uma religião na Pérsia (atual Irã) chamada zoroastrismo, cujo fundador foi o profeta Zoroastro, ou Zaratustra. Ele reconhecia a importância do trabalho e dizia que os seres humanos pecavam quando não trabalhavam.

Ao longo dos séculos, tanto o Ocidente quanto o Oriente desenvolveram uma visão de que o trabalho é formador e fundamental para que as pessoas se realizem e se humanizem. Vários pensadores entenderam que os seres humanos, ao trabalharem construindo coisas, produzindo objetos, criando ideias e projetos, desenvolvem sua inteligência e suas capacidades. O filósofo alemão Hegel (1770-1831) concordava com essas ideias e dizia que somente através da ação laboriosa o ser humano e as coisas se fazem e que a ociosidade é a morte da vida e o fim da civilização.

Mas a valorização excessiva do trabalho pode levar as pessoas a se desgastarem demais. Os pesquisadores mostram que no contexto contemporâneo as longas jornadas de trabalho, altos níveis de competição, prazos curtos e instabilidade no emprego podem causar estresse, doenças psíquicas e até, em casos mais graves, levar à morte.

Sem dúvida que o trabalho é fundamental para as pessoas, mas devemos tomar cuidado quando as condições de trabalho são indignas e desrespeitam aspectos fundamentais da vida. É saudável para todos ter lazer, poder aproveitar a vida e os amigos, passear e viajar, manter bons relacionamentos e conviver com a família. É necessário, assim, sempre lutar e procurar por condições dignas e humanizadas nas relações de trabalho.

imageBROKER/Getty Images

Emblema Faravahar, o símbolo do zoroastrismo. Templo de Fogo, Yazd, Irã. Foto de 2015.

O trabalho como vocação divina

Cada religião interpreta o trabalho à sua maneira. Na tradição cristã, ele é muito valorizado. Mais especificamente no protestantismo, o trabalho é visto de forma natural e como uma necessidade para atuar no mundo e transformá-lo.

Os protestantes que seguem a linha do reformador João Calvino acreditam que o trabalho leva ao progresso e que é motivo de orgulho e satisfação atingir o sucesso profissional. Para eles, o fato de alguém conseguir o progresso material por meio do trabalho é uma evidência de que foi eleito por Deus para a salvação.

Os meios para descobrirmos se fomos eleitos são: a conduta individual rigorosamente submetida à vontade do Criador e o bem-estar social e material. Esse bem-estar envolve, inclusive, o êxito profissional. Assim, o sucesso é uma manifestação de Deus e um sinal de salvação. O trabalho bem-sucedido confirma e justifica a eleição de Deus. Essa era a visão de Calvino, que influenciou várias correntes do protestantismo.

Selva/Leemage/Bridgeman Images/Glow Images/Musée de la Vie Romantique, Paris, França

Retrato de João Calvino, pintado pelo artista francês Ary Scheffer (1795-1858).

Mas você pode se questionar: o acúmulo de riqueza não é contrário aos ensinamentos de Jesus?

Para os calvinistas, a ociosidade, isto é, a inatividade e a preguiça, é que não está de acordo com a nossa natureza – não adquirir riquezas seria uma forma de permanecer ocioso.

Ainda segundo os calvinistas, o ser humano deve evitar ao máximo o luxo e o supérfluo, utilizando apenas o necessário para a sua vida. Não se pode usar a riqueza indiscriminadamente. Deve-se ainda, quando possível, ajudar os semelhantes necessitados e ser útil aos que nada têm. Portanto, o protestantismo dá importância à riqueza e, ao mesmo tempo, prega uma vida simples, não luxuosa.

BEBENDO NA FONTE PROTESTANTE

O trabalho segundo Calvino

João Calvino (1509-1564), reformador francês residente na Suíça, considerava que cada um deve seguir sua vocação, ou seja, fazer aquilo que foi determinado por Deus como sua missão de vida, seja num posto elevado da sociedade, seja numa tarefa humilde.

[...] é preciso levar em conta o seguinte: o Senhor, em todas as ações da vida, ordena, a cada um de nós, que atentemos para nossa vocação [...] Deus ordenou a cada um os seus deveres, em diferentes gêneros de vida. E para que ninguém ultrapassasse, temerariamente, os seus limites, Deus chamou de vocações a essas modalidades de viver. Portanto, para que os homens não sejam levados, às cegas, ao léu, por todo o curso de sua vida, o Senhor atribuiu a cada um sua força de viver, como se fora um posto de serviço. [...] insigne consolação advirá desde que obedeçamos à nossa vocação, pois nenhuma obra haverá, diante de Deus, tão ignóbil e vil, que não resplandeça e não seja tida por valiosíssima.

CALVINO, João. In: BONI, Luis Alberto de (Org.). *Escritos seletos de Martinho Lutero, Tomás Müntzer e João Calvino*. Petrópolis: Vozes, 2000. p. 235-236.

Temerariamente: imprudentemente.
Insigne: notável, célebre.
Ignóbil: desprezível.
Vil: miserável, ordinário.
Resplandeça: brilhe, sobressaia.

O QUE VOCÊ ENTENDEU?

De que forma você considera o trabalho? Sua maneira de interpretar o trabalho é parecida com a maneira de pensar de Calvino? Em quais aspectos?

O trabalho como exploração do ser humano

A importância dada ao trabalho muitas vezes levou a situações injustas. Ela pode ser usada para justificar o lucro de um indivíduo à custa da exploração do trabalho de outros seres humanos, gerando enormes desigualdades sociais. Nesse sistema, que depende da exploração da mão de obra humana, até crianças e adolescentes são muitas vezes obrigados a trabalhar em vez de ir à escola.

Mulheres e crianças descascando mandioca para obter alguma renda, em Penedo (AL). Foto de 2009.

João Prudente/Pulsar Imagens

Sony Ramany/NurPhoto/Getty Images

Pessoas de diversas faixas etárias trabalhando na produção de roupas em Gazipur, Bangladesh, em 2017.

Os filósofos alemães Karl Marx (1818-1883) e Friedrich Engels (1820-1895) apontaram essas injustiças e as criticaram. Escreveram diversas obras a esse respeito; a mais famosa delas é *O capital*. Nela, Marx demonstra a exploração e a injustiça do trabalho assalariado. O trabalho, que deveria ser motivo de felicidade, transformou-se em escravidão assalariada. Segundo ele, todos poderiam usufruir de seu próprio trabalho de maneira justa, alcançando bem-estar e riqueza, mas não é o que acontece, pois o trabalho passou a ser fonte de riqueza apenas para os donos das empresas e de pobreza para a massa dos trabalhadores.

Marx e Engels diziam que o trabalho não pode ter como objetivo o aumento da riqueza, mas sim a felicidade e o bem viver de todo ser humano. O trabalho tornou-se uma opressão, uma imposição, uma tortura, e é preciso mudar essa situação. No trabalho assalariado, na maioria das vezes, as pessoas só trabalham porque são obrigadas, e não por prazer.

Na opinião deles, um dia as pessoas entenderão que esse tipo de trabalho precisa acabar – então, uma nova forma de atividade deverá surgir em seu lugar, quando todos desempenharão as funções que quiserem e as riquezas serão distribuídas entre todos. Assim, não haverá mais fome nem desigualdades!

O X DA QUESTÃO

1) Qual a ideia de trabalho que lhe agradou mais? Por quê?

2) Faça uma relação entre trabalho e felicidade.

3) Segundo Calvino, como devemos usar a riqueza?

BEBENDO NA FONTE MARXISTA

O trabalho segundo Marx e Engels

O marxismo, também chamado socialismo científico, é um conjunto de ideias filosóficas, econômicas e políticas desenvolvidas por Marx e Engels. Exerceu grande influência sobre pensadores e setores da atividade humana ao longo do século XX. Para Marx e Engels, a sociedade em que vivemos está numa constante luta de classes, de um lado os ricos e burgueses e do outro os operários. Toda a história da humanidade é, segundo eles, feita de lutas entre opressores e oprimidos. Marx e Engels fizeram duras críticas ao sistema capitalista, pois nele as pessoas são exploradas umas pelas outras, o que gera fome, pobreza e abuso. Achavam que era preciso substituir o sistema capitalista pelo comunista, no qual a propriedade é coletiva; só então não haveria mais luta de classes nem propriedade privada. As riquezas seriam divididas entre toda a comunidade. O ser humano não mais exploraria outro ser humano. Não haveria mais opressão.

Em 1917, com a Revolução Russa, a Rússia e outros países, que passaram a ser chamados comunistas e formaram a União das Repúblicas Socialistas Soviéticas (URSS), tentaram pôr em prática o sistema proposto por Marx. Mas o fracasso da tentativa acabou fazendo com que muita gente, antes partidária do comunismo, se tornasse descrente em relação à proposta. Outros, porém, pensam que a maneira equivocada como ela foi praticada na União Soviética – e, anos depois, também na China – foi o que prejudicou a ideia.

O comunismo consiste numa reunião de homens livres trabalhando com meios de produção comuns, e despendendo, a partir de um plano combinado, suas numerosas forças individuais como uma única e mesma força de trabalho social.

MARX, Karl. *Marx*: vida e pensamentos. São Paulo: Martin Claret, 1997. p. 106.

Burgueses: representantes da burguesia, grupo social surgido na Europa, no final da Idade Média, como resultado do desenvolvimento econômico e do aparecimento das cidades (originadas em zonas fortificadas chamadas burgos). Com o passar do tempo, a burguesia dividiu-se em alta burguesia, detentora dos meios de produção, e média e pequena burguesias (chamadas "classe média", a partir do século XX), compostas de profissionais liberais (cujas profissões são de nível superior, como advocacia, medicina, etc.) e por aqueles que exercem atividades ligadas às altas esferas econômicas e às classes dirigentes.

Despendendo: gastando.

Peter Turnley/Corbis/VCG/Getty Images

Faixa com as figuras de Marx, Engels e Lenin, em celebração ao comunismo, Moscou, 1988.

O QUE VOCÊ ENTENDEU?

1) Qual é sua opinião sobre as ideias de Marx e Engels? Por quê?

2) Hoje em dia, o trabalho ainda é um meio de exploração do ser humano pelo ser humano? Justifique sua resposta.

DE OLHO NO BRASIL

O trabalho escravo no Brasil

[...] O trabalho escravo não é caracterizado por meras infrações trabalhistas. Ele é um crime contra a dignidade humana. A constatação de qualquer um dos quatro elementos vistos abaixo é suficiente para configurar a exploração de trabalho escravo:

*– **TRABALHO FORÇADO:** o indivíduo é obrigado a se submeter a condições de trabalho em que é explorado, sem possibilidade de deixar o local seja por causa de dívidas, seja por ameaça e violências física ou psicológica;*

*– **JORNADA EXAUSTIVA:** expediente desgastante que vai além de horas extras e coloca em risco a integridade física do trabalhador, já que o intervalo entre as jornadas é insuficiente para a reposição de energia. Há casos em que o descanso semanal não é respeitado. Assim, o trabalhador também fica impedido de manter vida social e familiar;*

*– **SERVIDÃO POR DÍVIDA:** fabricação de dívidas ilegais referentes a gastos com transporte, alimentação, aluguel e ferramentas de trabalho. Esses itens são cobrados de forma abusiva e descontados do salário do trabalhador, que permanece cerceado por uma dívida fraudulenta;*

*– **CONDIÇÕES DEGRADANTES:** um conjunto de elementos irregulares que caracterizam a precariedade do trabalho e das condições de vida sob a qual o trabalhador é submetido, atentando contra a sua dignidade [...]*

O governo federal brasileiro assumiu a existência do trabalho escravo contemporâneo perante o país e a Organização Internacional do Trabalho (OIT) em 1995. Assim, o Brasil se tornou uma das primeiras nações do mundo a reconhecer oficialmente a ocorrência do problema em seu território. De 1995 até 2016, mais de 52 mil trabalhadores foram libertados de situações análogas à de escravidão.

Tradicionalmente, esse tipo de mão de obra é empregada em atividades econômicas, desenvolvidas na zona rural, como a pecuária, a produção de carvão e os cultivos de cana-de-açúcar, soja

Ricardo Funari/Brazil Photos/LightRocket /Getty Images

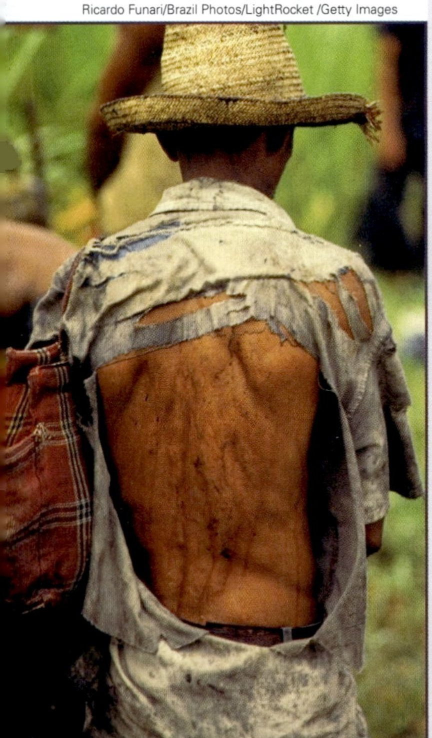

Muitos trabalhadores são explorados e submetidos a situações desumanas. Na foto vemos um cortador de cana-de-açúcar na Bahia, em 2010.

e algodão. Nos últimos anos, essa situação também tem sido verificada em centros urbanos, especialmente na indústria têxtil, construção civil e mercado do sexo. Infelizmente, há registros de trabalho escravo em todos os estados brasileiros.

No Brasil, 95% das pessoas submetidas ao trabalho escravo rural com fins de exploração econômica são homens. As atividades para as quais esse tipo de mão de obra é utilizado exigem força física, por isso os aliciadores têm procurado basicamente homens e jovens. Os trabalhadores rurais libertados são, em sua maioria, migrantes que deixaram suas casas com destino à região de expansão agrícola. Saem de suas cidades atraídos por falsas promessas de aliciadores ou migram forçadamente pela situação de penúria em que vivem.

Em zonas urbanas, a situação de imigrantes latino-americanos, como a de bolivianos, paraguaios e peruanos, merece a atenção. O recente crescimento econômico do Brasil e a crise mundial contribuíram para aumentar significativamente o número de estrangeiros no país nos últimos anos. De acordo com dados do Ministério da Justiça, de 2010 até abril de 2012, o número de estrangeiros em situação regular no Brasil aumentou em 60%. Há ainda aqueles que, por estarem em situação irregular, são mais vulneráveis à exploração e a terem seus direitos desrespeitados. A migração deve ser considerada um direito humano, no entanto, muitas vezes, o fenômeno está relacionado a violações de direitos, como o trabalho escravo contemporâneo e o tráfico de pessoas.

Mario Tama/Getty Images

Homem liberto de situação de trabalho escravo retorna para sua casa em Monsenhor Gil, no estado do Piauí, em 2015.

Apu Gomes/Folhapress

Ministério Público do Trabalho de Campinas apura denúncia de imigrantes bolivianos submetidos a trabalho escravo em oficina de tecelagem em Campinas (SP), em 2013.

Atualmente, o governo brasileiro tem centrado seus esforços para o erradicar o ***ciclo do trabalho escravo****, especialmente na fiscalização de propriedades e na repressão por meio da punição administrativa e econômica de empregadores flagrados utilizando mão de obra escrava. [...] Entretanto, a erradicação do problema só pode ser efetivada por meio da garantia de outros dois aspectos: a prevenção e a assistência ao trabalhador libertado, que devem ser feitas por meio de ações da sociedade civil e pela adoção de políticas públicas por órgãos governamentais, para que se reverta a situação de pobreza e de vulnerabilidade. A atuação nessas duas frentes de combate visa a atacar a origem do trabalho escravo, interrompendo a reincidência desse tipo de exploração.*

Diante disso, a educação tem papel fundamental para a quebra de paradigmas e a divulgação de informações, agindo diretamente na prevenção ao problema. Os dados oficiais do Programa Seguro-Desemprego registrados entre 2003 e 2016 indicam que, entre os trabalhadores libertados, 32% são analfabetos e 39% não concluíram a 4ª série do Ensino Fundamental.

Assim, o programa ***Escravo, nem pensar!****, desde 2004, tem voltado as suas atividades para educadores e líderes populares, cujo perfil multiplicador de informação e conhecimento amplia os efeitos de suas ações, que geram uma zona de influência, uma vez que mobiliza atores sociais distintos que, juntos, são capazes de compor uma rede engajada de mobilização e de combate ao trabalho escravo.*

ESCRAVO, nem pensar! O trabalho escravo no Brasil.
Disponível em: <http://escravonempensar.org.br/>. Acesso em: 9 abr. 2018.

O homem que teve que cuidar da casa

Era uma vez um homem muito rabugento e mal-humorado, que nunca achava certo nada que a mulher fizesse em casa. Uma tarde, na época de secar feno, ele chegou em casa reclamando que o jantar não estava pronto, o bebê estava chorando e a vaca não tinha sido recolhida ao estábulo.

– Eu trabalho o dia inteiro – ele resmungou – e você fica só aqui cuidando da casa. Bem que eu queria essa moleza para mim. Eu ia aprontar o jantar na hora, palavra!

– Amorzinho querido, não fique tão zangado – disse a mulher. – Amanhã, vamos trocar nossos trabalhos. Eu saio com os ceifeiros, corto feno, e você fica aqui, cuidando da casa.

Ceifeiros: trabalhadores que cortam as plantações.

O marido achou que daria certíssimo.

– É, eu ganho um dia livre – ele disse. – Faço todos os seus afazeres em uma hora ou duas e durmo o resto da tarde inteira.

Assim, na manhã seguinte bem cedo, a mulher pendurou a foice no ombro e partiu com os ceifeiros. O marido ficou, incumbido de fazer todo o trabalho doméstico.

Em primeiro lugar, lavou as roupas e começou a bater a manteiga. Mas, depois de bater um pouquinho, lembrou que tinha que pendurar as roupas para secar. Saiu para o quintal e mal tinha acabado de estender suas camisas quando viu o porco correndo para dentro da cozinha.

Voou para a cozinha para tratar do porco, temendo que estragasse a manteiga. Mas, logo que entrou, viu que o porco já tinha derrubado a batedeira. Lá estava ele, grunhindo e chafurdando no creme, que escorria pelo chão da cozinha inteira. O homem ficou tão louco de raiva que se esqueceu das camisas no varal e partiu para cima do porco.

Glair Arruda/Arquivo da editora

Conseguiu agarrá-lo, mas o porco já estava tão lambuzado de manteiga, que lhe escapuliu dos braços e saiu porta afora. O homem correu para o quintal, decidido a pegar o porco de qualquer jeito, mas estacou apavorado quando viu o bode, parado bem debaixo do varal, mordendo e mascando as camisas. Então o homem espantou o bode, trancou o porco e tirou do varal o que sobrara das camisas.

Glair Arruda/Arquivo da editora

Em seguida, foi à leiteira, pegou creme bastante para encher de novo a batedeira e recomeçou a bater, pois tinham que ter manteiga para o jantar. Quando já tinha batido um pouco, lembrou que a vaca ainda estava fechada no estábulo, sem ter comido nem bebido nada a manhã toda; e o sol já estava alto.

Matutando que o pasto ficava muito longe para levar a vaca até lá, decidiu colocá-la em cima da casa, pois o telhado, como se sabe, era coberto de capim. A casa ficava perto de um morro íngreme e ele achou que, estendendo uma tábua larga da lateral do morro até o telhado, levaria facilmente a vaca para cima.

Mas não podia abandonar a batedeira, pois lá vinha o bebê engatinhando pela casa. "Se eu deixar a batedeira,", ele pensou, "a criança com certeza vai estragar tudo".

Assim, ajeitou a batedeira às costas e saiu carregando-a. Aí, pensou que era melhor dar água à vaca antes de levá-la para o telhado e pegou um balde para tirar água do poço. Porém, quando se debruçou na borda do poço, o creme escorreu para fora da batedeira, por cima dos ombros, pelas costas, e caiu todo no poço!

Íngreme: difícil de subir, muito inclinado.

Agora já estava quase na hora do jantar e ele nem ao menos tinha feito a manteiga! Então, logo que colocou a vaca no telhado, achou melhor ferver o mingau. Encheu o caldeirão de água e pendurou-o sobre o fogo.

Quando acabou, imaginou que a vaca pudesse cair do telhado e quebrar o pescoço. Então, subiu na casa para prendê-la. Amarrou uma ponta da corda em volta do pescoço da vaca e a outra ele passou no buraco da chaminé. Voltou para dentro de casa e amarrou a ponta da corda em torno da cintura. Tinha que se apressar, pois a água agora começava a ferver no caldeirão e ele ainda tinha que moer a aveia.

Glair Arruda/Arquivo da editora

Começou a moer bem rápido! Mas, quando ele estava bem empenhado, a vaca acabou caindo do telhado e na queda arrastou o homem pela chaminé, suspenso pela corda! Ele ficou entalado, bem apertado. E a vaca ficou balançando ao lado da casa, entre o céu e a terra, sem conseguir nem subir nem descer.

Enquanto isso a mulher, lá no campo, estava esperando, esperando o marido chamá-la para jantar. Por fim, achou que já tinha esperado demais e foi para casa.

Quando chegou lá e viu a vaca pendurada tão insolitamente, correu para cima e cortou a corda com a foice. Mas logo que cortou, o marido despencou da chaminé! Quando ela entrou na cozinha, encontrou-o de cabeça para baixo, enterrado no caldeirão de mingau.

Insolitamente: extraordinariamente, de maneira incomum.

– Que bom que você voltou – ele disse, depois que ela o pescou. – Preciso lhe dizer uma coisa.

Então ele pediu desculpas, beijou-a e nunca mais reclamou de nada.

MACHADO, Luiz Raul (Sel.). *O livro das virtudes*: uma antologia de William J. Bennett. Rio de Janeiro: Nova Fronteira, 1995. p. 245-247.

Blend Images/Getty Images

Na medida do possível, em qualquer casa, todos os moradores devem dividir as tarefas para não sobrecarregar ninguém.

E FAZENDO A PONTE

1) Nesse conto, que virtudes o homem demonstrou não ter e que virtudes a mulher demonstrou ter?

2) Segundo o que você acredita, a função da mulher numa família é diferente da do homem, isto é, ela deve cuidar da casa e o homem trabalhar? Ou os dois têm funções iguais? Ambos devem trabalhar e dividir os serviços domésticos? Justifique sua resposta.

DE OLHO NO MUNDO

Karoshi – morte por excesso de trabalho

"Não são cadáveres! São trabalhadores dormindo nas ruas de Tóquio depois de um longo dia de trabalho." É com essa frase e com imagens de homens deitados no chão das ruas e estações de metrô de Tóquio que a cineasta e documentarista Allegra Pacheco nos fala sobre o fenômeno do KAROSHI – morte por excesso de trabalho. Recentemente, o suicídio de uma jovem de 24 anos mobilizou a opinião pública e o governo japonês, que finalmente tomou medidas oficiais (pouco efetivas) para tentar conter casos como esse. Por ano, mais de 2 000 suicídios são relacionados a excesso de trabalho.

No Japão e em outros países asiáticos como a China e a Coreia do Sul, a cultura do trabalho em excesso pode ser explicada pela necessidade de esses países acelerarem seu desenvolvimento econômico após a Segunda Guerra Mundial, mas também a características culturais como a transferência da figura de autoridade do imperador para a autoridade da empresa. Na reportagem do NOW THIS NEWS, o professor Thomas Looser, da Universidade de Nova York, nos fala que o milagre econômico japonês entre as décadas de 1960 e 1980, quando o país era a segunda economia do mundo, transformou o Karoshi num problema de saúde pública.

Na década de 1990, a bolha econômica japonesa estourou e uma série de recessões marcaram o país. Nesse cenário negativo, o problema se agravou. O desemprego, o aumento da incerteza em relação à carreira, e a crescente substituição de mão de obra por tecnologia, criaram uma mentalidade de ansiedade e de dedicação desesperada ao trabalho. [...]

Hoje os números sobre excesso de trabalho no Japão são alarmantes. Aproximadamente 23% dos trabalhadores acumulam mais de 80 horas de trabalho extra por mês. São esses mesmo trabalhadores que têm alto risco de morte, como resultado de ataque cardíaco, estresse, doenças relacionadas ao uso abusivo de álcool, e suicídio. A jovem de 24 anos que pulou de um prédio depois de ter postado nas redes sociais que estava se sentindo fisicamente e mentalmente destruída havia acumulado 105 horas extras num só mês.

Yoshikazu Tsuno/Agência France-Presse

Empresário dormindo em banco de estação de trem em Tóquio, Japão, 2015. Diante de tantas incertezas do mercado de trabalho japonês, as taxas de depressão, estresse e suicídio cresceram nos últimos anos. Além disso, também aumentou o consumo de bebidas alcoólicas na tentativa de sedar o corpo e a mente para suportar a pressão do trabalho.

Nos Estados Unidos, 25% dos trabalhadores acumulam mais de 60 horas extras por mês. Ainda que a pressão cultural seja diferente, quando comparamos ocidentais e orientais, as doenças relacionadas ao excesso de trabalho também já afetam uma parte significativa da população mundial (no resto do mundo, o termo para essa condição é BURNOUT). Ainda que o caso japonês seja agudo, as novas modalidades de trabalho no século XXI, como o trabalho intermitente, o home office *e o trabalho temporário, são catalisadores de adoecimento mental e físico.*

De um lado, baixos salários (especialmente em países que têm na média um grau baixo de escolaridade), não ter a segurança de uma carreira (que em tese garante a continuidade do trabalho e do salário), ou de proteções garantidas pelo Estado como o seguro-desemprego, entre outras políticas sociais, fragilizam os trabalhadores. De outro lado, a revolução tecnológica (conhecida como 4.0) que tem substituído a mão de obra humana (principalmente em trabalhos que exigem apenas formação técnica), e permite que o trabalho seja feito a distância, por exemplo, é um contexto global inescapável.

Trabalhadores no metrô de Tóquio, Japão.

Precisamos encontrar outras formas de estabelecer e nutrir relações de trabalho, para não passarmos por cima de massas de trabalhadores no mundo todo. Grandes nomes ligados ao desenvolvimento de tecnologias que são a base dessa revolução 4.0 vêm propondo alternativas para essa nova conjuntura. Bill Gates, da Microsoft, propõe que os trabalhos que sejam executados por máquinas sejam taxados (impostos altos), para que se criem programas de formação e empreendedorismo. Elon Musk, da Tesla, e Mark Zuckerberg, do Facebook, defendem a ideia de uma renda mínima universal para que as necessidades básicas de todas as pessoas sejam atendidas, diminuindo assim a ansiedade e o estresse do desemprego.

Estamos passando por mudanças profundas em duas frentes. Por um lado ampliamos cada vez mais nossa consciência sobre causas e consequências relacionadas à nossa alimentação, estilo de vida, desenvolvimento da personalidade, empatia, resiliência, trauma, etc. Por outro, a tecnologia vem mudando a forma como nos relacionamos com o tempo, com os outros e com nós mesmos. Nunca na história passamos por mudanças tão profundas, ao mesmo tempo em que sabemos tanto. Por tudo isso, a responsabilidade das escolhas que vamos fazer nunca foi tão nossa.

ZANOLINI, Maurício. Karoshi: morte por excesso de trabalho. *Blog da Universidade Livre Pampédia*, 20 nov. 2017. Disponível em: <https://bloguniversidadelivrepampedia.com/>. Acesso em: 7 mar. 2018.

NO DIA A DIA

Desemprego é maior entre jovens de 14 a 24 anos, diz Ipea

Moradores da região Norte, pessoas com nível intermediário de educação (que já completaram o ensino fundamental, mas ainda não o médio) e os jovens foram os que mais perderam emprego no país, em 2016, segundo a 62ª edição do Boletim Mercado de Trabalho, divulgado [...] pelo Instituto de Pesquisa Econômica Aplicada (Ipea).

Aloisio Mauricio/Fotoarena

Carteira de trabalho.

O documento mostra que, entre os jovens de 14 a 24 anos, o valor médio das taxas de desemprego trimestrais subiu de 20%, em 2015, para 27,2%, em 2016. Entre os adultos de 25 a 59 anos e os mais idosos, acima de 60 anos, também houve elevação no valor médio das taxas de desemprego trimestrais para o ano de 2016.

Para os adultos, a variação das taxas de desemprego, entre 2016 e 2015, foi de 2,2 pontos percentuais, fechando o último trimestre de 2016 com a taxa em 9,1%. Para a população mais idosa, a variação foi de 1,1 ponto percentual, chegando a 3,4%.

No recorte por regiões, o Nordeste apresentou as maiores taxas de desemprego em 2016, chegando a 14,4% no último trimestre.

Com relação à escolaridade, a evolução mais significativa foi registrada entre estudantes com ensino fundamental completo e médio incompleto, com um crescimento de 4,7 pontos percentuais na taxa de desemprego entre o quarto trimestre de 2016 e o mesmo período de 2015, quando a taxa passou de 12,2% para 16,9%.

Os trabalhadores por conta própria mantiveram uma trajetória de crescimento, com variação de 1,25% na média de 2016 em relação a 2015.

Os demais grupos registraram queda nos respectivos níveis de ocupação, com exceção dos militares/estatutários, que cresceram 0,65% no período analisado. Os trabalhadores com carteira e sem carteira assinada apresentaram queda de 3,72% e 0,35%, respectivamente. [...]

CRISTALDO, Heloisa. Desemprego é maior entre jovens de 14 a 24 anos, diz Ipea. *Agência Brasil*, 5 maio 2017. Disponível em: <http://agenciabrasil.ebc.com.br/economia/>. Acesso em: 7 mar. 2018.

Pense nestas questões:

1) Qual seria uma possível solução para o desemprego que atinge os jovens?

2) Às vezes, os jovens que se veem numa situação de pobreza e sem perspectiva de trabalho seguem o caminho da criminalidade. Na sua opinião, de quem é a maior responsabilidade por esse fato?

AGORA É COM VOCÊ

Sob a orientação do professor, forme grupo com seus colegas e façam entrevistas (com seus pais e familiares, com pessoas da escola, em locais de trabalho) perguntando às pessoas se gostam de seu trabalho e estão felizes com ele ou se estão se sentindo infelizes e exploradas. Procurem conversar com pessoas de diferentes religiões e diferentes atividades profissionais.

Depois, comparem o resultado com as afirmações de Calvino e Marx. Por fim, organizem as informações obtidas e divulguem-nas para os demais colegas.

EU COMIGO

"Em que eu gostaria de trabalhar? Minhas potencialidades e capacidades estão de acordo com minha escolha?"

FALANDO DE ECONOMIA

Globalização e novos problemas mundiais

Você sabe o que é globalização? Sua primeira característica é que as grandes indústrias passaram a produzir e distribuir seus produtos em qualquer parte do mundo – uma indústria pode ser estadunidense, por exemplo, fabricar seus produtos na China e distribuí-los, por intermédio de uma empresa brasileira, em todos os países. Assim, não existem mais fronteiras para o comércio. Além disso, os custos de produção diminuem, uma vez que, em geral, as fábricas são instaladas em países cujos impostos são baixos e a mão de obra é barata. Resultado: maior lucro para as grandes empresas.

© Bill Watterson/ Dist. by Atlantic Syndication/Universal Press Syndicate

Outra característica da globalização é que o controle da produção e da distribuição dos produtos que consumimos no dia a dia fica nas mãos das tais grandes empresas, que são muito poucas. Resultado: essas empresas se tornam cada vez mais poderosas. Nesse contexto, o mais importante de tudo é o capital: as pessoas precisam consumir cada vez mais, ainda que sem necessidade alguma, enquanto alguns poucos enriquecem muito.

A globalização, obviamente, tem muitos críticos, que consideram essa lógica absurda e desumana. Ora, se o trabalho é destinado a proporcionar felicidade e bem-estar a todos os seres humanos, essa forma de capitalismo é muito ineficaz: nunca houve tantos pobres no mundo inteiro; nunca houve tantas desigualdades econômicas, com poucos ganhando muito e muitos ganhando quase nada. Além disso, o enriquecimento tem acontecido cada vez mais à custa do esgotamento dos recursos naturais da Terra, o que leva a verdadeiros desastres ecológicos.

Grande parte dos críticos entende que a globalização, pela concentração de riqueza nas mãos de pouquíssimas empresas, tem levado milhões de pessoas à fome e à miséria. As consequências disso são os movimentos de revolta e o aumento considerável da violência em todos os países.

Felizmente, muitos seres humanos ainda têm sonhos e utopias, e acreditam que é possível construir um mundo baseado na fraternidade, na igualdade, na justiça e no amor ao próximo. Quem sabe essa abertura de mercado por meio da globalização não acabará servindo para abolir as fronteiras entre os povos e aproximá-los no diálogo?

AGORA É COM VOCÊ

Utilizando as informações que você já tem sobre o assunto, faça uma redação que aborde o problema do desemprego, da pobreza, da violência e da grande quantia de dinheiro nas mãos de poucos.

NO DIA A DIA

Fabrício é dono de uma empresa bem-sucedida. Na sua indústria há pessoas dos mais diferentes segmentos sociais e idades. Na sua opinião, ele até que trata bem seus funcionários. Mas sempre esbraveja:

– Aconteça o que acontecer pensarei sempre na empresa em primeiro lugar e depois no funcionário!

Entretanto, ultimamente ele tem lido alguns livros que discutem a questão do trabalho e das empresas de maneira mais crítica. Suas leituras o estão deixando abalado e fazendo ver uma série de injustiças, exploração e opressão dentro de sua própria empresa. Está num enorme conflito porque sabe que, se mudasse a organização de sua empresa, todos ficariam mais felizes e ele faria justiça. Mas, no fundo, teme que, ao mudar as coisas, os negócios deixem de ser lucrativos e ele perca o que conquistou.

Pense nestas questões:

1) Se você estivesse no lugar de Fabrício, mudaria as coisas ou não? Por quê?

2) Na sua opinião, as mudanças deveriam ser feitas todas de uma vez ou aos poucos? Por quê?

E+/Getty Images

Muitas vezes é preciso aceitar os riscos que podem surgir para fazer a escolha certa que visa o bem das demais pessoas.

SESSÃO DE CINEMA

Daens, um grito de justiça

Direção de Stijn Coninx. Look Films, 1992.

No século XIX, na Bélgica, um padre católico envolve-se na defesa dos trabalhadores, que enfrentavam condições miseráveis.

Procure assistir ao filme indicado pensando nesta questão:

Quais os métodos usados pelo padre para combater as injustiças que vê?

Reprodução/Stijn Coninx/Look Filmes

Um senhor estagiário

Direção de Nancy Meyers. Warner Bros, 2015.

Bem Whittaker é um viúvo de 70 anos que vê em uma vaga de estágio para idosos a oportunidade para renovar sua vida e voltar à ativa após a aposentadoria. O estágio é em uma empresa jovem – em todos os sentidos – comandada por Jules Ostin, uma mulher bem-sucedida, que, de início, encontra dificuldades em trabalhar com Ben. O filme trata especialmente do choque entre gerações dentro do ambiente de trabalho e da importância das trocas de experiências entre os colaboradores.

Reprodução/Nancy Meyers/Warner Bros.

Após assistir ao filme, responda:

1) **Na sua opinião, como colaboradores de gerações diferentes podem contribuir dentro de uma mesma equipe numa empresa? Justifique.**
2) **Como você reagiria, em relação a Ben, se estivesse na mesma posição em que Jules?**

E PARA TERMINAR

Leia a seguir, numa versão poética, uma das mais famosas fábulas de todos os tempos, contada pela primeira vez por Esopo, cerca de 500 anos antes de Cristo. Em seguida responda às questões.

A cigarra e a formiga

Tendo a cigarra, em cantigas,
Folgado todo o verão,
Achou-se em penúria extrema,
Na tormentosa estação.

Folgado: descansado.
Tormentosa estação: inverno.

Universal History Archive/Getty Images

Gravura do século XIX do conto "A cigarra e a formiga", do artista francês Gustave Doré (1832-1883).

Não lhe restando migalha
Que trincasse, a tagarela
Foi valer-se da formiga,
Que morava perto dela.

— Amiga, — diz a cigarra —
Prometo, à fé de animal,
Pagar-vos, antes de agosto,
Os juros e o principal.

A formiga nunca empresta,
Nunca dá; por isso, junta.
— No verão, em que lidavas? —
À pedinte, ela pergunta.

Responde a outra: — Eu cantava
Noite e dia, a toda hora.
— Oh! Bravo! — torna a formiga
— Cantavas? Pois dança agora!

LA FONTAINE, Jean de. In: MACHADO, Luiz Raul (Org.) *O livro das virtudes*: uma antologia de Willian. J. Bennett. Rio de Janeiro: Nova Fronteira, 1995. p. 239.

1) A fábula descreve a formiga trabalhando e a cigarra cantando. No seu ponto de vista, a arte pode ser uma forma de trabalho? Por quê?
2) Você concorda com a atitude da formiga? Justifique.

> [...] antes de mais nada o trabalho é "para o homem" e não o homem "para o trabalho".
>
> **Papa João Paulo II.**
>
> *Laborem exercens*. Disponível em: <http://w2.vatican.va/>. Acesso em: 8 mar. 2018.

Cultura RF/Getty Images

13

A vida deve ser defendida desde os primeiros instantes até seu fim natural, respeitando todo o curso natural dos seres vivos.

A vida... é sagrada!

Um dom de Deus

A vida é nosso maior bem! As religiões e muitas filosofias espiritualistas consideram a vida o maior presente de Deus a suas criaturas. Filósofos ateus, como André Comte-Sponville (1932-), veem a vida como melhor e mais importante do que o nada. Você já pensou que maravilha é estar vivo, olhar e sentir a criação inteira, viva, à sua volta? As flores, as árvores, os animais e os seres humanos – tudo está cheio de vida. Alguns cientistas e filósofos e algumas religiões dizem que até em outros mundos, espalhados pelo Universo, há vida. Vida ainda desconhecida para nós, mas vida cósmica, infinita.

Quase todas as religiões – tradições indígenas e africanas, igrejas cristãs, religiões antigas, cultos orientais – acreditam que a vida é criação divina. A origem da existência está em Deus. E você, o que acha?

BEBENDO NA FONTE HINDU

O que pensam os hindus

Os adeptos do hinduísmo chamam de Brama o Deus criador. No *Bhagavad Gita*, é Deus quem fala:

[...] Brama, o Criador, é o Ser Supremo, o Ser Indiviso, simples e eterno. [...] Eu mesmo sou Brama. De mim emana a Alma das almas, a vida universal, a vida una do universo. [...]

Bhagavad-Gîtâ: a mensagem do mestre. 8,3. 22. ed. São Paulo: Pensamento, 2006. p. 93-94.

[...] Todas as coisas de Mim provêm, mas Eu não tenho origem nelas; em Mim estão todas as coisas, mas Eu – em minha Divindade – não estou circunscrito por elas.

Bhagavad-Gîtâ: a mensagem do mestre. 9,4. 22. ed. São Paulo: Pensamento, 2006. p. 102.

Godong/UIG/Getty Images

Bhagavad Gita gravado nas paredes de templo hindu. Foto de 2012.

BEBENDO NA FONTE CRISTÃ

A pregação de Paulo

Certa vez, Paulo de Tarso, apóstolo de Jesus, foi pregar o Evangelho entre os gregos, na cidade de Atenas. Como você já sabe, os gregos acreditavam em muitos deuses. Porém, ao ler uma inscrição em seus templos – "ao deus desconhecido" –, Paulo entendeu que se tratava do Deus único e explicou aos atenienses que, sem saber, eles adoravam o Criador. Leia o comentário de Paulo:

O Deus que criou o Universo e tudo o que nele se encontra, ele que é o Senhor do céu e da terra, não habita templos construídos pela mão dos homens e o seu serviço tampouco exige mãos humanas, como se ele carecesse de alguma coisa, pois ele dá a todos a vida e a respiração e tudo o mais. [...]

Pois é nele que nós temos a vida, o movimento e o ser, como disseram alguns de vossos poetas:

Pois nós somos de sua raça.

Atos dos apóstolos 17,24.28. *Bíblia*: tradução ecumênica. São Paulo: Edições Loyola, 1994. p. 2140.

Detalhe da Capela Sistina, Deus criando o Sol e a Lua. Afresco pintado por Michelangelo (1475-1564) no Vaticano.

Album/Fotoarena/Capela Sistina, Vaticano, Itália

O QUE VOCÊ ENTENDEU?

1) Qual a ideia em comum que aparece nas tradições hindu e cristã?

2) Você concorda com essa ideia? Por quê?

EU COMIGO

"Inspirando-me nos versos a seguir, falarei sobre minha vida em forma de poesia."

A vida a ser vivida,
A vida a ser cumprida,
Uma vida ainda em começo,
Que deve ser bem querida.

BEBENDO NA FONTE JUDAICO-CRISTÃ

Assim está escrito

Estas palavras são do livro da Sabedoria, do Antigo Testamento, e revelam que Deus quer a subsistência de suas criaturas:

Não procureis a morte extraviando a vossa vida.
Não chameis sobre vós a ruína, pelas obras de vossas mãos.
Pois Deus não fez a morte; não lhe dá prazer a perda dos vivos.
Ele criou todos os seres para que subsistam
e, no mundo, as gerações são salutares;
nelas não há veneno funesto, [...]

Sabedoria 1,12-14. *Bíblia*: tradução ecumênica. São Paulo: Edições Loyola, 1994. p. 1687.

Funesto: fatal, mortal.

A vida vivida e respeitada

A vida é uma bênção de Deus, uma oportunidade, um bem supremo. Ela deve ser bem vivida, conservada, cuidada e amada. A primeira vida que temos o dever de respeitar é a nossa. Ao menos enquanto vivemos na Terra, vivemos em um corpo. O corpo, segundo Paulo, é o templo de nosso espírito. É preciso cuidar dele, pois se trata de uma obra de Deus. Assim, o suicídio às vezes é visto como um gesto de ingratidão para com o Criador. E devemos entender suicídio não só como o ato violento e repentino de exterminar a própria vida. O suicídio pode ser lento: a bebida, a droga, o excesso de comida podem tornar-se uma forma de buscar a morte aos poucos.

Entretanto, o suicídio, na maioria das vezes, é buscado por indivíduos que não estão mentalmente saudáveis. Depressão ou outras formas de doenças psíquicas podem levar as pessoas ao suicídio. Por isso, devem ser tratadas e observadas.

E a vida do outro? Você se lembra do sexto mandamento de Deus, que diz, simplesmente, "não matarás"? Não há referência a nenhuma condição: "se", "quando", "depende das circunstâncias". Ele é taxativo, absoluto. Pode significar que jamais devemos tirar a vida de alguém, em nenhuma situação. E por que "pode significar"?

Como você já viu, as religiões discutem esse preceito de maneira não muito rígida. Muçulmanos, católicos, protestantes e judeus, por exemplo, podem considerar necessário matar em certas situações, como numa guerra ou para se defender de um ataque. A Igreja católica pondera que não há culpa em matar em legítima defesa. Alguns cristãos, hindus e budistas, ao contrário, afirmam que em nenhuma circunstância se deve matar: é preferível morrer. Sócrates, mesmo antes do cristianismo, Jesus, Gandhi e Martin Luther King deram exemplos sobre isso.

Seja como for, a vida do próximo nos é tão sagrada quanto a nossa própria. Isso ninguém discute. Do mesmo modo, devemos respeitar a vida da natureza. Plantas e animais, em mares e florestas – tudo está animado de uma vida intensa e fecunda, e não temos o direito de destruí-la nem de prejudicá-la.

Album/Fotoarena/Museu de Arte Contemporânea, Milão, Itália

O bebedor, de Umberto Boccioni (1882-1916).

Dean Mitchell/Getty Images

Uma mulher apoiando outra com necessidades especiais. Foto de 2015.

O X DA QUESTÃO

1) Das formas de respeito à vida citadas (ao próprio corpo, à vida do outro, à natureza), há alguma mais importante que a outra ou as três são igualmente essenciais? Justifique sua opinião.

2) Há cientistas e filósofos que discordam totalmente da ideia de que a origem da vida é divina. Eles julgam que a vida surgiu por acaso, sem nenhuma intervenção de Deus. Qual a sua opinião a respeito? Por quê?

BEBENDO NA FONTE INDÍGENA

Granger/REX/Shutterstock

Indígenas *sioux* dançando e fazendo preces na reserva indígena Pine Ridge, Dakota do Sul, Estados Unidos. Ilustração feita por Frederic Remington, em 1890.

O Grande Espírito

Os nativos norte-americanos, como os demais indígenas, experimentam grande integração com a natureza, sentindo a presença divina em toda parte. A oração a seguir está entre suas tradições orais mais antigas. Trata-se de uma prece do povo *sioux*.

Ó Grande Espírito, cuja voz eu ouço no vento,
Cujo alento dá vida a todo o mundo.
Escuta-me; eu necessito de tua força e sabedoria.
Deixa-me andar na beleza e faze com que meu olhar
Sempre observe o pôr do sol vermelho e púrpura.
Faze com que minhas mãos sempre respeitem tuas coisas
E faze meus ouvidos afinados para ouvir tua voz.
Torna-me sábio para que eu possa entender
As coisas que ensinaste ao meu povo.
Ajuda-me a permanecer calmo e forte
Diante de tudo que venha em minha direção.
Deixa-me aprender as lições que escondeste
Em cada folha e em cada rocha.
Ajuda-me para que eu busque pensamentos puros
E aja com a intenção de auxiliar os outros.
Deixa-me encontrar compaixão sem que a pena me oprima.
Eu procuro força, não para ser maior que meu irmão,
Mas para lutar contra meu pior inimigo – Eu mesmo.
Faze com que eu esteja sempre pronto para vir diante de Ti
Com mãos limpas e olhos diretos.
Para que quando a vida desvanecer-se, como um esmaecido pôr do sol,
Meu espírito possa chegar a ti sem nenhuma desonra.

THE great spirit prayer. *Aka Lakota Museum &Cultural Center*. Disponível em: <http://aktalakota.stjo.org/>. Acesso em: 7 mar. 2018. Tradução dos autores.

Desvanecer-se: desmanchar-se, desaparecer.

Esmaecido: apagado, pálido.

O QUE VOCÊ ENTENDEU?

1) Você percebeu alguma semelhança entre o trecho bíblico citado na página 204 e a oração do indígena? Qual? Justifique sua resposta.

2) Que palavras dessa prece mais tocaram você? Por quê?

CONTANDO UM CONTO

O valor de uma vida

Na praia a menina
achou uma concha,
conchinha lindinha,
de arrepiar.

No dia seguinte,
as suas amigas
daquela conchinha
iriam gostar.

Mas dentro da concha
havia um bichinho,
vivo, vivinho,
a respirar.

"Se eu levo essa concha",
pensou a menina,
"a vida do bicho
vai se acabar".

"Se eu levo essa concha
o bicho não vive,
mas minhas amigas
vão me elogiar".

"Se eu levo essa concha,
se eu mato esse bicho,
com esse elogio,
eu vou me alegrar?"

"Se eu deixo a conchinha
se eu salvo uma vida
ninguém vai saber,
mas eu vou gostar".

Então a menina,
com muito cuidado,
deixou a conchinha
nas águas do mar...

BANDEIRA, Pedro. Disponível em: <www.bibliotecapedrobandeira.com.br/pdf/o_valor_de_uma_vida.pdf>. Acesso em: 12 abr. 2018.

Carrie Venezia/Acervo da artista

Brisa do mar nº 2, da pintora estadunidense Carrie Venezia.

E FAZENDO A PONTE

1) A menina viveu um conflito e depois acabou respeitando a vida do bichinho dentro da concha. Será que é tão importante assim preservar a vida de uma pequena criatura ou isso é um exagero? Justifique sua opinião.

2) Há pessoas que não matam sequer uma aranha ou uma cobra, em respeito à vida. Se existir algum perigo para o ser humano, você considera válido matar um ser vivo?

FALANDO DE LEGISLAÇÃO

Aborto é crime?

Uma das questões mais polêmicas da atualidade é a do aborto. Hoje são realizados, no mundo, 40 milhões de abortos por ano. No século XX, essa prática foi legalizada em muitos países; em outros, a lei continua proibindo a interrupção da gravidez. Em outros, ainda, como é o caso do Brasil, o aborto é permitido apenas em circunstâncias especiais: 1. Quando a gravidez põe a vida da mulher em risco; 2. Quando a gravidez é resultante de estupro ou 3. Se o feto for anencéfalo (não possuir cérebro).

Atualmente no Brasil há um debate intenso envolvendo a sociedade sobre o difícil tema da descriminalização do aborto. O aborto é crime ou não? A questão envolve aspectos filosóficos, científicos e religiosos sobre o direito à liberdade, o direito à vida, quando a vida começa... Vamos analisar o panorama geral dessa discussão.

Para muitos, a criminalização do aborto é ferir os direitos fundamentais de liberdade e de autonomia da mulher, que deve ter o direito de fazer escolhas existenciais. O Estado não pode obrigar a manter uma gestação indesejada. A mulher desejando, o aborto poderia ser feito em qualquer circunstância. Inclusive, em muitos casos, a Justiça brasileira tem entendido que a prática do aborto até os 3 meses de gestação não é crime. Essa compreensão se apoia na tese de que o embrião até as 12 semanas não tem sistema nervoso para estabelecer relação com a mãe ou mesmo sentir qualquer tipo de dor, posição defendida por alguns cientistas e médicos.

Mas nem todos os médicos e pesquisadores estão de acordo com essa tese, pois nas primeiras semanas o embrião já está vivo; nesse caso, o ato abortivo estaria matando um inocente.

Ananda Migliano/Futura Press

Manifestação a favor do aborto, em São Paulo (SP), 2017.

Outros entendem que, apesar de o aborto não ser algo bom e que o papel do Estado deve ser ajudar a mãe a ter o filho, não se pode tratá-lo como um crime. Seria preciso, sim, buscar outras formas de se evitá-lo, com processos educacionais, métodos contraceptivos e apoio às mulheres que queiram ter os filhos e não tenham condições.

A maioria das religiões é contrária ao aborto, pois se trata de um desrespeito a uma vida que se inicia. Mas dentro das próprias religiões a questão é controvertida: há os que são contra e os que são a favor. No Brasil, as duas religiões mais combativas contra o aborto são a católica e a espírita. Elas consideram crime grave diante de Deus tirar a vida de um feto. Para ambas as correntes, a vida começa no momento da concepção – e matar um ser inocente e indefeso, ainda no ventre da mãe, é algo inadmissível. Assim, a mulher pode escolher as coisas relacionadas ao seu próprio corpo e tomar decisões como queira, mas, quando acontece de engravidar, é uma vida diferente da dela e nesse caso não tem o direito de interromper uma vida nascente.

Houve um médico estadunidense, antes favorável ao aborto, que mudou de opinião. Leia parte de seu testemunho:

Eu sou pessoalmente responsável por 75 mil abortos. Isso me credencia a falar com autoridade sobre o assunto. Fui um dos fundadores da Naral (National Association for the Repeal of the Abortion Laws – Associação Nacional pela Anulação das Leis Antiaborto), nos EUA, em 1968. Nessa época, uma confiável pesquisa de opinião apontou que a maioria dos americanos era contra a liberação do aborto. Em cinco anos, convencemos a Suprema Corte a aprovar a decisão que legalizou o aborto nos EUA em 1973, inclusive até o momento anterior ao nascimento. Como fizemos isso? É importante entender as táticas utilizadas, pois são as mesmas que têm sido usadas em todo o Ocidente, com algumas pequenas mudanças, sempre com o intuito de mudar leis antiaborto.

A primeira tática foi ganhar a simpatia da mídia. Nós convencíamos os meios de comunicação de que lutar pela liberação do aborto era uma causa liberal, esclarecida e sofisticada. Sabendo que uma pesquisa séria havia sido feita, o que muito nos prejudicaria, nós simplesmente fabricamos resultados de pesquisas fictícias. Anunciamos aos meios de comunicação que pesquisas por nós conduzidas mostravam que 60% dos americanos eram favoráveis à

Mareen Fischinger/Getty Images

Todas as vidas estão ligadas em uma mesma corrente.

liberação do aborto. Essa é a tática da mentira bem fundamentada. Poucas pessoas gostam de fazer parte da minoria. [...]

A segunda tática foi atacar a Igreja católica. Nós a difamamos e classificamos suas ideias de "socialmente retrógradas", colocando as autoridades católicas como o vilão que se opunha ao aborto. Esse tema foi exaustivamente explorado. Nós divulgávamos à mídia mentiras tais como: "todos sabemos que a oposição ao aborto vem das autoridades religiosas e não da maioria dos católicos" e "pesquisas comprovam que a maioria dos católicos quer uma reforma na lei contra o aborto". E a mídia repetia tudo isso, convencendo os americanos de que qualquer um que se opusesse à liberação do aborto deveria estar sob a influência das autoridades católicas, e que católicos favoráveis ao aborto são esclarecidos e progressistas. Como consequência dessa tática, não havia nenhum grupo não católico que se opusesse ao aborto. O fato de que havia outras religiões, cristãs e não cristãs, que eram (e ainda são) definitivamente contrárias ao aborto foi sistematicamente escondido, assim como as opiniões de ateus pró-vida.

A terceira tática era denegrir e suprimir toda evidência de que a vida se inicia na concepção. Muito me perguntam o que me fez mudar de pensamento. Como passei de destacado defensor do aborto a advogado pró-vida? Em 1973, tornei-me diretor de Obstetrícia de um grande hospital na cidade de Nova Iorque e tive de iniciar uma unidade de pesquisa pré-natal, a fim de desenvolver uma nova tecnologia que hoje nos permite estudar o feto no útero.

Obstetrícia: é o ramo da medicina que se ocupa da gravidez, do parto e da saúde após o parto.

Uma das táticas pró-aborto favoritas é insistir que é impossível definir quando a vida se inicia; que essa questão é teológica, moral ou filosófica, e não científica. A fetologia, ramo da obstetrícia que estuda o feto, tornou inegável a evidência de que a vida se inicia na concepção e requer toda proteção e cuidado que qualquer um de nós necessita.

Por que então, vocês podem perguntar, alguns médicos americanos, cientes das descobertas da fetologia, desmoralizam a si mesmos fazendo abortos? Simples aritmética: a US$ 300 cada, 1,55 milhão de abortos somam US$ 500 milhões anuais, a maior parte dos quais vai para o bolso do médico que faz o aborto.

É claro que a liberação do aborto é claramente a destruição do que é, inegavelmente, uma vida humana. É um inadmissível ato de violência. [...]

NATHANSON, Dr. Bernard. *Confissões de um ex-abortista*. Disponível em: <www.catholiceducation.org/>. Acesso em: 7 mar. 2018. Tradução dos autores.

Como contraponto, leia a reportagem a seguir sobre o Uruguai, onde o aborto foi legalizado:

O número de mulheres que decidiram levar adiante a gravidez após solicitar um aborto legal no Uruguai cresceu 30% em 2014 se comparado ao ano anterior, conforme o segundo relatório anual do Ministério da Saúde (MSP) [...]. O total de abortos legais concretizados subiu 20%, com "8.500 interrupções voluntárias da gravidez", mais do que no mesmo período [...].

Os dados foram coletados "entre dezembro de 2013 e novembro de 2014", explicou [...] a ginecologista e ex-diretora de Saúde Sexual e Reprodutiva no MSP, Leticia Rieppi, que participou da coordenação do relatório realizado durante sua gestão [...]. Para a médica, a ascensão no número de abortos está dentro do esperado para os primeiros anos de vigência da lei.

"O que nos surpreendeu foi o aumento de desistências, o que demonstra que a lei vem cumprindo seu papel. Não é uma lei que promove o aborto, mas a reflexão. Isso demonstra que muitas mulheres que solicitam o aborto não têm certeza e que as consultas obrigatórias com a equipe interdisciplinar, formada por psicólogos e assistentes sociais, além do ginecologista, estão sendo efetivas", disse em alusão ao procedimento determinado pela legislação no qual a mulher tem cinco dias para pensar antes de prosseguir com o pedido.

Sobre o número de abortos concretizados, o Ministério informou que se trata de uma relação de 12 para cada 1.000 "mulheres entre 15 e 45 anos, sendo porcentagens que estão abaixo dos níveis internacionais que se conhecem, como, por exemplo, nos países nórdicos" [...]

URUGUAI: após legalização, desistência de abortos sobe 30%. *Terra*, 29 mar. 2015. Disponível em: <www.terra.com.br/>. Acesso em: 12 abr. 2018.

AGORA É COM VOCÊ

Você viu que esse é um assunto polêmico. Faça uma breve pesquisa sobre pontos a favor e contra o aborto e discuta com o professor e seus colegas sobre a possibilidade ou impossibilidade ética de abortar um feto.

DE OLHO NO BRASIL

Somos muitos Severinos

Severina: dura, severa, sofrida.

O poeta pernambucano João Cabral de Melo Neto (1920-1999) escreveu uma obra-prima da literatura brasileira: o auto (peça teatral) de Natal *Morte e vida severina*, que retrata a vida do retirante nordestino, representante de um grupo significativo da nossa população. Durante todo o século XX, houve grandes ondas migratórias do nordeste para o sul do país. Os chamados retirantes, cansados de viver em condições de miséria, sem acesso a água e sem amparo político e social, partiam em busca de uma vida digna.

O interessante é que Cabral discute se vale a pena uma vida como a que ele descreve de maneira tão brilhante:

[...] Somos muitos Severinos
iguais em tudo na vida:
na mesma cabeça grande
que a custo é que se equilibra,
no mesmo ventre crescido
sobre as mesmas pernas finas,
e iguais também porque o sangue
que usamos tem pouca tinta.

E se somos Severinos
iguais em tudo na vida,
morremos de morte igual,
mesma morte severina:
que é a morte de que se morre de velhice antes dos trinta,
de emboscada antes dos vinte, de fome um pouco por dia
(de fraqueza e de doença
é que a morte severina
ataca em qualquer idade,
e até gente não nascida). [...]

MELO NETO, João Cabral de. *Morte e vida severina*. Recife: Fundaj-Editora Massangana, 2009. p. 10.

O poeta João Cabral de Melo Neto. Foto de 1986.

Aguinaldo Ramos/Folhapress

Ao final da peça, com o nascimento de uma criança, filho de retirante, há a reafirmação de que vale a pena a vida, mesmo a vida severina:

[...] – Severino retirante,
deixe agora que lhe diga:
eu não sei bem a resposta
da pergunta que fazia,
se não vale mais saltar
fora da ponte e da vida;
nem conheço essa resposta,
se quer mesmo que lhe diga;
é difícil defender,
só com palavras, a vida,
ainda mais quando ela é
esta que vê, severina;
mas se responder não pude
à pergunta que fazia,
ela, a vida, a respondeu
com sua presença viva.

E não há melhor resposta
que o espetáculo da vida:
vê-la desfiar seu fio,
que também se chama vida,
ver a fábrica que ela mesma,
teimosamente, se fabrica,
vê-la brotar como há pouco
em nova vida explodida;

mesmo quando é assim pequena
a explosão, como a ocorrida;

mesmo quando é uma explosão
como a de há pouco, franzina;

mesmo quando é a explosão
de uma vida severina.

MELO NETO, João Cabral de. *Morte e vida severina*. Recife: Fundaj-Editora Massangana, 2009. p. 41.

Candido Portinari/Projeto Portinari

Retirantes, pintura de Candido Portinari (1903-1962).

AGORA É COM VOCÊ

Sob a orientação do professor, forme grupos com seus colegas para pesquisar, em livros e/ou na internet, os problemas tradicionais do Nordeste brasileiro: a seca, a miséria, a fome, a dominação política dos "coronéis" (nome dado a líderes políticos e proprietários de terras em certas regiões do país). Depois pesquisem se hoje esses problemas acontecem em outros lugares do Brasil. Por fim, releiam os trechos de *Morte e vida severina* e comparem a realidade com a poesia. Em seguida, discutam e proponham soluções para os problemas encontrados.

NO DIA A DIA

Usuários de drogas no mundo somam 250 milhões

O mercado mundial da droga "está prosperando" e "se diversificando" com uma produção de cocaína e ópio em alta, o desenvolvimento de substâncias sintéticas e um aumento da mortalidade por opiáceos, afirma o Escritório das Nações Unidas contra a Droga e o Delito (ONUDC).

"Ultimamente se vem prestando especial atenção às ameaças representadas pela metanfetamina e as novas substâncias psicoativas (NSP). No entanto, como mostra o relatório, tanto a fabricação de cocaína como a de opioides estão aumentando", aponta Yuri Fedotov, diretor da ONUDC, que publicou seu relatório anual [...].

Usuários de drogas na Cracolândia, no centro de São Paulo (SP), em 2014.

Fernando Zamora/Futura Press

Estas drogas tradicionais "continuam sendo preocupantes", acrescenta. Cerca de 250 milhões de indivíduos, o que representa 5% da população adulta mundial, consumiram drogas ao menos uma vez em 2015.

Todas as substâncias analisadas pelo ONUDC apresentam tendências inquietantes. "O cultivo do arbusto de coca, após um prolongado declínio, aumentou 30% durante o período entre 2013 e 2015, principalmente como resultado do aumento registrado na Colômbia", primeiro produtor mundial, indica o relatório.

Dessa forma, em 2015 o volume de fabricação mundial de cloridrato de cocaína puro subiu para 1.125 toneladas, ou seja, um aumento global de 25% em relação a 2013.

O consumo também parece aumentar tanto nos Estados Unidos como na Europa, onde "se deduz da análise das águas residuais" que subiu 30% entre 2011 e 2016.

Quanto ao ópio, em 2016 a produção mundial aumentou em um terço em relação ao ano anterior, devido a um maior rendimento no Afeganistão favorecido por melhores condições meteorológicas.

No entanto, sua produção mundial, de 6.380 toneladas, é 20% menor que o máximo alcançado em 2014 e próxima à média dos cinco anos anteriores.

Por países, a situação nos Estados Unidos é particularmente preocupante: a heroína confiscada "aumentou significativamente em 2015", segundo o relatório, que fala de uma "verdadeira epidemia" de consumo combinado de medicamentos opiáceos por prescrição médica e heroína.

Nesse país ocorrem cerca de 25% das mortes por drogas no mundo, majoritariamente por opiáceos, e as overdoses triplicaram entre 1999 e 2015, passando de 16.849 a 52.404 por ano.

O relatório cita a decisão do governo do Uruguai de regulamentar, a partir de 2013, o cultivo, produção, venda e consumo de cannabis para uso recreativo e medicinal. No entanto, aponta que "só se saberá" as repercussões desta medida "uma vez que tenham sido aplicadas plenamente".

Grupos armados e criminosos

As metanfetaminas, cujo uso é muito instalado no leste e sudeste da Ásia, agora "suscitam uma preocupação crescente na América do Norte e em algumas partes da Europa". "Também aumentou consideravelmente a apreensão de anfetamina na América Central e no sudoeste da Ásia", ressalta.

O organismo da ONU expressa sua frustração ante a falta de dados sobre os modelos econômicos do narcotráfico, que envolvem criminalidade organizada e grupos armados. Em 2014, a venda de drogas representou entre um quinto e um terço das receitas dos grupos criminosos transnacionais.

Dois anos atrás, 40% dos confiscos mundiais de heroína e de morfina ocorreram em países situados na chamada rota dos Bálcãs, principal itinerário do tráfico de opiáceos. Mas "parece estar ganhando importância" uma via alternativa que rodeia a Turquia e cruza os países do Cáucaso para chegar à Ucrânia e à Romênia.

Rota dos Bálcãs: caminho que passa por diversos países da região sudoeste da Europa, como Macedônia, Sérvia, Croácia, Eslovênia e Hungria, em direção à Europa Central.

Grupos armados também tiram proveito do comércio de drogas, aponta o relatório, citando a decisão das Farc, em 2016, de cessar sua participação no negócio da cocaína após o acordo de paz com o governo da Colômbia.

Citando várias fontes, o texto estima em um bilhão de dólares os rendimentos anuais obtidos com as drogas até então pela guerrilha.

O ONUDC cita principalmente os talibãs no Afeganistão – território onde se situam 85% dos cultivos de papoula para a produção de ópio –, o grupo jihadista nigeriano Boko Haram e a Al Qaeda no Magrebe Islâmico.

O relatório estima que em 2016 o comércio ilícito de opiáceos afegãos gerou 150 milhões de dólares para os grupos armados.

AFP. Usuários de drogas no mundo somam 250 milhões. *Carta Capital*, 22 jun. 2017. Disponível em: <www.cartacapital.com.br/>. Acesso em: 7 mar. 2018.

Pense nestas questões:

1) O uso das drogas é um desrespeito à própria vida? Por quê?

2) Qual seria o melhor antídoto contra as drogas?

Reprodução/Mike Gabriel & Eric Goldberg/ Walt Disney Pictures

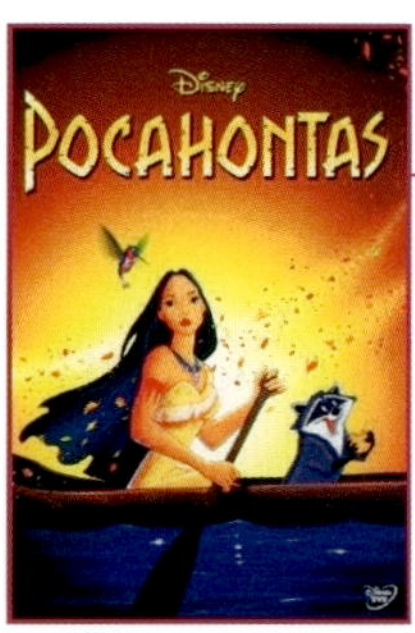

SESSÃO DE CINEMA

Pocahontas

Direção de Mike Gabriel & Eric Goldberg. Walt Disney, 1995.

Desenho animado que conta a história real da indígena norte-americana Pocahontas, que se apaixona por um explorador europeu. Algumas cenas e principalmente a música, vencedora do Oscar de melhor canção ("As cores do vento"), mostram a integração do indígena com a natureza.

Procure assistir ao filme indicado pensando nesta questão:

O que o branco europeu aprende com a indígena Pocahontas?

E PARA TERMINAR

Leia a letra desta canção de Gonzaguinha, compositor brasileiro que morreu prematuramente aos 45 anos, em 1991, vítima de um acidente de automóvel:

O que é, o que é?

[...]
E a vida
E a vida o que é?
Diga lá, meu irmão
Ela é a batida de um coração
Ela é uma doce ilusão
Êh! Ôh!
E a vida
Ela é maravilha ou é sofrimento?
Ela é alegria ou lamento?
O que é? O que é?
Meu irmão

Há quem fale
Que a vida da gente
É um nada no mundo
É uma gota, é um tempo
Que nem dá um segundo

Há quem fale
Que é um divino
Mistério profundo
É o sopro do criador
Numa atitude repleta de amor

Você diz que é luta e prazer
Ele diz que a vida é viver
Ela diz que melhor é morrer
Pois amada não é
E o verbo é sofrer

Eu só sei que confio na moça
E na moça eu ponho a força da fé
Somos nós que fazemos a vida
Como der, ou puder, ou quiser

Sempre desejada
Por mais que esteja errada
Ninguém quer a morte
Só saúde e sorte

E a pergunta roda
E a cabeça agita

pixdeluxe/Getty Images

Eu fico com a pureza
Da resposta das crianças
É a vida, é bonita
E é bonita

Viver
E não ter a vergonha
De ser feliz
Cantar e cantar e cantar
A beleza de ser
Um eterno aprendiz

Ah meu Deus!
Eu sei, eu sei
Que a vida devia ser
Bem melhor e será
Mas isso não impede
Que eu repita
É bonita, é bonita
E é bonita

GONZAGUINHA. O que é, o que é? In: *Caminhos do coração*. Rio de Janeiro: EMI, 1982.
Disponível em: <www.letras.com/gonzaguinha/463845/>. Acesso em: 7 mar. 2018.

1) Todos reunidos, ouçam a música para, depois, cantá-la em conjunto. Que todos possam sentir a alegria de viver que a canção transmite!

2) Sob a orientação do professor, forme dupla com um colega para fazer uma colagem que ilustre ao mesmo tempo as ideias deste capítulo e a sensação descrita na música. Utilizem materiais como recortes de revistas e jornais, fotos e mesmo papéis coloridos lisos ou com textura. Não se esqueçam de dar um título ao trabalho.

> "Trate a Terra e tudo o que nela habita com respeito. [...]"
>
> **Os Mandamentos Cherokee...**
>
> Disponível em: <https://inatitude.wordpress.com/tag/ser-um-xama/>.
> Acesso em: 12 abr. 2018.

Cherokee: maior etnia indígena dos Estados Unidos.

ACME Imagery/SuperStock/
Glow Images/Coleção particular

Meninos em um pasto, de Winslow Homer (1836-1910).

14

Amizade é para sempre?

O valor de um amigo

Ninguém vive sem amigos. Em todas as sociedades, em todos os tempos, a amizade tem sido considerada um valor essencial, pois todo ser humano precisa de alguém em quem possa confiar, para quem confidenciar problemas e com quem partilhar alegrias...

Mas será que todo mundo sabe ser amigo? Será que é fácil encontrar um bom amigo? Será que uma amizade dura para sempre? Você é um bom amigo? Como se rompe uma amizade?

BEBENDO NA FONTE GREGA

A amizade do filósofo

Aristóteles, em sua obra-prima *Ética a Nicômaco*, defendeu a amizade como uma virtude.

[...] segue-se naturalmente uma discussão da amizade, visto que ela é uma virtude ou implica virtude, sendo, além disso, sumamente necessária à vida. Porque sem amigos ninguém escolheria viver, ainda que possuísse todos os outros bens. [...] E quando os homens são amigos não necessitam de justiça, ao passo que os justos necessitam também da amizade; e considera-se que a mais genuína forma de justiça é uma espécie de amizade.

Não é ela, contudo, apenas necessária, mas também nobre, porquanto louvamos os que amam os seus amigos e considera-se uma bela coisa ter muitos deles. E pensamos, por outro lado, que as mesmas pessoas são homens bons e amigos.

ARISTÓTELES. *Ética a Nicômaco*. São Paulo: Editora Abril, 1984. p. 179.

Estátua de Aristóteles, feita de mármore. Localizada em Estagira, sua cidade natal, na Grécia.

Panos Karas/Shutterstock

Explicando a amizade segundo Aristóteles:

As amizades podem ser classificadas, conforme o discípulo de Platão, em três tipos distintos. Essas espécies de amizade fazem referência às qualidades que as fundamentam. Elas são: 1) a amizade segundo o prazer, 2) a amizade segundo a utilidade e 3) a amizade segundo a virtude, ou a amizade perfeita.

Aqueles que fundamentam sua amizade sobre o prazer o fazem por causa daquilo que é agradável em um para o outro. Pessoas espirituosas, por exemplo, têm muitas amizades não por causa do seu caráter, mas sim devido ao prazer que podem proporcionar umas às outras.

A amizade segundo a utilidade é estabelecida pelo bem que uma pessoa pode receber da outra. [...] as pessoas envolvidas neste tipo de relação não se amam por causa do seu caráter, mas sim devido a uma utilidade recíproca.

De Agostini/Getty Images

Representação dos três tipos de amizade, segundo Aristóteles. Ilustração francesa de autor desconhecido presente em um manuscrito do século XV da obra *Ética*, *Política e Economia*, de Aristóteles.

Já a amizade segundo a virtude só pode se estabelecer entre os homens que são "bons e semelhantes na virtude, pois tais pessoas desejam o bem um ao outro de modo idêntico, e são bons em si mesmos.". Como estes homens são raros, amizades assim também são raras.

Tanto a amizade segundo o prazer quanto a amizade segundo a utilidade são geralmente efêmeras, passageiras, se desfazendo facilmente. Por essa razão, "quando desaparece o motivo da amizade, esta se desfaz, pois existia apenas como um meio para se chegar a um fim.".

Nos deparamos com este tipo de amizade em quase todos os períodos de nossa vida. Ao nos lembrarmos das relações que mantínhamos na escola, por exemplo, podemos identificar facilmente quantas e quais não foram as amizades que estabelecemos segundo o prazer. As chamadas pessoas espirituosas, isso é, aquelas pessoas chistosas, cheias de vivacidade e de graça, mantêm quase sempre um amplo círculo de amizade. [...]

As amizades segundo a utilidade são também de natureza semelhante. Podemos identificá-la, por exemplo, nas relações de trabalho entre os funcionários de um escritório. Ou então quando temos uma equipe ou um grupo que luta por um objetivo ou por um bem comum. Essas pessoas, neste caso, não se amam e não desejam a companhia umas das outras por si mesmas, mas mantêm uma relação de amizade porque isso resultará em um bem para si próprias.

Mas a amizade segundo a virtude, ou a amizade perfeita, como a chama Aristóteles, é perfeita "tanto no que se refere à duração quanto a todos os outros aspectos, e nela cada um recebe do outro, em todos os sentidos, o mesmo que dá, ou algo de semelhante.".

Neste tipo de amizade, as pessoas querem o bem uma da outra. Esses homens que são assim amigos buscam verdadeiramente o bem do seu semelhante, e isso pelo simples fato de serem bons. Eles "serão amigos por si mesmos, isto é, por causa de sua bondade.".

Os homens maus têm amizades apenas segundo o prazer ou a utilidade, nunca podendo ter uma relação virtuosa, ou uma amizade perfeita. No entanto, os homens bons, por sua vez, podem estabelecer relações segundo o prazer ou a utilidade, assim como os maus. Mas apenas os bons podem estabelecer uma amizade segundo a virtude. Neste sentido, fica clara a correspondência entre ética e amizade.

ATAIDE, Glauber. As três espécies de amizade em Aristóteles. Disponível em: <http://glauberataide.blogspot.com.br/>. Acesso em: 12 abr. 2018.

O QUE VOCÊ ENTENDEU?

1) Aristóteles afirma que os amigos não precisam de justiça. Por quê?

2) Diz Aristóteles que a bondade e a amizade perfeita se encontram nas mesmas pessoas. Na sua opinião, o que define um amigo quase perfeito (já que pessoa perfeita não existe)?

Um amigo de verdade

Há muitas coisas que podem ser ditas a respeito da amizade verdadeira. Amigo é aquele que se preocupa com a felicidade do outro, com sua saúde, com sua realização. Amigo é aquele que nunca trai a confiança, sempre está por perto, na alegria e na dor.

O amigo não conta fofoca a respeito do amigo; não sente inveja se o outro ganhou, comprou ou conseguiu alguma coisa que ele não tem; não guarda mágoa. O amigo alegra-se conosco, sofre conosco e sabe perdoar. Mas um amigo também pode pisar na bola, fazer algo que nos chateie, então é preciso ter uma boa conversa e exercitar o perdão.

E+/Getty Images

Amigas abraçando-se.

Amigo não é só companhia para a diversão. Às vezes, as pessoas confundem as coisas, achando que amigos são só aqueles que saem com elas para passear e se divertir. Mas, na hora de uma necessidade, a gente vê que nem sempre os companheiros de farra são os que estão ao nosso lado.

Será que amigos são só pessoas da mesma idade, que se encontram entre colegas de estudo, de trabalho, de diversão? Não só. Pais, irmãos, avós, professores podem ser grandes amigos. Geralmente, acha-se que amigo é uma coisa, família é outra. Não é verdade.

Uma das maiores felicidades é quando conseguimos ter amizade íntima com as pessoas com quem vivemos todos os dias: significa ter confiança para trocar confidências dentro da própria família e conversar sobre os assuntos que nos afligem ou nos alegram. Isso depende muito da atitude que os mais velhos têm. Se eles só sabem gritar ou punir, fica difícil o filho ou o aluno se abrir e confiar. Mas o adolescente e o jovem também podem tentar um diálogo amistoso para criar uma relação de confiança e carinho.

Também acontece de alguém procurar companhias apenas para apoiar suas fraquezas. Há gente que acha que só é amigo quem concorda com tudo. Quem quer amigos assim não quer amizade, quer bajulação. Amigos podem e devem dar bons conselhos, quando preciso, e ficar preocupados quando o outro está enveredando por um caminho errado. Por isso, às vezes, alguns jovens não gostam de ter amizade com os mais velhos, pois sabem que receberão conselhos que às vezes não querem ouvir.

Uma pergunta surge no coração das pessoas: a amizade um dia acaba? Quem já foi nosso verdadeiro amigo um dia poderá deixar de ser? Às vezes, a amizade pode esfriar, nos afastar, até porque amigos podem tomar caminhos diferentes na vida. Mas no reencontro, se havia amizade verdadeira, a reaproximação a aquece de novo. Agora se alguém trair, ferir, desrespeitar gravemente um amigo é porque nunca foi amigo de fato, ou pelo menos não foi esse amigo de que Aristóteles dizia que só existe entre os bons.

E+/Getty Images

Avó e neta divertindo-se.

Não existe uma idade certa para se começar uma amizade.

Mark Bowden/iStockphoto/Getty Images

BEBENDO NA FONTE CRISTÃ

A amizade de Jesus

Album/Fotoarena/Museu Hermitage, São Petersburgo, Rússia

A última ceia, do francês Gaston de La Touche (1854-1913).

Se despoja: doa-se, abre mão.

Jesus deu um dos maiores testemunhos de amizade que já se viu. Na última ceia, antes de ser crucificado, quando estava se despedindo dos amigos, falou sobre seu amor por eles.

[...] Eis o meu mandamento: amai-vos uns aos outros como eu vos amei. Ninguém tem maior amor do que aquele que se despoja da vida por aqueles a quem ama. Vós sois meus amigos se fizerdes o que eu vos mando. Já não vos chamo servos, porque o servo permanece na ignorância do que faz o seu senhor; chamo-vos amigos, porque tudo o que ouvi junto do meu Pai vo-lo fiz conhecer. [...]

João 15,12-15. *Bíblia*: tradução ecumênica. São Paulo: Edições Loyola, 1994. p. 2079.

O QUE VOCÊ ENTENDEU?

Jesus disse que ninguém é maior amigo do que aquele que dá a vida pelos seus amigos. Como ele transformou suas palavras em atos?

Gagliardilmages/Shutterstock

Namoro ou amizade?

Amizade entre homens e mulheres

É possível que pessoas de sexos diferentes sejam amigas, sem que a amizade se torne paquera ou namoro? E no namoro e no casamento, homem e mulher podem ser também amigos?

Já passou o tempo em que se achava que homens e mulheres não podiam ter uma amizade sincera sem que surgisse alguma coisa a mais. É perfeitamente possível uma amizade entre os dois sexos. O que diferencia a amizade de um relacionamento amoroso é que, quando se quer namorar, a relação torna-se mais profunda, mais exclusiva (as duas pessoas querem ficar sozinhas uma com a outra), e também dá vontade de ter mais intimidade física.

É possível ser amigo sem namorar, mas não é bom namorar ou casar com alguém sem ter uma grande amizade. Isto é, na relação amorosa, não basta estar apaixonado ou sentir atração física; é preciso haver amizade: gostar de estar junto, de conversar, não esconder segredos. É justamente a amizade que mantém a união profunda entre o casal.

Às vezes, duas pessoas são amigas e, de repente, uma se apaixona pela outra, mas não é correspondida. Então, é preciso ter respeito quando o outro não quer. E aquele amigo que não quer transformar a amizade num relacionamento de amor também não deve brincar com o sentimento do outro.

Bridgeman Images/Glow Images/Museu Hermitage, São Petersburgo, Rússia

Amizade, de Pablo Picasso (1881-1973).

E+/Getty Images

Muitas pessoas estão redescobrindo o valor da vida na terceira idade. Amizades e relacionamentos não devem ser deixados de lado.

O X DA QUESTÃO

1) Resuma, com suas palavras, o que é ser um amigo verdadeiro.

2) Na sua opinião, é possível haver amizade entre um homem e uma mulher? Por quê?

3) O que você espera de um amigo?

EU COMIGO

"Eu sou um(a) bom(boa) amigo(a)? Como eu poderia melhorar?"

NO DIA A DIA

O melhor amigo de Nando é Jonas. Costumam sair juntos para paquerar, conversam o tempo todo, jogam bola no mesmo time. Mas ultimamente Jonas anda estranho. Não quer mais sair com Nando, está evitando sua companhia. Nando, aborrecido e preocupado, resolveu investigar para saber o que está acontecendo. Descobriu que o amigo está usando drogas e não quer que Nando saiba, pois com certeza não vai aprovar.

Agora, Nando está diante de um dilema: conversa com o amigo, desaconselhando o uso de drogas? E, se não der certo, pede a ajuda de uma pessoa mais velha? Jonas pode considerar isso uma traição. Mas e se ele acabar ficando dependente das drogas e Nando não tiver feito nada para ajudá-lo? Como resolver isso?

Pense nestas questões:

1) Se você estivesse na situação de Nando, o que faria?

2) Pedir ajuda a uma pessoa mais velha seria uma forma de traição? Por quê?

3) E, se você estivesse no lugar de Jonas, o que pensaria dessa iniciativa de Nando?

O período do namoro deve ser vivido com respeito e sinceridade, para que ambos se conheçam verdadeiramente.

Rock and Wasp/Shutterstock

FALANDO DE EDUCAÇÃO SEXUAL

Para que serve o namoro?

Uns cinquenta anos atrás, no tempo de nossos avós, o namoro era um período de convivência, conhecimento e preparo para um relacionamento mais profundo e, se fosse o caso, para o casamento. Ou seja, o namoro quase nunca envolvia intimidade física. Namorar era ter uma relação leve, com muito romantismo. Relacionar-se sexualmente seria um tremendo compromisso entre dois jovens. Na maioria das famílias, era questão de honra que a moça se casasse virgem. Os rapazes tinham mais liberdade, porque era uma sociedade muito machista: em relação ao sexo, os direitos do homem e da mulher não eram iguais.

A partir da década de 1960, as mulheres começaram a ter maior liberdade sexual, a exemplo dos homens, o que é positivo. Mas, hoje em dia, o sexo começa cada vez mais cedo e com menor compromisso. Muita gente pensa que o namoro, seja em que idade for, deve vir acompanhado de sexo. Tornou-se quase uma vergonha um adolescente – menina ou menino – dizer que ainda não "transou". Com isso, às vezes, os jovens se sentem pressionados a precipitar-se em uma experiência sexual para a qual não estão preparados.

É preciso refletir sobre esse assunto, pois não é nos extremos que está a virtude. Se não era bom aquele radicalismo do tempo dos nossos avós, hoje também há problemas, gerados pela excessiva liberdade. Quando o adolescente já experimenta de tudo desde cedo, as coisas vão perdendo a graça, o romantismo, o momento certo... Psicólogos e pedagogos são unânimes: muitas vezes a pessoa pode já estar madura fisicamente para iniciar-se sexualmente e até ter um filho, mas pode não estar madura emocionalmente.

O que significa maturidade nesse caso? É saber que ter um relacionamento sexual com outra pessoa é um ato de compromisso e de amor, que envolve responsabilidade por si mesmo e pelo outro. É preciso ter respeito pelo próprio corpo, com todos os cuidados para manter a saúde. É preciso, também, ter respeito pelo corpo do outro, preocupando-se com seu bem-estar. E ainda levar em conta os próprios sentimentos e os sentimentos do outro.

Acima de tudo, é necessário saber que, para namorar e depois casar-se, é importante que existam muitas afinidades, muito amor, muito companheirismo, muita vontade de estar junto, muitos ideais partilhados. Só assim o relacionamento será feliz, produtivo e duradouro. Num relacionamento assim, o sexo é uma parte importante, mas não é a principal.

Quando a gente escolhe alguém mais pela atração física, depois enjoa e escolhe outro, e depois outro e ainda outro, acaba sem saber de fato o que é um relacionamento maduro, sólido e feliz.

Uma boa dica é também conversar com uma pessoa mais velha de confiança – mãe, pai, professor, psicólogo – para entender melhor as emoções que se passam nesses momentos de escolha de relações afetivas.

Adolescente com teste de gravidez. Uma gravidez indesejada não pode ser apontada como culpa unicamente da mulher; em um relacionamento essa responsabilidade deve ser partilhada entre os dois.

antoniodiaz/Shutterstock

AGORA É COM VOCÊ

Como você imagina um namoro ideal? De que forma os casais devem se tratar?

DE OLHO NO BRASIL

Os adolescentes e o sexo

No Brasil, como em outros países, é preciso discutir com cuidado as questões relacionadas à sexualidade na adolescência para que a juventude possa ter uma vida emocionalmente saudável.

iStockphoto/Getty Images

Mãe e filho conversando. Os pais ou responsáveis têm o dever de ajudar os adolescentes tirando suas dúvidas e dando bons conselhos.

Mas há uma boa notícia de que a gravidez na adolescência diminuiu no país:

A gravidez na adolescência registrou queda de 17% no Brasil, segundo dados preliminares do Sistema de Informação sobre Nascidos Vivos (Sinasc) divulgados [...] pelo Ministério da Saúde. Em números absolutos, a redução foi de 661.290 nascidos vivos de mães entre 10 e 19 anos em 2004 para 546.529 em 2015.

Segundo o Ministério, a queda no número de adolescentes grávidas está relacionada a vários fatores como expansão do programa Saúde da Família, que aproxima os adolescentes dos profissionais de saúde, mais acesso a métodos contraceptivos e ao programa Saúde na Escola que oferece informação de educação em saúde.

As crianças nascidas de mães adolescentes representaram 18% dos 3 milhões de nascidos vivos no país em 2015. A região com mais filhos de mães adolescentes é a Nordeste (180.072 – 32%), seguida da Região Sudeste (179.213 – 32%). A Região Norte vem em terceiro lugar com 81.427 (14%) nascidos vivos de mães entre 10 e 19 anos, seguida da Região Sul (62.475 – 11%) e da Centro-Oeste (43.342 – 8%).

O Ministério explicou, em nota, que hoje 66% dos casos de gravidez em adolescentes são indesejados e que, para reduzir esses casos, investe em políticas de educação em saúde e em ações para o planejamento reprodutivo. Uma das iniciativas é a distribuição da Caderneta de Saúde de Adolescentes (CSA), em versões masculina e feminina e linguagem acessível, com orientações sobre o atendimento integral dos jovens.

Para prevenção da gravidez, o governo distribui ainda a pílula combinada, de anticoncepção de emergência, minipílula, anticoncepcional injetável mensal e trimestral, e diafragma, assim como preservativo feminino e masculino. [...]

GRAVIDEZ na adolescência tem queda de 17% no Brasil. *Agência Brasil*, Brasília, 10 maio 2017. Disponível em: <http://agenciabrasil.ebc.com.br/geral/noticia/2017-05/gravidez-na-adolescencia-tem-queda-de-17-no-brasil>. Acesso em: 8 mar. 2018.

Além da possibilidade de uma gravidez indesejada na adolescência, a atividade sexual também pode levar ao contágio de doenças sexualmente transmissíveis (DST) e até a problemas psicológicos. A necessidade de maturidade afetiva e psíquica para um relacionamento responsável e compensador pode nos aconselhar a começar a vida sexual mais tarde.

iStockphoto/Getty Images

O vestido branco simbolizava a virgindade. A tradição continua, mas poucas jovens se casam virgens.

NO DIA A DIA

Uma situação muito triste no Brasil e no mundo é quando os adultos não respeitam crianças e adolescentes e cometem um crime gravíssimo: o abuso sexual. O pior é que isso muitas vezes acontece sem que ninguém denuncie. Às vezes, são os próprios pais, avós, tios que cometem esses abusos, e as mães ficam quietas ou então não acreditam quando as filhas ou filhos contam o que aconteceu. Em menor número, há também mães que abusam de filhos.

Veja várias informações importantes no artigo abaixo:

Das estruturas familiares, segundo Lévi-Strauss, [...] definem-se como relações de parentesco elementares a sanguínea, que acontece entre irmãos; a de filiação, entre pais e filhos; e a de aliança, como a dos genros, noras, padrastos e madrastas.

Segundo Freud,[...] para as duas primeiras relações parentais, as normas legais de cuidados existem desde as mais remotas eras, antes mesmo das leis, onde dois princípios fundamentais sempre regeram a convivência entre as pessoas – a proibição do canibalismo e a proibição do incesto.

Esses princípios são transmitidos de diversas formas, como pela educação, pela religião ou cultura, e nenhum ser humano que viva em sociedade pode afirmar desconhecer essa lei, que é passada de geração a geração. É essa regra maior que deveria ser respeitada também nas relações de aliança, onde o que determina o comportamento de um frente ao outro seria uma questão de formação.

Em muitos casos, os abusos sexuais são cometidos por membros da própria família ou pessoas próximas.

Photographee.eu/Shutterstock

A prática sexual, cada vez mais propagada e difundida, pode se apresentar em formas distorcidas de relacionamentos, com a busca desenfreada de novas situações e modalidades, não importando se isso significa ir além do respeito ao outro.

Em todos os tempos, o domínio do mais forte sobre o mais fraco foi exercido sob as diversas formas de poder, nas diferentes esferas da sociedade, desde as políticas e estatais, às sociais e familiares. A essa relação de poder, de busca dos excessos, do diferente e até mesmo do anormal, soma-se a pouca importância dada às crianças e aos adolescentes e às consequências dos maus-tratos dos adultos sobre eles.

Dessa forma, mesmo com a evolução dos princípios morais e legais em defesa das crianças e adolescentes, os casos de abuso sexual não deixaram de acontecer, nem passaram a ser vistos de maneira uniforme pela sociedade como um crime que deixa sequelas, muitas vezes irreparáveis.

Define-se abuso ou violência sexual na infância e adolescência como a situação em que a criança, ou o adolescente, é usada para satisfação sexual de um adulto ou adolescente mais velho [...].

De difícil suspeita e complicada confirmação, os casos de abuso sexual na infância e adolescência são praticados, na sua maioria, por pessoas ligadas diretamente às vítimas e sobre as quais exercem alguma forma de poder ou de dependência. [...] Efeitos psicológicos do abuso sexual podem ser devastadores, e os problemas decorrentes do abuso persistem na vida adulta dessas crianças. [...]

PFEIFFER, Luci; SALVAGNI, Edila Pizzato. Visão atual do abuso sexual na infância e na adolescência. Disponível em: <www.crmpb.org.br/>. Acesso em: 8 mar. 2018.

Pense nestas questões:

1) Pesquise em sua cidade onde fica o conselho tutelar ou onde é possível fazer uma denúncia em caso de abuso.

2) Como uma vítima deve ser tratada nesses casos?

AGORA É COM VOCÊ

Sob a orientação do professor, forme grupos com seus colegas para aprofundar a pesquisa sobre abuso sexual infantil. Depois, proponham uma campanha de conscientização na escola e, se possível, no bairro.

CONTANDO UM CONTO

Palavra de Sócrates

Album/Fotoarena/Palácio de Versailles, França

La Fontaine.

Sócrates, um belo dia
Uma casa construía,
Mas todos os que passavam
Sua obra censuravam.
Diziam que a construção
Não era da dimensão
De personagem tão nobre,
Pois era pequena e pobre.
Poucos quartos apertados!
Diziam, sem ser chamados.
Mas Sócrates respondia
Em sua sabedoria:
Queira o céu que, embora estreita,
Esta casa seja feita
Para se encher só de amigos,
Verdadeiros, bons e antigos...
Sócrates tinha razão
De achar sua construção
Um grandíssimo lugar
Para amigos abrigar!
Pois muitos amigos são
Apenas de nome vão!
Amigos sinceros, caros
E verdadeiros são raros.

LA FONTAINE, Jean de. *Les Fables de Jean de La Fontaine*. Tradução dos autores. Disponível em: <www.lesfables.fr/livre-4/parole-de-socrate>. Acesso em: 23 mar. 2018.

E FAZENDO A PONTE

1) Qual a moral, isto é, a mensagem, dessa fábula de La Fontaine?

2) Você concorda com a moral da história? Justifique.

E PARA TERMINAR

1) A canção a seguir fala sobre amizade e é de uma das mais famosas canções brasileiras, composta por Milton Nascimento e Fernando Brant. Procure ouvi-la e cantar com toda a classe, depois responda às questões:

Canção da América

Amigo é coisa pra se guardar
debaixo de sete chaves
dentro do coração
assim falava a canção
que na América ouvi
mas quem cantava chorou
ao ver seu amigo partir

Mas quem ficou, no pensamento voou
com seu canto que o outro lembrou
e quem voou, no pensamento ficou
com a lembrança que o outro cantou

Amigo é coisa pra se guardar
no lado esquerdo do peito
mesmo que o tempo e a distância digam não
mesmo esquecendo a canção
o que importa é ouvir
a voz que vem do coração

Pois seja o que vier, venha o
[que vier
qualquer dia, amigo, eu volto
[a te encontrar
qualquer dia, amigo, a gente
[vai se encontrar

NASCIMENTO, Milton; BRANT, Fernando. Canção da América. In: *Canção da América*. EMI, 1991. Disponível em: <www.miltonnascimento.com.br/letras.php>. Acesso em: 14 mar. 2018.

Bridgeman Images/Glow Images/Instituto de Artes de Detroit, EUA

As avelãs (1882), de William-Adolphe Bouguereau.

a) Qual a mensagem central da canção e que aparece também neste capítulo?

b) Qual o trecho que mais sensibilizou você? Justifique sua escolha.

2) Faça um poema ou escreva uma carta para seu melhor amigo ou amiga, falando quanto ele ou ela é importante para você. Depois, se sentir vontade, entregue o texto a essa pessoa.

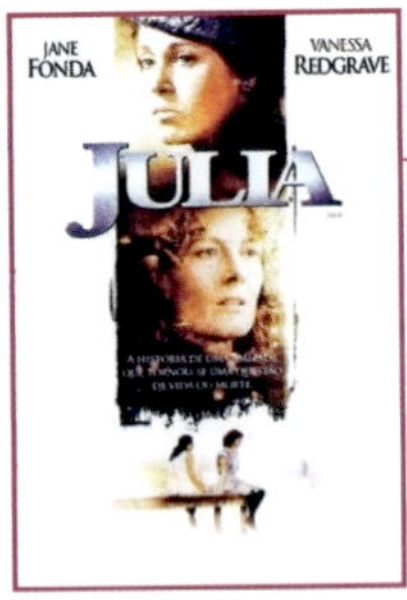

Reprodução/Fred Zinnemann/Twentieth Century Fox

SESSÃO DE CINEMA

Julia

Direção de Fred Zinnemann. 20th Century Fox, 1977.

História de uma escritora, Lílian, que vai ajudar uma grande amiga, Julia, que está lutando contra o nazismo na Áustria e na Alemanha, nos anos 1930.

Procure assistir ao filme indicado pensando nesta questão:

Você seria capaz de fazer o mesmo por um amigo?

Reprodução/Rob Reiner/Columbia Pictures do Brasil

Conta comigo

Direção de Rob Reiner. Columbia Pictures, 1986.

Baseado em um livro de Stephen King, o diretor Rob Reiner dirige esse filme, que se tornou um clássico juvenil dos anos 1980. Um escritor relembra o início de sua adolescência numa pequena cidade do interior dos Estados Unidos. No verão de 1959, um adolescente está desaparecido há dias e quatro amigos inseparáveis resolvem sair para encontrar o corpo do menino. A aventura, contudo, marcaria para sempre suas vidas e a amizade entre eles.

Após assistir ao filme, responda:

Como as experiências, boas e ruins, podem ajudar a fortalecer a amizade entre as pessoas?

> Ama teu amigo e permanece-lhe fiel;
> [...]
>
> Sirácida (Eclesiástico) 27,17.
>
> *Bíblia*: tradução ecumênica. São Paulo: Edições Loyola, 1994. p. 1763.

Universal Images Group/Getty Images

Garoto budista rezando em templo na cidade de Gaia, Índia.

15

As virtudes de cada dia

O pouco pode ser muito

Dizer "obrigado" e "por favor", ser amável, ficar agradecido, ser generoso, agir com honestidade em qualquer circunstância... Essas atitudes podem parecer coisa fácil ou de pouca importância, mas se relacionam com virtudes essenciais para amarmos o próximo e vivermos bem.

Para comprovar isso, basta pensar no seguinte: já usaram de grosseria com você, já mentiram, já lhe negaram um favor simples? Você se sentiu magoado ou ferido? Então, lembre-se da máxima "não faça aos outros o que não quer para si mesmo" e verá a necessidade de cultivarmos no dia a dia as virtudes de que falaremos neste capítulo.

A gratidão

A gratidão é uma forma de justiça, pois se trata, em primeiro lugar, de reconhecer um bem que alguém nos fez. Mas vai além da justiça, porque deve partir de um sentimento bom e bonito, que nos faz querer bem ao outro e retribuir na medida do possível o que dele recebemos.

Demonstrar gratidão não é apenas dizer "obrigado", "grato", "agradecido", "Deus lhe pague". Ela está além das palavras; deve ser sentimento e ação, espontaneidade e dever. Gratidão a quem? Em primeiro lugar a Deus, se nele acreditamos, pois Ele nos criou, nos deu a vida, nos ama e vela por nós. Gratidão a nossos pais, que nos deram a vida do corpo e muito mais: o amor, a instrução, a presença... Até mesmo aos maus pais podemos ter gratidão por terem permitido o nosso nascimento.

Além da gratidão a Deus e a nossos pais, devemos ter gratidão a quem nos ensina, a quem nos quer bem, a quem nos ajuda, a quem vela pelo nosso bem-estar e nossa felicidade.

E+/Getty Images

Criança agradecendo com gesto de carinho. A gratidão é uma virtude que pode ser praticada desde a mais tenra idade.

Uma história de ingratidão

Infelizmente, a gratidão é um sentimento raro entre os seres humanos, que muitas vezes se esquecem dos benefícios recebidos. Esta passagem do Evangelho de Lucas conta como nem sempre as pessoas ajudadas por Jesus mostravam sua gratidão:

Ora, como Jesus caminhasse para Jerusalém, passou através da Samaria e da Galileia. Ao entrar numa aldeia, dez leprosos vieram ao seu encontro. Eles pararam a distância e elevaram a voz para lhe dizer: "Jesus, mestre, tem piedade de nós". Vendo-os, Jesus lhes disse: "Ide mostrar-vos aos sacerdotes". Ora, enquanto iam, foram purificados. Um dentre eles, vendo que estava curado, voltou dando glória a Deus em altas vozes. Lançou-se de rosto em terra aos pés de Jesus, rendendo-lhe graças; ora, era um samaritano. Então Jesus disse: "Acaso os dez não foram todos purificados? E os outros nove, onde estão? Não se achou ninguém entre eles para voltar e dar glória a Deus; a não ser este estrangeiro!" E ele lhe disse: "Levanta-te, vai. A tua fé te salvou".

Lucas 17, 11-19. *Bíblia*: tradução ecumênica. São Paulo: Edições Loyola, 1994. p. 2015.

Culture Club/Getty Images

Jesus cura leprosos enquanto passa pela Samaria, do ilustrador William Hole (1846-1917).

O QUE VOCÊ ENTENDEU?

Os samaritanos eram, naquela época, discriminados pelos judeus por certas diferenças religiosas. Foi justamente um deles que voltou para agradecer. O que você pensa a esse respeito?

FALANDO DE LINGUAGEM

Palavras de gratidão

No artigo "Antropologia e formas quotidianas – a filosofia de S. Tomás de Aquino subjacente à nossa linguagem do dia a dia", o professor Luiz Jean Lauand, especialista em estudos sobre Santo Tomás de Aquino, ensina que as palavras escondem ensinamentos morais de que muitas vezes não nos damos conta. É que o ser humano costuma esquecer aquilo que é essencial, mas esse essencial está na realidade e se revela nas expressões que usamos. Aqui resumimos as suas explicações:

É interessante, por exemplo, a palavra "obrigado" em português. Para Santo Tomás, existem três níveis de gratidão e cada língua expressa a gratidão de uma forma diferente, mostrando um aspecto da virtude de ser grato. Em inglês, "thank" (agradecer) vem de "think" (pensar); da mesma forma, o alemão "danken" (agradecer) vem de "denken" (pensar). Essas línguas expressam o primeiro nível da gratidão. Trata-se de pensar no benfeitor, reconhecer que ele nos beneficiou.

Já o italiano "grazie" e o castelhano "gracias" atingem o segundo nível de gratidão. Dar graças é louvar, é falar no favor recebido. Ou seja: não basta pensar no benfeitor, é preciso dizer o que ele fez. Assim também a expressão árabe de agradecimento "shukran", "shukran jazylan", que indica louvor do benfeitor e do benefício recebido.

Mas veja que coisa incrível: é justamente a língua portuguesa, tão rica, e hoje tão maltratada, que atinge o nível mais profundo da gratidão. Quando dizemos "obrigado" (no caso das mulheres, "obrigada"), estamos reconhecendo que nos sentimos obrigados a retribuir o benefício recebido.

Assim, o primeiro nível é reconhecer; o segundo, louvar; e o terceiro, agir em retribuição.

In Pictures Ltd./Corbis/Getty Images

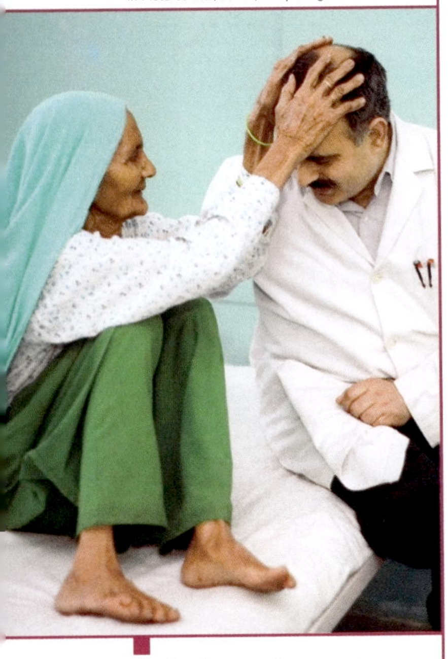

Paciente agradece a um médico abençoando-o. Índia, 2008.

AGORA É COM VOCÊ

Crie um poema com a palavra "obrigado", começando com os seguintes versos:

Obrigado, palavra obrigatória
Para qualquer um que tem memória.
Mas não basta dizer obrigado,
É preciso sentir-se ligado.

A honestidade

Será que a honestidade de uma pessoa depende da situação?

A pessoa honesta não mente, não engana, não explora, não trapaceia. Pode estar numa atividade simples, como num jogo de cartas entre amigos, ou pode estar em circunstâncias que envolvam muito dinheiro e muitos interesses. A honestidade é sempre igual. Todo mundo sabe o que é ser honesto. Nem é preciso explicar.

Quando nos relacionamos com uma pessoa que age com honestidade, temos uma sensação de segurança e tranquilidade, pois sabemos que podemos confiar, que ela não trairá nossa confiança. Imagine se as relações entre os seres humanos pudessem ser sempre assim! Viver em sociedade e sentir-se sempre tranquilo em relação ao comportamento dos outros! Mas o primeiro passo para, quem sabe, um dia atingirmos esse ponto é sermos nós mesmos honestos.

Há gente que pensa que ser honesto é "ser burro", é deixar de aproveitar as oportunidades. Acontece que às vezes a honestidade exige que a gente renuncie a certas vantagens (se essas vantagens forem prejudiciais ao próximo). Mas a maior vantagem é justamente ser honesto, para poder dormir à noite com a consciência tranquila.

Albin Lohr-Jones/Pacific Press/LightRocket/Getty Images

Ban Ki-moon, secretário-geral da ONU, preside cerimônia de juramento de nova secretária de seu gabinete, na sede das Nações Unidas, em Nova York, em 2016.

BEBENDO NA FONTE ISLÂMICA

O Alcorão e a honestidade

No Alcorão há várias passagens que recomendam a honestidade nos negócios e nas relações humanas. Um desses trechos é o seguinte:

Philip Game/Lonely Planet Images/Getty Images

Muçulmanos em mercado em Khan el-Khalili, Cairo, Egito, 2011.

Enchei a medida e não sejais defraudadores.

E pesai em balança certa.

E não vos apodereis dos bens alheios e não corrompais a terra.

O Alcorão: livro sagrado do islã. 26:181-183. Tradução de Mansour Challita. 12. ed. Rio de Janeiro: BestBolso, 2017. p. 293.

O QUE VOCÊ ENTENDEU?

Será que, quando o profeta Maomé diz para pesarmos com uma balança justa, está apenas se referindo a uma balança de verdade, que pesa mercadorias? Justifique sua resposta.

Defraudadores: enganadores.

A generosidade

Honestidade e gratidão são deveres básicos e formas de justiça. Mas a generosidade vai além de dar a cada um o que lhe é devido. É uma virtude sem medidas, que transborda, porque se trata de dar em abundância, além do que é justo. É sentir alegria em favorecer o outro com nossa doação de bens materiais e espirituais, de bondade e de amizade, sem espera de recompensa, sem interesse nenhum.

O filósofo René Descartes dizia a respeito:

Os que são generosos são naturalmente levados a fazer grandes coisas, e todavia a nada começar de que não se sintam capazes. E porque eles não estimam nada maior do que fazer bem aos outros e desprezar seu próprio interesse, são por isso sempre perfeitamente corteses, afáveis e prestativos com todos. [...]

DESCARTES, René. *Les passions de l'âme*. 156. p. 213-214. Disponível em: <https://dl.wdl.org/14786/service/14786.pdf>. Acesso em: 26 mar. 2018. Tradução dos autores.

Não julgar para não ser julgado

Jesus recomendou a generosidade sem limites. Embora ele se refira às recompensas da generosidade, não significa que devemos praticá-la pensando em qualquer retribuição das pessoas ou de Deus, porque senão o ato deixa de ser generoso.

Sede generosos como vosso Pai é generoso. Não vos arvoreis em juízes, e não sereis julgados; não condeneis, e não sereis condenados; absolvei, e sereis absolvidos, dai e ser-vos-á dado. É uma boa medida, socada, sacudida, transbordante, que derramarão nas dobras da vossa veste, pois a medida de que vos servis servirá também de medida para vós.

Arvoreis: torneis.

Lucas 6,36-38. *Bíblia*: tradução ecumênica. São Paulo: Edições Loyola, 1994. p. 1984.

O QUE VOCÊ ENTENDEU?

Jesus nos diz que, com a medida que usarmos, também seremos medidos. Estará ele se referindo àquilo que enfrentaremos na vida, dependendo da nossa maneira de julgar o próximo, ou estará falando da vida eterna, depois da morte? Justifique sua interpretação.

Godong/UIG/Getty Images

Pintura localizada na igreja de São Grato, em Valgrisenche, no Vale de Aosta, Itália, representando Jesus durante o sermão da montanha. Autor desconhecido.

A doçura

Você também pode chamar a doçura de amabilidade, mansidão – dá quase na mesma. Essa é uma virtude que faz parte do amor ao próximo. É tratar o outro com carinho e gentileza, é deixar as palavras duras e agressivas de lado.

A doçura, porém, não pode ser uma forma de falsidade, porque é muito fácil imitá-la. A imitação da doçura pode disfarçar uma agressividade muito pior do que a agressividade assumida.

Ser doce e verdadeiro, ser sinceramente amável: eis a questão.

Há ainda em nossa sociedade um preconceito ligado à doçura, porque alguns acham que se trata de uma virtude apenas feminina. Homens precisam ser duros e agressivos, para serem considerados homens de fato. Essa é uma visão machista que precisa ser superada. Homens e mulheres podem e devem exprimir sentimentos delicados e bons e nada perdem por deixarem a agressividade de lado.

BEBENDO NA FONTE JUDAICO-CRISTÃ

A doçura do mel

No Antigo Testamento já se recomendava a doçura como uma virtude:

As palavras amáveis são um favo de mel,
doce ao paladar, salutar para o corpo.

Provérbios 16,24. *Bíblia*: tradução ecumênica. São Paulo: Edições Loyola, 1994. p. 1257.

Palavras amáveis multiplicam os amigos,
uma língua afável multiplica as palavras corteses.

Sirácida (Eclesiástico) 6,5. *Bíblia*: tradução ecumênica. São Paulo: Edições Loyola, 1994. p. 1725.

Massimo Valicchia/NurPhoto/Getty Images

Papa Francisco conversando com uma família. Vaticano, 2018.

O X DA QUESTÃO

1) Gratidão, honestidade, generosidade e doçura – as quatro virtudes estudadas aqui. Na sua opinião, elas são absolutamente necessárias na vida social? Ou alguma delas é dispensável? Justifique.

2) Segundo seu ponto de vista, há alguma dessas virtudes que esteja mais em falta hoje em dia? Qual? Por quê?

EU COMIGO

"Qual dessas virtudes ainda não consigo praticar? Por quê? Como posso colocá-la em prática?"

AGORA É COM VOCÊ

Sob a orientação do professor, forme grupos com seus colegas. Cada um dos grupos deverá escolher uma das quatro virtudes estudadas no capítulo. Poderá haver repetição de virtudes, desde que não falte nenhuma.

Cada grupo inventará uma situação: nos grupos sobre a gratidão, criem uma personagem que age com ingratidão; nos grupos sobre honestidade, uma personagem que age com desonestidade; e assim por diante.

Encenem, para os demais grupos, a situação escolhida. Depois invertam, dessa vez encenando uma personagem que pratique a virtude escolhida.

NO DIA A DIA

Mara é uma moça muito sincera. Fala o que pensa, doa a quem doer. Se alguém faz alguma coisa que ela considera errada, logo se apressa a manifestar sua opinião contrária, mas em termos ásperos.

Já Henrique é o contrário. Ninguém sabe direito o que ele pensa, porque cada hora concorda com uma pessoa. Está sempre sorrindo e nunca demonstra estar irritado ou indignado. Sua voz é sempre mansa, suave.

Mara acha Henrique falso e diz isso na cara dele. Henrique acha Mara autoritária e grosseira, mas não diz isso a ela.

Pense nestas questões:

1) Na sua opinião, quem está certo e quem está errado? Ou os dois estão certos? Ou errados? Em quê? Justifique.

2) Que virtude precisa ser mais cultivada por Mara? E por Henrique? Por quê?

CONTANDO UM CONTO

Uma história sobre honestidade

O imperador do país de Thai estava seriamente preocupado em definir quem o sucederia. Sem filhos nem parentes próximos, ele decidiu chamar todas as crianças do reino, pois entre elas, com certeza, encontraria alguém digno de assumir o trono. [...]

— Crianças, preciso escolher entre vocês o meu sucessor, o futuro imperador do nosso país. Eu vou lhes dar uma tarefa, e a minha escolha vai depender da dedicação de vocês. Estou aqui com milhares de sementes. Quero que vocês as levem e as cultivem. O trono será daquele que me trouxer, daqui a um ano, a planta mais bonita, mais bem cuidada. [...] Durante esse período, observem o que acontece com a semente, com a planta. Deixem que elas lhes ensinem uma bela lição...

O coraçãozinho de Thai iluminou-se, pois ele era um excelente jardineiro. Com certeza, essa seria sua oportunidade.

Porém a pequena chama de esperança acesa naquele instante foi se apagando. É que, por mais que Thai se esforçasse, a semente não brotava. O menino fez tudo o que podia, adubou a terra, colocou o vaso no sol, regou a semente com água da nascente, mas seus esforços de nada adiantaram.

Aquele ano passou muito rápido. Logo chegou o dia de apresentar a planta ao imperador, e a semente de Thai ainda não havia brotado. O menino estava tão envergonhado que não sentia nem mesmo vontade de comparecer ao evento; porém seu avô lhe disse:

— Você é dedicado, Thai, mas antes de tudo é honesto. Vá até o imperador e diga a verdade a ele.

[...] E o jardineiro dirigiu-se ao palácio, cheio de coragem.

Entretanto, ao chegar lá, Thai ficou envergonhado, pois era a única criança que não levava consigo uma belíssima planta. Havia flores de todas as cores e árvores de todos os frutos.

O imperador, sentado em seu trono, chamava as crianças uma a uma e examinava minuciosamente as plantas. Perguntava a cada criança que lição aprendera com a semente, e todas respondiam ter aprendido sobre o talento, a perseverança e o dom necessário para fazer a semente brotar.

Apesar de os resultados serem esplêndidos, o imperador não sorria nem esboçava contentamento.

Thai estava muito nervoso, pois, se o imperador não havia até agora aprovado aquelas plantas maravilhosas, o que não diria de seu vaso contendo apenas terra? [...] Mas sua vez chegou, e ele não poderia mais adiar o encontro com o imperador.

— Vejamos bem, meu jovem, o que tem aí para mim?

Thai não pôde mais conter as lágrimas. Com a cabeça baixa, mostrou o vaso com terra ao imperador e disse:

— Senhor, eu tenho talento, sou um bom jardineiro, e uma de minhas virtudes é a perseverança, mas, por mais que eu tenha me esforçado, a semente não brotou. Estou envergonhado e peço perdão... Talvez tenha sido falta de sorte, mas dedicação não me faltou. Considero o tempo meu aliado, porém confesso, senhor, que dessa vez ele se esvaiu muito rápido.

— Mas você não teve tempo suficiente para meditar a esse respeito? — perguntou o imperador.

— Tive muito tempo para refletir sobre a semente que me foi dada e decidir qual seria minha atitude. Optei por dizer a verdade, relatar-lhe meu esforço e rogar-lhe perdão. Estou muito envergonhado por causa desse vaso com terra que trago comigo.

— Não se envergonhe, criança, você fez o que pôde. Aliás, estou muito surpreso de ter recebido aqui tão lindas plantas brotadas de sementes mortas. Levante a cabeça, Thai, meu futuro sucessor. E preste atenção, meu filho. Apesar de você considerar a perseverança como sua grande virtude, asseguro que hoje o valor que prevaleceu foi outro: a ética, a honestidade. Vou explicar: eu havia queimado todas as sementes antes de entregá-las às crianças. Nenhuma poderia germinar, jamais. Portanto, entre todas as crianças que aqui estão, você foi a única que plantou a semente da verdade. [...]

SECCO, Patrícia Engel. *A Semente da Verdade*: um conto folclórico oriental sobre ética e honestidade. 6. ed. Campinas: Fundação Educar DPaschoal, 2007. p. 6-14.

E FAZENDO A PONTE

1) Não foi apenas honestidade que o jovem revelou nessa história. Na sua opinião, das virtudes vistas neste livro, quais ele demonstrou ter?

2) A mensagem que a história passa é que a honestidade é uma coisa muito rara no mundo. Você concorda? Por quê?

NO DIA A DIA

Vanderlei Almeida/Agência France-Presse

Protesto contra a corrupção na política ocorrido na Ilha do Governador (RJ), em 2013.

Brasil piora 17 posições no *ranking* de corrupção da Transparência Internacional

Forte recuo acende alerta para a falta de resposta às causas estruturais da corrupção no país, segundo entidade

O Brasil teve uma forte piora no ranking *que avalia a percepção da corrupção no mundo divulgado pela Transparência Internacional [...]. O país caiu 17 posições em comparação ao ano anterior e ocupa o 96º lugar na lista de 2017, que avaliou a corrupção do setor público em 180 países. Na escala que vai de zero (mais corrupto) a 100 (menos corrupto), o Brasil aparece com 37 pontos, três a menos que em 2016.*

O país também se encontra na pior situação dos últimos cinco anos. Atualmente, o Brasil divide a 96ª posição com Colômbia, Indonésia, Panamá, Peru, Tailândia e Zâmbia. E fica atrás de países como Timor-Leste, Sri Lanka, Burkina Fasso, Ruanda e Arábia Saudita. [...]

MENDONÇA, Heloísa. Brasil piora 17 posições no *ranking* de corrupção da Transparência Internacional. *El País*, 21 fev. 2018. Disponível em: <https://brasil.elpais.com/>. Acesso em: 12 abr. 2018.

Pense nestas questões:

1) O que se pode fazer para acabar com a desonestidade na política? Qual a sua sugestão?

2) O que você achou da nota que o Brasil recebeu? Justifique.

Reprodução/Fabrizio Costa/Flashstar Filmes

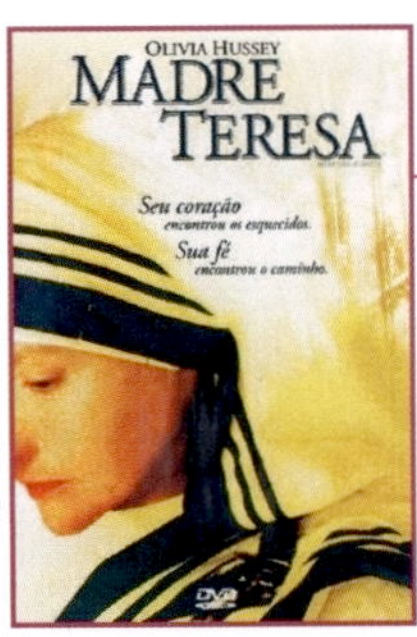

SESSÃO DE CINEMA

Madre Teresa

Direção de Fabrizio Costa. 20th Century Fox, 2003.

Em 1946, a violência toma conta da Índia. Madre Teresa (interpretada pela atriz Olivia Hussey), comovida com a miséria do país, deixa o convento e vai morar em uma favela de Calcutá, para cuidar dos pobres e doentes.

Procure assistir ao filme indicado pensando sobre esta questão:

Qual a grande mensagem de vida que Madre Teresa nos dá?

DE OLHO NO MUNDO

A missionária da caridade

No século XX, uma das mais belas vidas dedicadas ao próximo foi a de uma mulher: Madre Teresa de Calcutá. Ela nasceu em 1910, na Albânia, e se chamava Agnes. Desde os 12 anos de idade, ao ouvir histórias de missionários que iam à Índia, ficava empolgada, até que resolveu se dedicar à vida religiosa. Saiu de casa aos 18 anos, para nunca mais voltar. Foi estudar numa congregação de freiras missionárias na Irlanda e, de lá, logo rumou para a Índia, o destino de sua vida. Durante vinte anos, foi professora de História e Geografia em um colégio de meninas ricas. Mas, segundo ela, ouviu um chamado de Jesus para dedicar-se aos mais pobres.

Teresa, então, foi viver ao lado dos mais miseráveis, nas ruas de Calcutá, cidade indiana. Daí em diante, seu trabalho desabrochou mundo afora. Fundou a congregação "Missionárias da Caridade", que hoje se espalha mundialmente, e dedicou o resto da vida a cuidar de quem mais precisava, defender a paz e lutar pela vida. São suas as seguintes palavras:

O fruto do silêncio é a oração; o fruto da oração é a fé; o fruto da fé é o amor; o fruto do amor é o serviço; e o fruto do serviço é a paz.

Madre Teresa de Calcutá. Disponível em: <www.vatican.va/>. Acesso em: 26 mar. 2018.

Em 1979, Madre Teresa recebeu o prêmio Nobel da Paz. Faleceu em 5 de setembro de 1997.

O papa Francisco a canonizou em 2016, após serem reconhecidos alguns milagres atribuídos à sua intercessão.

Popperfoto/Getty Images

Madre Teresa de Calcutá com uma criança em 1971.

E PARA TERMINAR

1) Leia com atenção este poema do grande poeta português Fernando Pessoa (1888-1935). Em seguida, responda às questões.

Para ser grande, sê inteiro: nada
Teu exagera ou exclui.
Sê todo em cada coisa. Põe quanto és
No mínimo que fazes.
Assim em cada lago a lua toda
Brilha, porque alta vive.

PESSOA, Fernando. *Odes de Ricardo Reis*. Lisboa: Ática, 1946. p. 148.
Disponível em: <http://arquivopessoa.net/textos/503>. Acesso em: 8 mar. 2018.

a) Compare os versos de Pessoa com a definição de Descartes sobre generosidade. Você vê alguma semelhança? Por quê?

b) Esse poema poderia se aplicar a Madre Teresa de Calcutá? Como?

2) Escreva, em poucas palavras, o que você mais gostou e o que menos gostou de aprender neste livro. Depois, combine com seus colegas da classe a entrega desses comentários ao professor para encaminhá-los à editora e aos autores. É fundamental conhecermos a opinião de vocês sobre nosso trabalho.

“

[...] revesti-vos dos sentimentos de compaixão, benevolência, humildade, doçura, paciência. Suportai-vos uns aos outros, e se alguém tiver algum motivo de queixa contra o outro, perdoai-vos mutuamente; assim como o Senhor vos perdoou, fazei o mesmo, também vós. E, acima de tudo, revesti-vos do amor: é o vínculo perfeito. [...] Vivei na gratidão.

Paulo aos Colossenses 3,12-15.

Bíblia: tradução ecumênica. São Paulo: Edições Loyola, 1994. p. 2297.

”